本书的出版得益于北京印刷学院院选重点项目（项目号：E-a-2012-01）、北京市优秀人才项目（项目号：10000200105）和北京市教委面上项目资金（项目号：18000110015）的资助。

中国企业
非市场行为研究

ZHONGGUO QIYE
FEISHICHANG XINGWEI YANJIU

高海涛◎著

中央编译出版社
Central Compilation & Translation Press

目 录

前　言 ··· 1

第一章　绪　论 ··· 1
 第一节　研究的背景和意义 ··· 1
 第二节　研究的思路和方法 ··· 7
 第三节　结构安排和研究特色 ··· 12

第二章　相关文献综述和本书的理论基础 ···························· 18
 第一节　对企业非市场行为和策略的研究 ······················· 18
 第二节　对企业非市场行为影响因素的研究 ···················· 31
 第三节　对企业非市场行为伦理的研究 ··························· 39
 第四节　研究现状的综合述评 ··· 44
 第五节　本书的理论基础 ·· 48

第三章　中国企业的非市场行为和策略 ······························· 57
 第一节　什么是非市场？ ·· 57
 第二节　企业的非市场环境 ··· 69
 第三节　中国企业应对非市场环境的行为和策略 ············ 84
 第四节　对海尔、宝洁和新希望的案例研究 ···················· 89

第四章　中国企业非市场战略形成机制研究 …………………… 103
    第一节　环境对于企业参与政治的影响 …………………………… 104
    第二节　中国企业非市场战略形成的模型 ………………………… 105
    第三节　企业非市场战略的形成 …………………………………… 114
    第四节　结论 ………………………………………………………… 116

第五章　中国企业非市场行为影响因素的实证研究 ……………… 118
    第一节　企业的非市场战略和行为 ………………………………… 118
    第二节　理论模型和研究假设 ……………………………………… 120
    第三节　研究方法和数据收集 ……………………………………… 127
    第四节　结果分析和因变量之间关系的补充分析 ………………… 141
    第五节　讨论和结论 ………………………………………………… 146

第六章　中国企业政治游说的伦理规范研究 ……………………… 150
    第一节　企业的政治游说：一个分析框架 ………………………… 152
    第二节　研究方法和资料来源 ……………………………………… 155
    第三节　结果分析 …………………………………………………… 156
    第四节　企业政治游说的伦理分析 ………………………………… 163
    第五节　中国企业政治游说的伦理规范 …………………………… 169
    第六节　跨国公司游说中国企业所得税立法案例 ………………… 173

第七章　官员下海和商人参政的伦理问题研究 …………………… 177
    第一节　官员下海和商人参政的调查与分析 ……………………… 178
    第二节　力帆集团董事长尹明善当选重庆市政协副主席案例 …… 188
    第三节　一个分析中国企业政治行为伦理的框架 ………………… 190
    第四节　官员下海和商人参政的伦理分析 ………………………… 195
    第五节　结论和建议 ………………………………………………… 201

第八章　中国企业非市场行为的治理 …………………… 204
　　第一节　中国企业非市场缓冲活动的分类 ………………… 204
　　第二节　中国企业大量的缓冲活动的产生原因 …………… 209
　　第三节　中国企业不规范的非市场活动的消极作用 ……… 213
　　第四节　中国企业非市场行为的治理 ……………………… 214

第九章　研究结论及展望 …………………………………… 223
　　第一节　研究结论 …………………………………………… 223
　　第二节　研究的局限性 ……………………………………… 224
　　第三节　进一步的研究方向 ………………………………… 225

参考文献 ……………………………………………………… 227
附录1　企业的非市场行为访谈提纲 ……………………… 248
附录2　中国企业非市场行为的影响因素调查问卷 ……… 254
后　记 ………………………………………………………… 261

前 言

在影响企业经营运作的环境中，政府政策、法规、社会公共事项等非市场因素，对工商企业的经营活动都具有显著的影响。在市场经济较发达的国家，影响企业经营运作的公共政策与法规的出台一直是社会各种利益团体权力斗争和利益平衡的结果。随着中国改革的逐步深化，中国现阶段的社会利益格局发生了重大变化，原来整体性、单一性的利益结构正逐渐向多元化的利益格局转化。各个利益集团之间的博弈已经明显地对政府政策和法规产生了影响。由于企业或产业集团具有庞大的财力和强大的社会影响力，因此，相对于其他利益集团，企业或产业集团在政府政策和立法的制定与实施过程中处于一种强势地位。企业与非市场因素相关联的行为被称为非市场行为。由于缺乏必要的规范和制度约束，中国企业影响政府政策和立法的不规范的非市场行为滋生了大量的腐败。这里所说的腐败，不仅仅是指企业的"寻租"行为导致的行政和司法腐败，更严重的是影响立法的"设租"行为导致了大量的立法腐败。这种"寻租"与"设租"行为相结合，会出现权力——金钱——更大权力——更多金钱的恶性循环，对中国的经济体制改革会产生极其严重的后果。因此，本书把中国企业非市场行为作为主要的研究内容。

我们首先探讨了"非市场"概念的起源和内涵，总结出关于"非市场"的五种观点。在此基础上，我们分析了中国企业所面临的非市场环境，包括政治环境、政策环境、舆论环境和法律环境等。随后，我们分析了中国企业应对非市场环境的行为和策略，并通过对海尔、宝洁（中国）和新希望三个案例的对比研究，详细探讨了中国不同性质企业非市场行为的差异。研究发现，中国企业有大量的非市场行为，不同性质企业的非市场行为存在一定的差异。

针对中国企业大量存在的政治活动，我们提出了一个企业政治战略形成的分析框架。中国企业非市场战略的形成最初受政治环境、宏观经济环境和行业环境的影响，但这些外部的因素并不能决定企业是否参与政治，它们对企业政治决策的影响是通过高管人员的政治倾向、企业的结构、资源、政治经历以及规模等影响企业参与政治的意愿和能力来实现的。

基于资源依赖理论，我们提出了关于中国企业非市场活动的13个假设，然后通过对175位企业高层问卷调查的数据验证了这些假设。实证研究的结果表明，企业讨价还价的权力资源和企业的非市场活动（缓冲和桥梁）之间是一种正相关的关系，而高层管理导向在两者之间起着一种中介作用。另外，我们的研究还发现，政府对企业过多的管制和干预促使了企业非市场缓冲活动的增加，而非政府组织的增多和社会价值观的变化促使了企业对社会的顺应。

为了形成对自己有利的竞争环境，中国企业普遍通过各种策略来影响政府政策的制定与实施。由于规范的和不规范的行为交织在一起，中国企业影响政府决策和资源配置的行为在舆论上是受到否定的，一直处于一种遮遮掩掩的状态。由于游说是大多数政治策略的主要特征，因此我们从政治游说的角度来考察中国企业影响政府决策和资源配置行为的伦理规范。在文献研究的基础上，我们建立了一个企业政治游说的分析框架，然后通过与企业高层的深度访谈，分析了中国企业政治游说常用的方式以及政治游说中的潜规则。针对企业政治游说中的伦理问题，我们探讨了企业政治游说的伦理规范，提出了规范企业政治游说伦理问题的可行步骤。我们的研究有助于人们正确认识企业的游说活动，抛弃对企业游说活动的偏见，接受合法的企业政治游说，减少不合法的企业政治游说。

在中国企业众多的游说方式中，有两种特殊的方式在新世纪之初呈现出愈演愈烈的趋势：一方面，大量的政府官员下海经商；另一方面，越来越多的民营企业家通过各种途径参政议政。我们通过统计数据说明了官员下海和商人参政的现状，分析了这两种现象本质和所隐含的伦理问题。针对这些问题和现有规范的缺陷，我们提出了一个分析企业政治行为伦理的框架，从动机、手段和目的三个方面来考察它们对政治体制"可竞争性"的影响。在此基础上，我们分析了官员下海和商人参政的伦理规范，为中国大量存在但却缺乏规范的官员下海和商人参政现象界定了一个合理的范围，并对官员下海和商人参政现象的治理提出了相应的政策建议。

基于实证研究的结果，我们分析了中国企业不规范的非市场行为的治理问题。由于企业的非市场桥梁活动是一种规范的活动，而非市场缓冲活动是规范的和不规范的交织在一起。所以，我们首先对企业的非市场缓冲活动进行了分类，然后探讨了中国企业大量的非市场缓冲活动产生的原因，以及不规范的非市场缓冲活动给社会所带来的负面效应。最后，我们分析了对中国企业非市场行为的治理措施。

第一章 绪 论

第一节 研究的背景和意义

一、问题的提出

企业的经营环境可以分为市场环境和非市场环境①,企业不仅要关注顾客、竞争对手等组成的市场环境,通过提供社会需要的产品和服务获取利益,而且同时也要关注政府、社会公众、新闻媒体等组成的非市场环境。毫无疑问,利润对于企业的生存是必须的,但追求利润并不是企业唯一的责任,企业要长期生存还必须被社会认为是合法的②,即企业的手段和目的必须和社会的习俗、价值观以及社会期望保持一致③。因此,企业的成功不仅依赖于产品、服务、分销渠道、供应链等市场因素,也依赖于

---

① Baron, D. P. "Integrated Strategy: Market and Non-market Components" *California Management Review*, No. 37, 1995, pp. 47–65.
② Ackerman, R. W. *The Social Challenge to Business*. Cambridge, MA: Harvard University Press, 1975.
③ Dowling, J. & Pfeffer, J. "Organizational legitimacy: Social Values and Organizational Behavior", *Pacific Sociological Review*, No. 18, 1975, pp. 122–136.

企业与政府、新闻媒体、社会公众等各种利益相关的关系①②。

基于资源的企业理论认为，一些企业之所以长期具有好的绩效是因为这些企业具有有价值的、稀缺的、不可模仿的、不可替代的资源③。在过去的几十年里，基于资源的企业理论已经成为战略管理的一个重要范式。在过去，人们对资源的理解侧重于企业在市场上所积累的有形和无形资源。奥伯曼（Oberman）引入了"制度资源"的概念，用来表述一些战略上很重要的社会资源，比如政府的制度、官员、政策、信仰体系等，企业可以通过开拓这些资源来获得竞争优势。事实上，中国企业大量的活动都和非市场因素有关。在田志龙教授主持的一项自然科学基金研究中，对38家知名企业（国有、民营、外资）网站有关企业活动的栏目中2001—2003年报道的约15000篇文献的统计分析表明，约40%是与非市场因素打交道的，这些活动包括制定行业道德准则、参与修改行业规范、向政府部门系统地反映企业关于政策的意见和建议、利用专家研讨和媒体讨论国有企业改制以及民营企业生存环境和社会地位、谋求打破行业垄断限制、获得政府政策支持等。一些企业家也坦承，他们30%—50%的时间用于处理与政府及利益相关者有关的事项④⑤⑥⑦。张维迎教授认为，和西方发达国家相比，我国企业的影响政府决策过程的政治行为（非市场行为）远多于西

---

① Meznar, M. B. and Nigh, D, "Managing Corporate Legitimacy: Public Affairs Activities, Strategies and Effectiveness", *Business and Society*, Vol. 32, No. 1, 1993, pp. 30–43.

② Baron, D. P. "Integrated Strategy: Market and Non-market Components" *California Management Review*, No. 37, 1995, pp. 47–65.

③ Barney, Jay. "Firm Resources and Sustained Competitive Advantage", *Journal of Management*. Bloomington, Vol. 17, No. 1, 1991, pp. 99–121.

④ 张维迎：《企业寻求政府支持的收益、成本分析》，载《新西部》，2001年第8期，第55—56页。

⑤ 中国企业家调查系统：《中国企业经营者队伍制度建设的现状与发展》，载《管理世界》，2000年第4期：第92—102页。

⑥ 吴宝仁，刘永行：《华西对话》，载《中国企业家》，1999年第8期：第22—23页。

⑦ 李新春：《企业家过程与国有企业的准企业家模型》，载《经济研究》，2000年第6期，第51—57页。

方。《中国企业家》杂志社 2004 年对中国企业家生活的调查发现,"时至今日,仍然有相当数量的企业家(当然不是所有),要拿出大量时间用于应付各种企业发展的'环境问题'"。由于非市场行为是一种非生产性行为,中国企业把大量的精力投入到非市场领域,必然导致社会资源从生产性领域向非生产性领域的转移,从而影响企业经营的效率,造成资源配置的扭曲。

在市场经济较发达的国家,影响企业经营运作的公共政策与法规的出台一直是社会各种利益团体(企业是主要的参与者)权力斗争和利益平衡的结果①②③。由于企业具有庞大的财力和强大的社会影响力,因此,在与其他利益集团的博弈中处于一种强势地位。在西方,商业的权力,尤其是大公司的权力,很久以来就被看做是民主的威胁。因此,西方国家普遍通过立法对企业参与政治的过程进行规范。随着中国民主化、法制化和多元化进程的不断推进,上述影响企业运作的政策法规的制定将不再是政府决策者独享的权力(事实上已经不是)④。从操作层面上看,政府决策者制定政策和法规的过程是一个与社会各方面利益团体(包括工商企业)互动的沟通过程⑤。在中国,企业作为越来越强大的社会利益集团,对政府政策的制定和实施过程产生着越来越大的影响。在很多情况下,企业通常会主动地影响政府的决策过程,从而形成对自己有利的竞争环境⑥。而且中国人大代表和政协委员中有相当大一部分来源于企业,作为企业的代言人,

---

① Epstein, E. *The Corporation in American Politics*. Englewood Cliffs, NJ: Prentice Hall, 1969.
② Shaffer B, "Firm-level Responses to Government Regulation: Theoretical and Research Approaches", *Journal of Management*, Vol. 21, 1995, pp. 495–514.
③ Mahon, J. F. and McGowan, R. A, "Modeling Industry Political Dynamics", *Business & Society*, No. 37, 1998, pp. 390–413.
④ 张维迎:《企业寻求政府支持的收益、成本分析》,载《新西部》,2001 年第 8 期,第 55—56 页。
⑤ 万建华:《利益相关者管理》,深圳:海天出版社 1998 年版。
⑥ 张维迎:《企业寻求政府支持的收益、成本分析》,载《新西部》,2001 年第 8 期,第 55—56 页。

他们具有影响政府决策与立法过程的便利①。从他们往年所提的议案来看，企业界人大代表大多集中在财经层面，要么与代表所在的企业相关，要么与代表所在企业所处行业相关，要么与所在企业的环境相关②。

然而由于缺乏必要的规范和制度约束，中国企业的非市场行为处于一种放任自流的状态，规范的和不规范的交织在一起。企业这种不规范的非市场行为（比如向政府官员行贿）滋生了大量的腐败。这里所说的腐败，不仅仅是指企业的"寻租"行为导致的行政和司法腐败，更严重的是"立法腐败"，这是一种部门和行业利益集团主导的、比"寻租"更安全、更隐蔽、利润更大、危害性也更大的"设租"行为。由于中国相当一部分的法律草案是由政府部门和行业利益集团起草的，所以很多带有浓厚的部门利益或行业利益，立法主体受部分利益群体影响而非综合考虑各相关利益群体的诉求，以及立法主体单纯追求自身利益最大化的现象，在立法过程中广泛存在③。中国政法大学法学院院长马怀德教授认为，部门利益和行业利益渗透到中国立法的各个环节，已经成为中国立法不能承受之重④。"立法腐败"已经成为中国社会新的"潜问题"⑤⑥⑦。企业的这种"寻租"与"设租"行为相结合起来，会出现权力——金钱——更大权力——更多金钱的恶性循环，对中国的经济体制改革会产生极其严重的后果。中国著名经济学家吴敬琏警告，中国的市场经济要"防止陷入权贵资本主义（Crony Capitalism）的泥坑"。

---

① 张维迎：《企业寻求政府支持的收益、成本分析》，载《新西部》，2001年第8期，第55—56页。
② 高勇强、田志龙：《关于企业家参政和人大系统改革的思考》，载《经济前沿》，2004年第1期。
③ 高昱：《警惕立法设租》，载《商务周刊》，2005年第5期。
④ 陈杰人、部门利益：《中国立法不能承受之重》，载《法人》，2005年第3期。
⑤ 刘武俊：《对立法腐败说"不"》，载《人大研究》，2001年第6期。
⑥ 宋君华：《立法能否不再是利益集团寻租的结果》，载《沈阳今报》，2005年3月22日。
⑦ 高昱：《警惕立法设租》，载《商务周刊》，2005年第5期。

正是由于规范的和不规范的成分交织在一起，中国企业非市场行为（主要是政治行为）在理论上是受到否定的[①]，而且在学术研究上是一个被忽视的领域。结果，企业的非市场行为虽然大量存在，但由于得不到承认和规范管理，也没有系统的理论指导，而一直处于一种遮遮掩掩的状况。

因此，本书研究的核心内容是中国企业的非市场行为及其规范和治理问题。具体而言，本书着重研究以下三个问题：分析中国企业应对非市场环境的非市场行为和策略，并对中国企业大量存在的非市场行为的影响因素进行研究；进行对中国企业的非市场行为的伦理进行分析，指出中国企业有哪些不规范的非市场行为，这些不规范的非市场行为产生了哪些伦理问题；中国企业不规范的非市场行为的治理，具体要分析影响中国企业从事非市场行为的因素，然后据此提出治理中国企业不规范的非市场行为的对策。

二、研究的目的与意义

本书试图对中国企业的非市场行为进行研究，分析中国企业应对非市场环境的行为和策略，研究中国企业大量非市场行为的影响因素，为中国企业放任自流的非市场行为界定一个合理的范围，对不规范的非市场行为提出了相应的治理措施，这有助于人们正确认识企业的非市场行为，促使人们接受合法的企业非市场行为，减少非法的企业非市场行为，这对于提高中国企业的战略管理水平以及驾驭外部环境的能力，对于规范中国的市场经济秩序，对于促进中国的民主政治建设都具有重要的意义。

首先，从企业管理的角度来看，对企业非市场行为的探讨有助于企业正确处理与政府的关系。中国市场与西方市场最大的不同是，我们的市场是由政府主导的，所以中国企业家的行为是面向政府的，而不是面向市场的。在中国办企业不可能远离政治，做得越大越成功的企业家越必须懂政

[①] 张维迎：《企业寻求政府支持的收益、成本分析》，载《新西部》，2001年第8期，第55—56页。

治。但是如果离政治太近也容易出问题，玩火者自焚。柳传志巧妙推动联想集团改制并经受住了来自方方面面的轮番审查，艾欣入主国有控股企业——四川金路，最后在高压下退出等例子，从正反两个方面都说明这个道理。中国经济体制转型期的这种特点使企业面临着如何处理与政府关系的困惑，很多企业发展中出现的问题都与没有处理好与政府的关系有关。"企业家离政治多远才安全？"成为企业界和学术界关注的话题。对企业非市场行为伦理的研究有助于提高中国企业战略管理的水平以及驾驭外部环境的能力。

其次，从民主政治建设的角度来看，对中国企业非市场行为伦理的研究有助于政府认识到政治上的分权是市场经济发展的必然要求，必须在制度上做出适当的调整。随着非公有制经济的壮大，如何解决非公有制阶层的政治利益诉求是一个亟需考虑的问题。由于缺乏必要的规范和制度约束，中国企业影响政府决策和资源配置的行为规范的和不规范的交织在一起，处于一种放任自流的状态，因而在理论上是被否定的。通过分析中国企业非市场行为的伦理规范，可以使政府分辨企业的哪些政治行为是合适的和合法的，哪些是不合适和不合法的，从而在制度方面给予规范和引导，防止企业不规范的非市场行为破坏民主政治建设。由于企业的政治行为针对的是政府部门和官员，因此对企业政治行为的探讨同样也有助于政府认清自身存在的问题，从而为规范政府自身的行为提供建议。

最后，从规范市场经济秩序的角度来看，对企业非市场行为伦理问题及其治理措施的探讨，有助于我们对企业不规范的非市场行为进行治理，创造一个公平竞争的市场经济环境。市场经济是竞争经济，公开、公平、公正、有序的竞争是市场经济秩序的核心。企业不规范的非市场行为破坏了市场竞争的公平性，会诱导企业争相把资源投向非生产性"寻租"活动，造成资源配置的扭曲。因此，对企业非市场行为的规范和治理的研究无疑对规范市场经济秩序具有重要的意义。

第二节 研究的思路和方法

一、相关概念的界定

为了便于后边的论述,我们首先对本书所使用的主要概念界定如下:

(一) 非市场环境 (Non-market Environment)

"非市场"的概念是赫希曼 (Hirschman) 1958 年最先提出来的,他认为所有组织都会衰落,需要用非市场力量即政治机制对它们进行矫正。自从赫希曼提出"非市场"的概念以后,非市场已经被越来越普遍地用来形容环境、制度、组织和交换,并且在全球范围扩展开来,成为一个被广为接受的新概念。

巴朗 (Baron) 把"非市场"的概念应用到企业战略层面,他把企业的经营环境分为市场环境和非市场环境。市场环境是指由宏观经济因素、竞争对手、顾客、供应商等因素组成的企业外部环境,一般是自愿且涉及财产的经济处置和交换。非市场环境则由公众、股东、政府、媒体和公共机构等关系所决定,非市场环境包括社会的、政治的以及法律的安排等因素[①]。其特点是多数裁定原则、适当的程序、广泛的解放和公开化。在市场环境中,企业的业绩是用产生的利润或增加的价值来衡量的,然而,在非市场环境中对企业业绩的评价使用更宽广的维度,包括伦理准则和责任等概念。

(二) 企业的非市场行为 (Corporate Non-market Action)

所谓非市场行为是指企业与非市场因素相关联的行为。具体地讲,非市场行为是指企业对利益相关者以及法律的、社会的和政治的参与者的行

---

① Baron, D. P. "Integrated Strategy, Trade Policy, and Global Competition", *California Management Review*, No. 39, 1997, pp. 145 – 69.

为，这些参与者包括法院、管制者、贸易机构（trade authorities）和政府各个层次的立法者、大众媒体、环境保护主义者、教育家、公共事务专家等等。这些行为的目的是为企业创造有利的竞争环境，从而改善企业的经营绩效。最早把"非市场"的概念应用到企业层面的战略是巴朗，但是在此之前关于企业是如何在公共政策执行过程中追求竞争优势的领域已经有了很多研究[1][2]。企业政治行为（CPA）、公共事项（PA）、企业的社会政策（CSP）等都属于企业的非市场行为。由于在企业的非市场环境中，政府是最重要的利益相关者，因此，在企业的非市场行为中，企业政治行为是其主要的组成部分。

（三）社会契约（Social Contract）

"社会契约"的观念在西方源远流长，传统的社会契约论是作为国家起源的一种理论解释出现的。而现代的社会契约论试图表明，个人和集体的权利与自由建立在相互有利的协定之上。人们普遍认为，企业和社会公众之间也存在一种隐含的和明确的社会契约，而不仅仅是和它的股东之间。企业和社会之间的社会契约不仅仅体现在法律或规章中，而且也体现在明确表达的社会认可或隐含的习俗、先例中。法律和规章不是直接由社会施加给商业的，而是由政府作为企业和社会之间的中介机构制定的。戴维斯（Davis）认为，通过社会契约，"社会委托给企业大量的社会资源以实现它的目标，企业被期望作为明智的托管人为社会管理这些资源。"

我们把社会契约界定为企业和社会之间的一组清楚的和隐含的契约，这组契约既明确地体现在法律中，也隐含地体现在社会习俗和规范中。通过社会契约，社会赋予企业一种职权，可以将资源有效地转化成社会所需的产品和服务。作为对实施这种转化的回报，社会给予企业采取必要与合理行动的权利，并允许获得投资回报。

---

[1] Gale, J., & Buchholz, R, "The Political Pursuit of Competitive Advantage: What Business Can Gain from Government", in A. Marcus, A. Kaufman, & D. Beam (Eds.), *Business strategy and public policy*, New York: Quorum, 1987, 231 – 252.

[2] Shaffer B, "Firm-level Responses to Government Regulation: Theoretical and Research Approaches", *Journal of Management*, Vol. 21, 1995, pp. 495 – 514.

（四）企业的经营合法性（Corporate Legitimacy）

企业的经营合法性与社会契约的概念密切相连，社会契约通过赋予企业一定的道德基础而使企业影响力的行使合法化，合法性就是企业影响力的合法运用。对于企业的经营合法性，Maurer 认为，"合法化是一个组织向同等的组织或者上级体制证明它存在权利的过程"。而道林（Dowling）和普费弗（Pfeffer）认为，合法性意味着"与组织的活动相联系的或者组织活动所隐含的社会价值以及更大的社会体制中可接受的行为标准相一致"①。

我们这里采用舒启曼（Suchman）的综合性定义，"合法性是指在一个社会建构的规范、价值、信仰和定义体系中，一个实体的行为被认为是可取的、适当的、正当的一般感知或假定"。

（五）缓冲（Buffering）和桥梁（Bridging）

普斯特（Post）等认为，企业的公共事项功能管理着企业与社会、政治环境之间的界面，负责维持企业的外部合法性。公共事项单元的基本角色是公司对外的一扇窗户，公司的管理层通过它感知、监控、了解外部的变化，同时它也是社会能够影响公司政策和实践的一扇窗户。这种对内和对外的窗户的双重角色与菲涅尔（Fennell）和亚历山大（Alexander）的边界跨越功能的两个功能的两个功能（缓冲和桥梁）联系起来。因此，Meznar 和奈（Nigh）把企业的公共事项活动分为"缓冲"和"桥梁"。

所谓缓冲是指企业采取的影响外部的社会和政治环境的行为，其目的是阻止外部的社会政治环境干预企业内部技术核心的运作。企业一般采取两种方式进行缓冲，一是把自身从外部社会和政治环境的干扰中隔离出来，二是通过政治捐款、游说、宣传性广告等手段来影响外部的社会和政治环境。

---

① Dowling, J., & Pfeffer, J. "Organizational legitimacy: Social Values and Organizational Behavior", *Pacific Sociological Review*, No. 18, 1975, pp. 122–136.

所谓"桥梁"战略是指企业试图通过改变自身行为来满足外部的期望。桥梁意味着企业积极地试图达到或超过它所在行业的管制要求，或者试图快速地识别不断变化的社会期望，并促使组织适应这些期望。通过桥梁战略，企业促进内部适应不断变化的环境。

二、研究方法和数据来源

（一）研究的方法

本书所探讨的问题横跨管理学、经济学、社会学、政治学、法学、伦理学等多个学科领域。因此，在研究方法上，本书所采用的主要是社会科学的研究方法。社会科学的研究方法主要有两种，一种是实证研究，另一种是规范研究。实证研究主要回答"是什么"和"为什么"的问题。实证研究一般采取两种研究方法：大样本的统计分析和典型案例研究。规范研究是解决"好"与"坏"的价值判断问题，即回答"应该是什么"的问题。下边是对本书所采取的研究方法的具体介绍：

1. 文献研究

由于本书所研究的问题涉及到多个学科领域，因此，本书首先通过文献研究的方法，归纳和总结相关领域的研究成果，如从多个学科领域探讨非市场的内涵；综合管理学、经济学、政治科学和社会学方面的研究，探讨了企业政治游说的影响及其伦理规范；通过对企业非市场行为影响因素方面文献的回顾，提出了影响企业从事非市场行为的概念模型等等。

2. 大样本统计分析

实证研究的统计分析是以大样本的抽样调查和统计分析为基础，了解全体的特征和属性的一种方法，大样本统计分析得到的结论适用性比较强，因而是工商管理研究的主要方法。本书通过文献研究和企业高层管理者访谈，设计了专门针对企业非市场行为的调查问卷，对湖北、江西、河南、广东、江苏等地企业的高层进行了问卷调查。然后运用 Excel 7.0、Spss 12.0 等分析软件对于调查得来的数据进行了分析，从而验证了影响中国企业非市场行为的组织因素和环境因素。

3. 典型案例研究

由于大样本统计分析只能了解"面"上的情况，对于企业的具体情况则缺乏了解，因此，需要通过案例研究进行补充。案例研究是通过对典型事例的深入剖析，有助于人们了解企业的具体运作和典型事件发生的始末缘由，案例分析对于了解企业的具体运作具有重要的意义，也是工商管理研究常用的一种方法。例如，本书以跨国公司影响中国的企业所得税立法为例，说明了企业政治游说的伦理原则如何在现实中运用。通过对力帆集团董事长尹明善当选重庆市政协副主席的案例说明了企业家参政所面临的伦理冲突。

4. 规范研究

规范分析则以一定的价值判断为基础，根据某些标准来分析企业的非市场行为，评判特定的企业非市场行为是否符合道德，并研究如何才能符合这些标准。由于中国企业的非市场活动处于一种放任自流的状态，规范的和不规范的成分交织在一起，因而在理论上是被否定的，处于一种遮遮掩掩的状态。本书运用企业的经营合法性理论和基本的伦理理论（如道义论、社会正义理论和功利主义）对中国企业大量存在的政治游说行为、官员下海和商人参政行为进行了探讨，对企业的政治游说活动界定了一个合理的标准。这有助于人们正确认识企业的非市场行为，接受合法的非市场行为，减少非法的非市场行为。

（二）数据来源

本书的实证研究所运用的数据主要来源于以下几个方面：

1. 问卷调查

本书通过问卷调查的方式收集相关资料，以分析影响中国企业参与非市场活动的因素。通过文献研究，我们提出了研究的理论框架和相关研究假设，并据此设计出最初的调查问卷，然后根据十多位企业高层经理当面试填、商讨的结果对问卷进行了进一步的修改，然后在小范围内发放问卷，进行预调研。根据调查和分析的结果对问卷进行了进一步的修改，确定了最终的调查问卷。在此基础上进行了大规模的问卷调查。问卷的发放主要采取了以下形式：(1) 2005年10月至2005年11月，在华中科技大学和中南财经政法大学的高层管理人员工商管理硕士（EMBA）学员中，利用课余时间发放调查问卷；(2) 在华中科技大学的MBA学员中挑选企业高层发放问卷；(3) 2005年9月至2005年12月利用各种社会联系，通过E-mail、信件等方式发放问卷。

2. 企业高层访谈

由于企业的非市场行为大部分都是由企业高层参与、主导的，因此，我们通过对企业高层的访谈来了解特定企业的非市场活动。我们访谈了湖北、江西、广东、深圳、江苏、河南等地的十多位企业高层，向他们了解企业是如何参与社会和政治事务的。在访谈之前，我们设计了专门的访谈问卷，对每个访谈者进行了平均两个小时的访谈，整个访谈的过程都作了笔录。

3. 报刊、杂志和专业网站

除了第一手的资料，我们还广泛地收集报刊、杂志和主要门户网站上发表的二手资料。报刊、杂志和主要的门户网站及时、详细地报道了现实生活中发生的与我们的研究主题相关的大量事例，这些事例为我们的研究提供了翔实、丰富的素材。我们所查阅的主要报刊有：《南方周末》、《21世纪经济报道》、《经济观察报》、《中国青年报》、《南方都市报》、《法制晚报》、《新京报》等；主要的期刊有：《中国企业家》、《南方窗》、《新财富》、《经济》等；主要的门户网站有：凤凰网、新华网、人民网、新加坡的早报网等。

第三节 结构安排和研究特色

一、本书采用的技术路线

本书从构思、选题、开展研究，到最终得出研究结论遵循着科学的研究方法。具体而言，本书所采用的技术路线可以归纳如下图1.1：

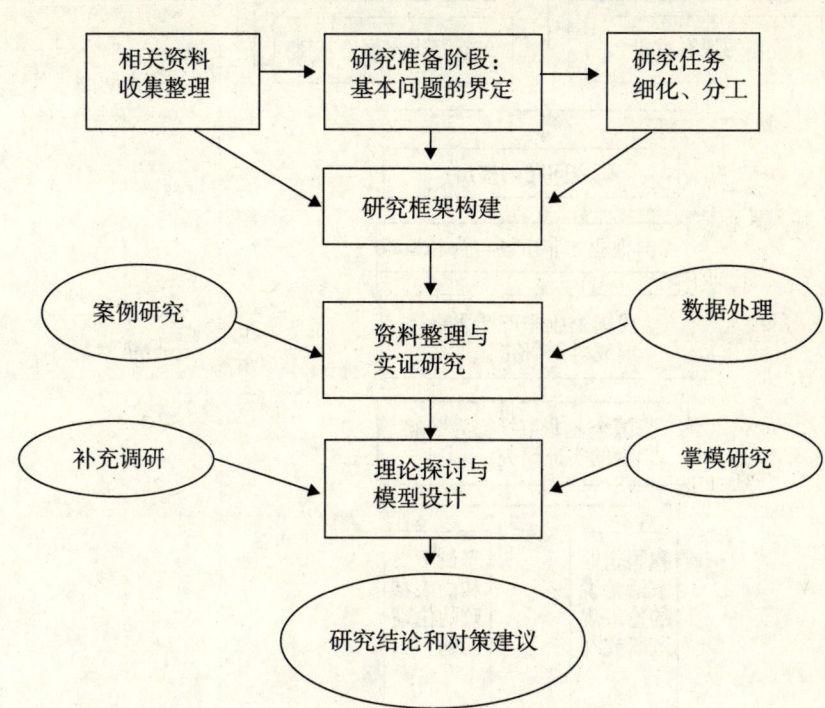

图1.1 本书采用的技术路线

二、本书的结构安排

本书的研究是围绕中国企业非市场行为及其规范和治理展开的。本书的内容安排和逻辑结构遵循着提出问题——分析问题——解决问题的研究范式，具体可以归纳为图1.2，本书主要分为四大部分共九章，第一部分包括第一章绪论和第二章文献综述；第二部分包括第三、四、五章，主要围绕中国企业非市场行为和策略以及中国企业非市场战略的形成机制和非市场行为的影响因素展开论述；第三部分包括第六章，第七章和第八章，主要围绕中国企业的非市场行为的伦理问题和规范展开论述；第四部分即第九章，是最终的研究结论。各章节的具体内容如下：

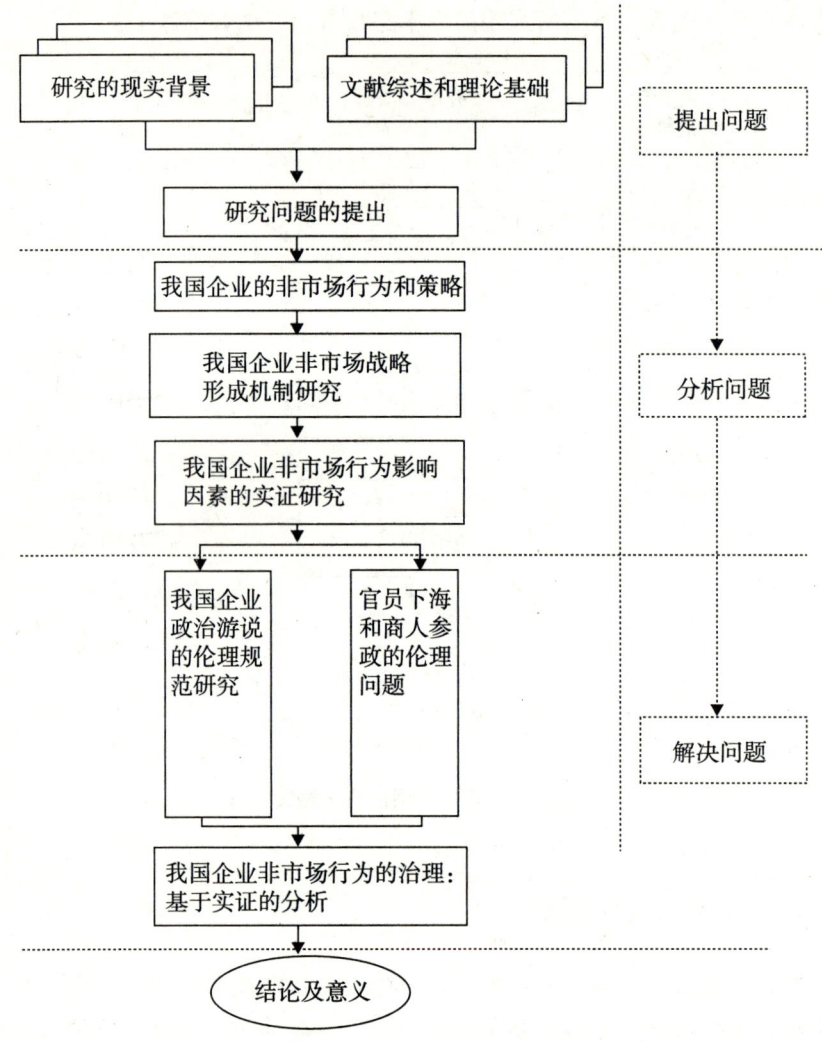

图1.2　本书的框架结构

第一章　绪论。本章主要是对论文研究的问题、研究的目的和意义、相关概念的界定、数据的来源、研究方法、技术路线、框架结构安排以及论文的创新之处进行了简要的介绍。

第二章　相关文献综述和本书的理论基础。本章首先对国外学者关于企业非市场行为的伦理和影响因素方面的相关研究进行了回顾，指出了研究现状及不足。其次，阐述了本书的理论基础：企业的经营合法性理论。本章为以后各章奠定了文献和理论基础。

第三章 中国企业的非市场行为和策略。本章首先对"非市场"的内涵进行了探讨，总结出五种关于非市场的观点。在此基础上，我们分析了企业经营的非市场环境，主要是政治环境。随后，我们分析了企业应对非市场环境的行为和策略。最后通过对海尔、宝洁（中国）和新希望的案例研究详细分析了中国企业大量存在的非市场行为。

第四章 中国企业非市场战略形成机制研究。针对中国企业大量存在的政治活动，提出了一个企业非市场战略形成的分析框架。中国企业非市场战略的形成最初受政治环境、宏观经济环境和行业环境的影响，但这些外部的因素并不能决定企业是否参与政治，它们对企业政治决策的影响是通过高管人员的政治倾向、企业的结构、资源、政治经历以及规模等影响企业参与政治的意愿和能力来实现的。

第五章 中国企业非市场行为影响因素的实证分析。基于资源依赖理论，我们提出了影响中国企业从事非市场活动的13个假设，然后，通过对企业高层发放调查问卷收集信息，运用频数统计，逐步回归等方法对影响中国企业从事非市场行为的因素进行了分析。结果表明，企业的经济资源、高层管理导向和环境的不确定性对企业的非市场活动具有显著的影响。

第六章 中国企业政治游说的伦理规范研究。本章首先在文献研究的基础上，建立了一个企业政治游说的分析框架，然后通过与企业高层的深度访谈，分析了中国企业政治游说常用的方式以及政治游说中的潜规则。针对实证研究发现的伦理问题，我们探讨了中国企业政治游说的伦理规范，提出了规范企业政治游说伦理问题的可行步骤。本章最后通过跨国公司游说中国企业收入所得税法的案例说明了这些标准的应用。

第七章 官员下海和商人参政的伦理问题研究。本章针对中国大量存在的官员下海和商人参政现象，通过统计数据描述了官员下海和商人参政的现状，分析了官员下海和商人参政的本质和隐含的伦理问题。为了对这两种现象的合理性进行分析，我们提出了一个分析中国企业政治行为伦理的框架,并在此基础上分析官员下海和商人参政的伦理规范,为中国企业的政治活动界定了一个合理的范围。文章最后对这两种现象的治理提出了相应的政策建议。

第八章 中国企业非市场行为的治理:基于实证的分析。基于以前各章的研究,本章分析了中国企业不规范的非市场行为的治理问题。由于企业的非市场桥梁活动是一种规范的活动,而非市场缓冲活动则是规范的和不规范的交织在一起。所以,我们首先对企业的非市场缓冲活动进行了分类,然后探讨了中国企业大量的非市场缓冲活动产生的原因,以及不规范的非市场缓冲活动给社会所带来的负面效应。最后,我们分析了对中国企业非市场行为进行治理的措施。

第九章 研究结论及未来的研究方向,主要是对以上各章的主要研究结论进一步进行归纳和总结,阐述了本书的研究缺陷和未来的研究方向和研究建议。

三、本书的创新之处

西方学者对企业的非市场行为进行了大量的研究,取得了很多有价值的研究成果。由于研究视野、学术兴趣、研究方法、资料收集等方面的原因,国内学者在这方面的研究还很薄弱,在很多方面都是空白。这使得对企业非市场行为伦理及其治理的研究具有很大的挑战性。在国内外该领域现有文献的基础上,本研究的创新之处主要有:

(一)国外学者对什么因素影响企业从事非市场行为进行了大量的研究,得出了许多富有启发的结论。与西方国家相比,中国企业的非市场行为远多于西方国家,但是国内学术界对于什么因素影响中国企业参与政治活动的研究尚是空白。本书根据资源依赖理论,提出了关于中国企业非市场活动的13个假设,然后通过对175位企业高层问卷调查的数据验证了这些假设。研究表明,企业讨价还价的权力资源影响着企业的非市场活动(缓冲和桥梁),而高层管理导向是企业讨价还价的权力资源和企业的非市场活动之间的关系的中介变量。另外,我们的研究还发现过多的政府管制和干预促使了企业的非市场缓冲活动,而慈善、环保等非政府组织的增多和社会公众价值观念的变化促使了企业的非市场桥梁活动。本研究对中国企业大量存在的非市场活动做出了很好的解释，有助于人们理解中国企业存在大量非市场活动的原因以及企业非市场战略的制定。

（二）由于缺乏必要的规范和制度约束，中国企业的政治游说处于一种放任自流的状态，规范的和不规范的交织在一起，在理论上是受到否定的。结果，中国企业的政治游说虽然大量存在，但由于得不到承认和规范管理，一直处于一种遮遮掩掩的状况。本书首先在文献研究的基础上，建立了一个分析企业政治游说的框架，然后通过与企业高层的深度访谈，分析了中国企业政治游说常用的方式以及政治游说中的潜规则。针对实证研究中发现的伦理问题，我们探讨了企业政治游说的伦理规范，提出了规范中国企业政治游说伦理问题的可行步骤。我们的研究有助于人们正确认识企业的游说活动，抛弃对企业游说活动的偏见，接受合法的企业政治游说，减少不合法的企业政治游说。这对于提高企业的战略管理水平以及驾驭外部环境的能力，对于规范市场经济秩序、对于中国的民主政治建设都具有重要的意义。

（三）从计划经济向市场经济的转型，从本质上讲，就是商政关系的转变，也就是从以前的政企不分、政府对企业干预太多，向政企分开、政府和企业各司其职转变。然而，中国的商政关系的演变却出现了不同的景象：一方面，有大量的政府官员下海经商，另一方面，有越来越多的民营企业家通过各种途径参政议政。这两种现象在新世纪之初呈现出愈演愈烈的趋势。本书通过统计资料说明了官员下海和商人参政的现状，分析了这两种现象的本质和所隐含的伦理问题。针对这些问题和现有规范的缺陷，我们提出了一个分析企业政治行为伦理的框架。在此基础上，分析了中国官员下海和商人参政现象的伦理规范，为中国大量存在但却缺乏规范的官员下海和商人参政现象界定了一个合理的范围，并且对官员下海和商人参政现象的规范提出了相应的政策建议。

第二章 相关文献综述和本书的理论基础

巴朗把"非市场"的概念应用到企业层面的战略,但是在此之前关于企业是如何在公共政策过程中追求竞争优势的已经有了很多的研究[1][2][3]。作为非市场行为最重要组成部分的公司政治行为,是在20世纪70年代形成和发展起来的。在过去的30年里,管理学、经济学、社会学、政治学等科学对企业的政治行为进行了大量的研究。在下边,我们侧重对与本书的研究主题相关的文献进行评述。

第一节 对企业非市场行为和策略的研究

有关公司政治策略与行为的研究最早至少可以追溯到19世纪末20世纪初出现的"利益集团"理论。詹姆斯·麦迪逊(James Madison)是强调集团同美国政治有联系的第一个著名的美国人,也是关于集团问题的第一个重要的美国理论家。然而,公司政治行为(CPA)作为一门交叉学科研

---

[1] Keim, G. "Foundations of a Political Strategy for Business", *California Management Review*, Vol. 3, 1981, pp. 41–48.

[2] Gale, J., & Buchholz, R, "The Political Pursuit of Competitive Advantage: What Business Can Gain from Government", in A. Marcus, A. Kaufman, & D. Beam (Eds.), *Business strategy and public policy*, New York: Quorum, 1987, 231–252.

[3] Shaffer B, "Firm-level Responses to Government Regulation: Theoretical and Research Approaches", *Journal of Management*, Vol. 21, 1995, pp. 495–514.

究领域，引起政治、社会和经济理论界对其进行大量关注却是20世纪70年代的事情。

一、对于企业政治战略与策略的界定和理论基础

（一）企业政治行为、政治战略的界定

在西方管理学界的相关研究中，"企业政治行为"这个概念经常与企业政治战略、企业政治活动、企业政治参与、企业政治影响通用。阿斯特里（Astley）和赛德瓦（Sachdeva）认为企业的政治行为就是企业相对于政府的权力的获得、发展、保持和使用，而权力就是企业克服政府的抗拒能力。政府的抗拒来源于政治家或政府官员的意识形态、其他相关利益群、选民以及同僚的压力。然而，这个定义没有能够表明企业政治行为的目的。借用麦克米兰（MacMillan）关于"影响"的定义，我们可以把企业的政治影响理解为重新塑造政府就某一事物的观念，并使其按企业的意愿行事的一种企业能力。而赛西（Sethi）认为，企业的政治参与就是企业参与各级政府对于公共政策的制定和执行。这个定义简单明了，但其内涵却很广，它不仅包括了公共政策的制定，也包括它们的执行。而凯姆（Keim）和贝辛格（Baysinger）认为，企业的政治战略就是企业管理决策的一种形式，它表现为企业旨在出台有利于该企业的生存和持续成功的公共政策的一套整合的行动。比起前面的几个定义，这个定义所指范围相对较窄内容也更具体确切，它不包括企业与政府间因商业关系而产生的接触（如企业承接政府工程等），也不包括公共政策的执行（如反垄断调查等）。马洪（Mahon）认为，公司政治战略可以被定义为组织采取的为获得（acquire）、发展（develop）和使用权力，其目的是在一个冲突的环境中赢得一种优势（一种特定的资源配置）。盖茨（Getz）将公司政治行为定义为"任何有意识的试图影响政府政策或进程的公司行为"。可以看出这几个定义各有侧重（即行动、能力和战略），内涵和外延也各不相同。然而，在现有的研究中，我们经常可以发现这几个概念是通用的。

（二）公司政治行为的理论基础

公司政治行为作为一个跨学科的研究领域，已经在政治科学、社会

学、经济学和管理学领域进行了大量的研究。盖茨在其有关公司政治行为的一篇文献综述中识别了研究公司政治行为的九个基础理论：利益集团理论、公共选择理论、集体行为理论、交易成本理论、资源依赖理论、交换理论、企业行为理论、制度理论、代理理论。盖茨的综述表明，这些理论已经用来研究公司政治行为的五个方面：企业为什么要参与政治行动？什么时机参与？怎样参与？在哪里参与？以及谁来参与？在更近的一篇有关公司政治行为的综述中，盖茨进一步识别了商业战略理论、人口生态理论、博弈论等三个理论基础。田志龙、贺远琼对国外公司政治行为研究的理论基础进行了介绍，这是较早在国内介绍西方公司政治行为研究的文献。

二、对企业政治环境及政治反应的研究

（一）政治环境与企业战略利益

政治环境对企业的影响是多方面的，有些影响是直接的，还有一些影响是间接的。比如，政府的国防合同对军工企业的影响是直接的，政府对金融业的管制给金融企业带来的影响是直接的，而对其他企业的影响也许是间接的。并且，某些影响只是微乎其微的。例如，政府出台的企业排污标准的政策可能会剥夺一些中小型企业生存的权利或增加其经营成本。值得注意的是，作用于某一产业的政府政策和规章，并不是将它们的影响平均分配于这一产业内的所有企业，而是将它们的影响主要集中于某一个或某一类企业，而对另外的企业几乎没有什么影响。这样，政府的政策将影响到行业的竞争格局，那些受影响较大的企业可能因此失去某种或某些竞争优势，并最终失去其所拥有的市场地位（也可能是赢得某种竞争优势，如果政府政策对行业是支持性的）。

政府决策制定者有能力通过政府购买和管制影响替代品和互补品而改变市场规模，通过进入和退出障碍以及反托拉斯立法影响市场结构，通过各种类型的、与多个因素（如雇佣惯例和污染标准等）相关的立法改变企业的成本结构，还通过征收消费税和施加影响消费方式的管制而影响产品和服务的需求。政府对商业惯例的影响力变得如此强大，以致韦登鲍姆

(Weidenbaum)认为政府管制的扩张自20世纪70年代以来根本地改变了商业与政府之间的关系,而这种改变相当于第二次管理革命。韦登鲍姆认为决策制定从企业向政府管制者的转移(通过提高管制和选择性地放松管制)如同20世纪早期所有权与控制权的分离一样对管理学意义重大。

利昂(Leone)指明了政府政策的不同效果,包括行业内的和跨行业的,为竞争优势的发展提供了机会:"管制间接的和非故意的竞争后果是管制进程的一个重要的和较难理解的部分"。例如,依赖于他们的产品技术和地理位置,遵守联邦水污染要求的纸张公司的成本从一些生产商的1.21美元/吨到某些竞争者的69.40美元/吨之间不等。低成本的公司因污染控制立法而获益[1]。正是政府政策的这种非对称性影响驱使几乎所有行业的各种各样的企业通过各种各样的途径去影响政府的政策。

政治环境对公司战略利益的影响同样可以从一些企业领导人的语言和行动中反映出来。杰弗瑞·伯恩鲍姆(Jeffrey Birnbaum)报道了通用电器前CEO瑞金纳德·琼斯(Reginald Jones)的一个评论:"通过花时间待在华盛顿和协助有责任的税收政策的制定,与我呆在家里和对电冰箱定价相比,我能为通用电器做更多的事情"[2]。

(二) 企业对政治环境的反应

在西方,越来越多的企业认识到政治环境对企业战略经营环境的巨大影响,大型企业纷纷在华盛顿特区和其他国家政府所在地设立办事处,开展游说活动,而且通过向国会和总统竞选候选人提供竞选捐款营造良好的外部环境;一些中小企业也通过行业协会和各种联盟间接地从事政治活动。西方大量的公司政治行为学者越来越注意到企业对政府进程的参与。

在对企业的政治反应的研究中,奥尔森(Olson)对政治科学的研究揭

---

[1] Shaffer B, "Firm-level Responses to Government Regulation: Theoretical and Research Approaches", *Journal of Management*, Vol. 21, 1995, pp. 495–514.

[2] Weber Leonard J, "Ethics and the Political Activity of Business: Reviewing the Agenda", *Business Ethics Quarterly*, Vol. 7, No. 3, 1997, pp. 71–79.

示,在公共政策舞台上,积极的个人或利益集团可采取两个层次的参与:个别的和集体的。个别的行动指的是由个人或单个公司采取单独的行动影响公共政策。而集体的行动是指在公共政策进程中两个以上的个人或公司协作和合作。在政治战略文献中,Schollhammer 同样讨论了参与的层次并将参与分为三种行动类型:1. 集体的行动,2. 单个公司采取的行动,3. 组织内个别人采取的行动。然而,一些学者认为单个的公司并不是行为的实体,而只能通过构成组织的个人。因此,如果公司内的个人代表公司涉入政治,那么个人涉入和公司涉入之间并没有什么区别。

韦登鲍姆略述了工商企业对公共政策的三个一般反应:1. 消极的反应,2. 积极的反应,3. 对公共政策的塑造。消极的反应和积极的反应都是反应性的,并不直接参与公共政策的进程,而对公共政策的塑造要求企业采取前摄性(proactive)行为以实现特定的政治目标。

在影响企业政治策略与行为的环境分析中,赛西在其"公司政治行动主义(Corporate political activism)"的文章中介绍了影响公司政治战略的三个环境因素:过去的公司活动、目前的公司环境和未来的环境。每个环境都对公司的政治战略产生影响。他认为企业政治活动可以分三个阶段进行分析:防御的模式、适应的模式和积极活动主义。这三个阶段分别对应着企业从一个生疏的政治参与者逐步发展为一个政治活动老手的过程,同时也对应着企业从被动地适应政治环境到积极地影响政治环境的转变。

乌尔曼(Ullmann)关于管制生命周期对公司政治策略的影响进行了研究,他将管制生命周期划分为五个阶段:形成、制定、实施、管理和修改。而管制生命周期的每个阶段都由四个变量来描述:战略的集体物品属性、事项可塑性、结果确定性和关键决策制定者的焦点。由于四个描述变量的变化,在管制生命周期的不同阶段,企业面临不同的战略选择。比如,当产生集体的物品、结果确定性低、成本共担的刺激大、事项可塑性高、关键决策制定者集中于高层时,更适合于采取集体的战略;而当相反的情况出现时,更适合于采取单独的政治战略。

Zeithaml 和凯姆就如何实施一个公司政治行动计划展开了研究。他们将公司政治行动计划的制定与实施分成五个阶段,分别是:计划前提/假设、计划评价、事项识别、计划制定、计划实施与评估。

盖茨提出了影响公司政治策略选择的三个变量:政治活动的目标、政策类型和事项生命周期。

巴朗对市场因素与非市场因素的整合进行了研究,提出了如何将非市场因素纳入正统的战略管理理论分析之中,以及提出应该将非市场战略与市场战略进行整合。

卫武等通过对中国76家企业网站上与政府有关的新闻报道进行分类、频数统计、逐步回归、时间序列和相关性分析,其研究结果发现中国企业经营活动中的不同企业和不同时期的政治策略与政治绩效存在一定的关联性。

邓新明、田志龙对转型时期中国企业的制度反应策略模式及其资源基础与绩效表现进行了实证研究。结果表明:1. 在中国的转型制度背景下,企业的制度反应策略可分为基于合作动机的遵守行为、参与行为、关联行为、游说行为与代言行为,以及基于对抗动机的挑战行为、质疑行为与影响行为;2. 企业制度反应策略与资源具有显著的相关性,其中,制度资源对于企业所采取的合作性制度反应策略具有更强的解释力,而市场资源与企业抵制或挑战现存规则的制度反应行为相关性更显著;3. 企业制度反应策略与绩效也具有显著的关联性,而且基于合作动机的制度反应行为可以使企业获得更显著的绩效,尤其是制度绩效。

三、对企业政治策略与行为的研究

凯姆考察了一些公司政治行为,比如选民培养、政治联合、游说、公司政治行动委员会(PAC)等。他认为成功的公司政治努力将需要在所有公司计划中全面整合政治的考虑。

凯姆、Zeithaml和贝辛格在分析20世纪80年代新的公司政治战略时认为,传统的政治活动比如竞选捐款和直接游说正在被新出现的公司政治行动委员会、事项和倡议广告以及公司选民计划所补充或取代。他们分析了公司政治行动委员会和选民培养两种不同的策略。认为公司政治行动委员会策略的作用是有限的,而选民培养是一种有效的政治策略。

贝辛格则提出了企业政治活动的一种分类法,作者将企业政治活动分为领域管理(domain management)、领域防御(domain defense)、领域维持(domain maintenance)三种类型。领域管理是指组织寻求来自政府的特殊财政支持和限制竞争因素;领域防御是指组织试图控制政府威胁它们的目标和意图;领域维持是指组织试图控制政府威胁实现它们目标和意图的方式。同时,组织可能对政府的不同活动施加影响,政府影响组织的活动主要包括两大类:选举活动和立法或管制活动。这样,贝辛格就根据组织的目标和赢得目标的方法(外部聚焦活动的不同)提出了如下的企业政治行为分类框架,见表2.1。

表 2.1 商业政治活动的一种类型

组织的目标	赢得目标的方法(通过外部的聚焦)	
	选举的	立法的/管制的
领域管理 目标:以别人的利益为代价赢得利益,特别是通过政府的协助	政治行动委员会(PAC)的实物(in-kind)支持	游说 行业协会 华盛顿办公室 政府机构听证会
领域防御 目标:对组织目标和目的的威胁进行挑战和回绝,包括那些由政府引起的威胁	PAC的实物(in-kind)支持	游说 公共关系 行业协会 华盛顿办公室
领域维持 目标:对追逐组织目标和目的方法的威胁进行挑战,尤其是那些由政府引起的	PAC的实物(in-kind)支持 选民基础(grass roots)努力	游说 华盛顿办公室

资料来源:贝辛格(1984:249)

约菲(Yoffie)通过对公共物品和商业政策方面的研究,提出了一个企业政治策略的分类框架。作者将企业的政治策略分为:搭便车策略、跟随者策略、领导者策略、私有物品策略和企业家策略。

奥伯曼提出了一种按照接近决策者的途径、传递的范围和传递的内容三个维度来划分企业政治策略的方法（如表2.2所示）。企业接近决策者的途径可能是直接的也可能是间接的，企业既可能通过公共的方式也可能通过私下的方式向政策决策者进行传递。传递的内容包括信息和压力。

表2.2 企业政治策略类型

接近决策者的途径	传递的范围	传递的内容	典型的影响活动
直接的	公共的	信息	官方的证词、政策分析
		压力	不合作主义（Civil Disobedience）
	私人的	信息	游说、PAC捐款
		压力	贿赂
间接的	公共的	信息	倡议广告
		压力	公开曝光、选民影响
	私人的	信息	同事的说服
		压力	诉讼集体组织

来源：奥伯曼（1993：235）.

而瑞彬（Rehbein）和舒乐（Schuler）根据阿普林（Aplin）和赫加迪（Hegarty）的信息影响策略和公开曝光策略来弥补约菲的政治策略分类。信息影响策略是指企业通过为政府决策者提供与政策或政策立场偏好的信息来影响公共政策决策，主要包括游说、报告和调查结果、听证会作证等。公开曝光策略是指企业通过记录投票、第三方影响、媒体宣传来试图影响一个政治事务的公众舆论倾向。

盖茨把企业政治策略分为信息导向策略和压力导向策略。信息导向策略包括游说、听证会证词等，而请愿（petition）、竞选捐款（campaign contribution）、选民培养、倡议广告和政治联盟是压力导向策略。

希尔曼（Hillman）和黑特（Hitt）在前人研究的基础上，对企业的政治策略与行为进行了整理和分类。他们认为企业有三种基本的政治策略：信息策略、财务刺激策略和选民培养策略。而每种策略中又包含多种具体的战术。具体的策略和战术分类请参看表2.3。

表 2.3　政治策略的分类法

策略	战术	特征
信息策略	游说 委托调查项目和报告调查结果 作为专家证人作证 提供立场文件或技术报告	通过向政策制定者提供信息
财务刺激策略	捐款给政治家或政党 演讲酬金 付费旅游等 私人服务	通过向政策制定者提供财务的刺激
选民培养策略	雇员、供应商、顾客等的选民基础（grassroots） 动员 倡议广告（advocacy advertising） 公共关系 新闻发布会 政治的教育项目	通过选民的支持间接向政策制定者施压

资料来源：希尔曼和黑特（1999）

科尔（Cole）对美国利益集团接触总统的渠道进行了研究。他所识别的渠道包括四种类型：正式而遥远的、正式而临近的、非正式而遥远的、非正式而临近的。所谓正式的渠道主要是指体制内的，即有制度保障的渠道，而非正式的渠道是那些体制外的渠道。所谓遥远的或邻近的渠道，其判断标准主要是根据充当企业代理人的人员与总统关系的远近亲疏来衡量。具体地说这些渠道包括白宫职员、第一夫人、总统原来的朋友和同学、总统的亲戚等。

奥利弗（Oliver）和侯玲阁（Holzinger）关于企业对管制环境的反应战略进行了分析，他们认为企业对管制环境的战略有两大类：顺从战略和影响战略。而顺从战略又包含反应的管制战略和预测的管制战略；影响战略又分为防御的管制战略和主动的管制战略，如下表2.4所示。

表 2.4 管制的管理战略类型

动态能力的维度	管制的管理战略类型			
	顺从战略		影响战略	
	反应的管制战略	预测的管制战略	防御的管制战略	前摄的管制战略
管制战略的性质	采取行动使内部的过程有效地与管制需求结合	通过预测未来管制而采取行动赢得先行者优势	采取行动反对不合意的管制变化和维护现状	采取行动塑造和控制定义规范和管制的方式
有效性来源	内部能力	内部能力	外部能力	外部能力
动态的能力	柔性的组织结构体系	扫描和预测的能力	管制的社会资本配置	制度的影响能力
能力有效性的潜在过程	持续的结构和过程重组以匹配管制的变化	及时的和持续的管制环境扫描以预测变化	持续的影响管制者以维持现有政策的社会关系的培养	影响利益相关者的规范和信仰以塑造管制标准的定义
实现的效率的性质	效率和合法性	先行者优势和增强声誉	目前资产和市场地位的保护	管制的重新定义以匹配企业的标准和利益
企业竞争优势	短期的持续	短期到中期的持续	没有变化	中期到长期的持续
管制行动的例子	内部过程的快速和低成本重新配置以满足管制的需要，在培训方面投资，资源和技能的创新以加速和改善对管制的服从	在环境扫描方面的持续投资，雇佣来自政府的专家，在迫近的公共政策变化的知识方面的培训和投资	进入限制的倡议，激活社会网络以保护目前的管制；游说以降低替代品的威胁，游说以维持保护性的定价结构	积极的选民培养以创建共享的规范，与管制者合作以产生新的规则，联盟形成以改变管制的服从规则

资料来源：奥利弗和侯玲阁（2006）．

田志龙、高勇强、卫武通过实证研究对中国企业的政治策略、政治资源、政治绩效进行了分类，他们把企业政治策略分为七类（直接参与策略、代言人策略、信息咨询策略、调动社会力量策略、经营活动政治关联策略、财务刺激策略、制度创新策略），并比较了中国企业的政治行为和西方的差异。

田志龙、邓新明、坦·爱博·哈弗森（Taeb Hafsi）采用结构内容分析法，以中国家电行业企业为例，主要讨论这些企业竞争行为，尤其是市场行为与非市场行为之间的互动特征及其规律，从而将现有的以市场为核心的竞争互动研究有效地拓展到非市场领域，其主要结论如下：（一）市场行为虽然是企业间竞争互动的主要方面，但非市场行为以及整合行为的重要性与价值也不容忽视；（二）不同市场占有率企业所实施的各类市场行为在数量上不存在明显差异，但非市场行为在数量上却存在显著性差异，而且相对市场份额较小的企业越倾向于实施非市场行为。（三）企业的进攻与回应行为之间在总体上存在显著的相关性。（四）企业所实施的市场行为中大多数是短期目标驱动、缺乏长远考虑与规划的战术性行为，而所实施的非市场行为中更多的是以长期利益为导向的战略性行为。（五）企业的市场与非市场进攻或回应行为与单独或集体行为之间均存在显著的相关性。（六）中国企业不同时期的市场行为与非市场行为之间存在显著的关联性，表明企业之间的互动是一个动态竞争的过程。

卫武通过对诺基亚公司的案例研究表明，企业非市场策略的制定与实施主要分为筛选、分析、选择三个阶段。在这个过程中企业可以运用非市场策略识别个人或团体所采取的一致行动，通过有关非市场政策指导企业管理者处理某些非市场事项。而非市场策略体系可以看成是一个金字塔式结构，主要是由一系列概念框架、核心战略、政策、行动计划等部分组成的。

卫武基于韦登鲍姆对企业应对非市场环境变化的反应模式分析，从企业非市场策略的方式、非市场活动层次以及基本非市场策略等三个方面入手，对企业非市场策略进行全面的剖析和分类。在此基础上形成了企业非市场策略的决策过程：企业非市场策略方式的选择、企业非市场活动层次的选择和企业非市场策略类型的选择。这三个方面反映了在非市场策略制定过程中企业决策的先后顺序，即企业在决定了非市场策略方式以后，接着它必须决定非市场活动层次，最后面临非市场策略类型的选择。

卫武以2004年至2006年中国钢铁、汽车、医药、日化、电力和电信等六个行业中30家企业的非市场与市场行为为样本，通过结构内容分析方法对有关企业竞争行为新闻报道的编码数据进行处理和信效度检验，接着在对各种非市场与市场行为频数统计和独立样本T检验的基础上，运用回归方程模型进一步分别检验了非市场与市场行为及其竞争特点对企业绩效的影响。

田志龙、樊帅在传统竞争互动研究的基础上融入了企业非市场竞争行为的分析，通过对中国转型经济背景下典型地产企业的市场行为与非市场行为的动态互动规律，得到以下结论：（一）企业的竞争领域不仅包括传统竞争互动研究所聚焦的产品及顾客领域，更应涵盖企业的资源（包括有形、无形及关系资源等）供给领域。（二）传统竞争互动的相关研究结论基本适用于针对下游需求方的市场与非市场竞争行为。但是，在行为量级企业处理复杂环境的能力及其对资源的依赖程度等因素的影响下，针对上游供给方的市场与非市场竞争行为及其反应行为的相关属性均与传统研究结论有部分差异。这些差异主要包括：1. 尽管非市场进攻行为对对手的威胁较大，但对手仍表现出了观望或犹豫态度，未在短期内予以迅速回应；2. 执行要求较高的针对上游供给方的市场进攻行为仍会引发较多的反应行为；3. 部分能产生集体受益结果的非市场行为也会产生无反应现象，反映了企业在非市场环境中特殊的"竞合关系"。

四、企业政治策略与绩效的关系研究

许多学者认为企业制定与实施政治策略是获取可持续竞争优势的重要方式，并能够提高企业的绩效水平。从战略管理角度来看，有关企业政治策略的理论与实证研究都是基于一个潜在假设——"企业政治活动能够对组织绩效产生显著的影响"，并由此引出对企业政治资源、企业政治策略和企业政治绩效的关联性研究。但是，有关这方面研究主要集中在企业集团或行业层面，虽然有一些文献涉及到单个组织或企业对这种论断的理论和实证方面的研究，只是处于一种探索性的研究阶段，其研究结果零星且不系统。

希尔曼，Zardkooki 和毕尔曼（Bierman）研究单个企业运用各种政治策略试图影响或进入公共政策制定的过程。他们认为如果企业通过各种方式（信息资料、政治途径、政治影响）与政府建立了良好的关系，那么它们可能减少不确定的交易成本，获得各种经济利益。但是，由于很难收集政治利益方面的数据，他们运用事项研究方法分析了私人服务对组织绩效的影响，其研究结果表明企业积极地维持与政治之间的关系会影响企业价值水平，并且特殊政治利益可能是由于企业政治策略的制定与实施。

道格拉斯（Douglas）研究个体组织是否能够通过影响公共政策决策提高组织绩效水平。他基于对企业政治活动过程的分析，建立了两个理论模型。第一个模型描述了市场对公共政策的影响。该模型分析了市场的竞争性质对公共政策的影响，承认企业竞争优势的潜力，说明政治代理人会追求个人福利的最大化，区分企业影响公共政策制定的活动与企业无法影响公共政策制定的活动。第二个模型解释了公共政策决策如何为企业提供特殊利益。具体来说，该模型分析了公共政策决策对组织绩效的直接影响。

卫武对中国环境下企业营造有利外部环境的政治活动进行了实证研究。研究结果表明：（一）企业为了实现其营造有利外部环境的目标，获得政治竞争优势，可能会积极建立自己的政治资源，制定和实施合适的政治策略，获得各种政治和经济利益，从而提高企业绩效水平。（二）企业政治资源可分为有形资源、无形资源、组织资源和关系资源。（三）企业政治策略包括政治经营、直接参与、政府关联、财务刺激、代言人、制度创新、信息咨询和调动社会力量等 8 个层面的策略。（四）企业获得的政治绩效可分为政府资源、企业政治竞争优势与能力以及市场绩效与财务绩效 3 个方面。（五）中国企业拥有的政治资源、实施的政治策略和获得的政治绩效之间存在显著的正相关关系。（六）中国环境下的政治行为与西方环境下的政治行为既有相似性又有显著差异。

贺远琼、田志龙、陈昀在对来自中国企业的 438 份有效问卷进行调查，以及对 14 位中国企业的高层管理者开展深度访谈的基础上，研究了企业高层管理者社会资本与企业绩效的关系，以及环境不确定性在两者关系间的权变作用。研究结果表明，企业高层管理者社会资本分成市场社会资本和非市场社会资本两种，这两种社会资本都会显著提高企业绩效。随着外部环境复杂程度越来越高，企业高层管理者非市场社会资本对企业绩效的正影响越来越显著；随着外部环境动荡程度越来越高，高层管理者市场社会资本对企业绩效的正影响越来越显著。

卫武构建了企业非市场与市场资源、策略及其绩效的整合互动理论模型，并利用问卷调查获得的数据对理论模型进行了验证。其研究结果表明，企业非市场与市场资源、策略及其绩效之间分别都存在一种正相关关系，而非市场与市场资源、非市场与市场策略及其非市场与市场绩效之间进一步融合能够对企业发展产生有效的整合效果，虽然非市场资源不能通过市场活动间接影响非市场绩效水平，但还是一定程度验证了市场资源、非市场策略和市场绩效之间的互动效果。

第二节 对企业非市场行为影响因素的研究

企业为什么参与政治？换句话说，企业的政治行为受到哪些因素的影响？这是企业政治行为研究的一个重要领域。大量的研究试图解释公司参与政治活动的先决因素。这个领域对公司政治行为影响因素的研究大致可以分为四类：企业、行业、事项和制度因素。

一、企业层次的先决因素

这个层次的分析关注公司决策过程的两个假定。第一，管理学者强调战略选择，并假定经理们选择从事政治活动以促进企业的价值，这些选择在很大程度上决定于诸如企业的规模、财务资源，以及对政府合同的依赖等特定的企业因素。第二，经济学和政治科学领域的学者们采取"利益最大化"的方法，普遍假定企业是一个"黑箱"，追求自身利益的最大化。具有某些特定特征的企业会主动参与政治。即使这些学派的一些学者承认企业依旧具有相当程度的判断力来选择政治活动①。

（一）企业的规模。在最近几年的研究中，公司政治行为企业层次的先决因素最显著的是企业的规模，无论是通过销售额，资产②，市场份额③，还是员工人数。这一方面的研究继续考察企业的规模和公司政治行为之间关系。包迪文（Boddewyn）和布鲁尔（Brewer），凯姆和贝辛格和马斯特斯（Masters）和凯姆等最先展开了这一方面的研究，他们都发现大企业在政治上更加活跃，企业规模是特定形式的公司政治行为的一个重要的先决变量。

学者们持续关注规模具有多种原因。最主要的原因可能是规模是资源的一个替代变量，对企业参与政治的能力提供了某种指示④。规模也代表着政治和经济影响力。例如，希尔曼和黑特断言具有更多的财力和无形资源的企业更可能单独从事政治活动，而那些具有相对比较少财力和无形资源的企业被迫与其他企业合作从事政治行为。通过对中小企业的研究，库克（Cook）和福克斯（Fox）令人惊讶地表明，最小的企业在政治上是最活跃的。然而，他们也发现比较小的企业和其他企业一起参与政治活动，这支持了希尔曼和黑特关于集体参与的论断。

（二）企业对政府的依赖。公司政治行为企业层次另一个突出的先决变量是企业对政府的依赖，这一方面的研究建立在斯提格勒（Stigler）和Zardkoohi 的研究基础之上。共同的变量要么关注企业的收入，例如企业对联邦政府的销售或者国防部合同的数量，要么管制所产生的成本负担。这

---

① Caldeira, G. A., Jojnacki, M., & Wright, J. R. "The Lobbying Activities of Organized Interests in Federal Judicial Nominations", *Journal of Politics*, Vol. 62, No. 1, 2000, pp. 51–69.

② Meznar, M., & Nigh, D, "Buffer or Bridge? Environmental and Organizational Determinants of Public Affairs Activities in American Firms", *Academy of Management Journal*, No. 38, 1995, pp. 975–996.

③ Schuler, D, "Corporate Political Strategy and Foreign Competition: The Case of the Steel Industry", *Academy of Management Journal*, No. 39, 1996, pp. 720–737.

④ Schuler, D. A. and Rehbein, K, "The Filtering Role of the Firm in Corporate Political Involvement", *Business and Society*, No. 36, 1997, pp. 116–139.

一方面研究的理论基础是资源依赖理论,即从政府获得很大一部分收入的企业,或者面对更严厉管制审查的企业有更强烈的动机去管理这种依赖。比如,马丁(Martin)和舒乐把一个企业的出口比例(这是对依赖的另一种衡量)作为公司政治行为的一个决定因素。类似地,希尔曼和黑特争辩说,对政府政策具有更高感知和实际依赖的企业更偏好对公司政治行为采取一种长期的关系。

(三)企业的冗余资源。企业的冗余资源也被作为公司政治行为一个很重要的驱动因素。尽管学者们通过不同的方法来衡量资源的冗余,比如企业债务和权益的比率,当前的资产和当前负债的比率,自由现金流。对于企业的冗余资源和企业政治行为之间的关系有两种相反的观点:第一种观点是具有比较高水平资源冗余的企业会积极地参与政治行为,因为他们能够支付得起,另一种观点是具有比较低层次冗余资源的企业在政治上比较活跃,因为政治途径是改善他们不良财务状况的唯一方法。对于企业的资源冗余和公司政治行为之间关系的实证研究比较少。Meznar和奈发现资源和前摄的政治战略(比如,缓冲战略)之间是一种正相关的关系,这是对第一种关系的支持。尚没有其他的研究发现资源冗余和公司的政治行为之间在统计上的关联。

(四)企业的多元化程度。其他学者关注企业的多元化程度和公司政治行为之间的关系。比如,舒乐和希尔曼和黑特关注产品的多元化和公司政治行为之间的关系。希尔曼发现,企业的多元化程度越高,企业越可能在政治活动中使用关系的方式。

(五)国外的所有权。本国所有还是国外所有也被认为是公司政治行为先决条件的一个重要决定因素。汉森(Hansen)和米切尔(Mitchell)发现,外国的企业和美国的企业相比,不大可能使用公司政治行为,或者在议会的听证会上提证词。汉森和米切尔的研究发现,美国的企业在所有的政治活动上和英国的企业显著不同,与加拿大和日本的企业在竞选捐款上不同。

(六)企业的年龄。和公司的政治行为相联系的几个不同的先决条件都和公司的年龄有关。比如,哈特(Hart)在研究高科技企业的政治活动时包括了企业的年龄和研发支出。他发现,尽管年龄和企业的公司政治行动委员会的成立没有关系,年轻的企业比年老的企业具有更大的公司政治行动委员会。年龄也被用来作为诸如"企业的通明度"①、声誉、"经历"或者"可信性"的一个替代变量,所有这些都和公司政治行为的成功和选择有关系。最后,Luo 发现,在中国企业的政治行为和企业的可信性之间存在一种正相关,这通过高级经理和政府官员之间长期形成的个人关系表现出来。

(七)正式的组织结构。第二种与公司政治行为的先决条件有关的研究关注企业的正式结构。比如政府事务部门/公共事务部门,或者华盛顿办公室。正式的结构被认为对公司的政治活动具有两种效果。第一,它通过把专业人士和代表公司的其他资源集中到一起促进了企业的政治活动。比如,马丁发现,具有华盛顿办公室,政府事务办公室的企业要比在国会中没有这种机构的企业更可能支持全国的卫生保健改革。然而,舒乐对美国钢铁行业的研究没有发现华盛顿办公室和公司政治行为之间的关系。类似地,卡尔代拉(Caldeira)和他的同事们发现,组织的因素和利益集团的游说策略之间存在微弱的联系。

正式组织结构的第二种效果是,他们可以调节前面提到的某些先决变量对公司政治行为的影响。舒乐和瑞彬认为,"经理们(他们具有有限理性)建立计划、管理和结构来支持人们的决策。这些因素深刻地影响企业如何感知和响应外部的信息"。在贸易政策领域一个纵向研究证实了这一结论,它表明企业的"过滤器"显著地调节着行业的结构、政治和经济环境与公司政治行为之间的关系。舒乐也发现,组织的结构部分地调节着政治环境的先决变量和公司政治行为之间的关系。

(八)管理的影响。从行为的视角来看,企业高管人员尤其是企业家的政治倾向是公司政治行为的先决条件之一。Blumentritt 发现,"高管人员

---

① Hansen, W., &Mitchell, N, "Disaggregating and Explaining Corporate Political", Activity: Domestic and Foreign Corporations in national Politics, *American Political Science Review*, No. 94, 2000, pp. 891 – 903.

的政治倾向可能要比所拥有的资源的讨价还价能力更重要"。类似地，库克和百瑞（Barry）对小企业的政治行为的研究支持了对公司政治行为管理的解释。他们总结到，"我们为高管人员主观的、认知的因素在政治过程中所起的巨大作用所震惊"。沿着这个思路，布瑞斯（Burris）调查了企业的捐款和高级经理的政治倾向是否匹配。运用1980年的选举数据，她发现公司政治行动委员会对民主党和共和党都捐款，而高级经理们的个人捐款更多地给予了共和党。因此，她认为，当经理们受股东的信托责任引导时，他们作为个人要比作为公司的参与者更愿意改变议会的构成。

二、行业层次的先决因素

许多经验研究关注在行业层次上对公司政治行为的分析[①]。他们的意图，几乎无一例外地，检验是行业结构变量[②][③]（比如，集中度和企业的数目）影响行业组织政治行为的能力。最近的学术研究依旧考虑作为政治行为先决条件的行业结构变量。比如，舒乐考察了一个行业内企业的相对规模以检验搭便车假设。他发现行业内拥有较大销售份额的企业更可能在听证会上提供证词，提出不公正的贸易请求。类似地，舒乐等发现，在集中行业中的企业比分散行业中的企业更可能从事游说和竞选捐款。最后，马洪和麦高恩（McGowan）根据波特（Porter）的五种力量模型建立了一个类似的关于行业是如何决定政治动态的模型。

一些学者关注行业内竞争者的活动如何影响一个企业的政治行为。比如，格瑞（Gray）和洛尔（Lowery）提出了一个政治行为的两阶段模型，在他的模型中，第二阶段受到利益集团之间激烈竞争的影响。舒乐等发现企业层次上的政治行为和整个行业层次上的政治行为是正相关的。在研究

---

① Bhuyan, S. "Corporate Political Activities and Oligopoly Welfare Loss", *Review of Industrial Organization*, No. 17, 2000, pp. 411–426.

② Hillman, A, "Determinants of Political Strategies in US multinationals", *Business & Society*, No. 42, 2003, pp. 455–484.

③ Schuler, D, "Corporate Political Action: Rethinking the Economic and Organizational Influences", *Business and Politics*, Vol. 1, No. 1, 1999, pp. 83–97.

美国和日本的汽车制造商的公司政治行动委员会捐款时，荷西（Hersch）和麦克杜格尔（McDougall）发现竞争者之间的捐款是相互匹配的。鲍姆加特纳（Baumgartner）和李驰（Leech）也提出围绕特定议题游说的集聚现象，这表明行业内部的动态学在公司的政治行动中扮演重要的角色。Skippari 表明芬兰的企业是如何和竞争对手既竞争又合作，以获得有利的政治结果。

三、特定事项的先决因素

（一）事项的显著性。许多学者也把事项的特征作为公司政治行为关键的先决条件。沃格尔（Vogel）认为，政治事项对企业的重要性是驱使企业参与政治的第一要素。舒乐和瑞彬把这称为"事项的显著性"，他们认为企业部分地根据某一事项净收益对企业竞争业绩和战略的影响来调节它们的政治战略。马基（Magee）提供了这一方面的证据，他表明国防企业为了影响全国防御支出选票而给议会成员金钱，而库克和百瑞提供了中小企业由于事项的显著性或重要性而参与政治的证据。然而，Caldeira 等发现，尽管利益集团更多地关注联邦的任命，这种事项的重要性并不影响集团对特定策略的选择。

（二）事项的竞争。有很多研究说明了事项如何导致政治竞争，以及竞争如何随着事项的特征而不同。常见的基本框架包括魏乐森（Wilson）对政策收益和成本的分类，布霍赫尔兹（Buchholz）的事项生命周期模型。一个企业是否在政治上活跃依赖于政治市场的吸引力，其中一个起作用的因素就是竞争的程度。通过关注政治市场的竞争，这些学者在公司政治行为的先决条件上增加了一个偶然因素，即在特定场合一个企业的政治努力获得成功的可能性。也有一些学者关注企业在政治竞争以及在事项生命周期的不同阶段是如何改变管辖（比如，立法、行政和司法部门）。

一些研究也包括了政治竞争或是"反企业"集团对基于事项竞争的相反动员。米切尔，汉森和杰布森（Jepsen）发现，工会的存在增加了企业的政治活动。舒乐等没有发现一个行业的联合程度和行业企业的公司政治行为之间的关系。马丁假定工会化的企业更可能支持全国的健康政策改革,但是他的数据并没有支持这个论断。

四、制度层次的先决因素

(一)制度的差异。各个传统的学者关注制度的差异是如何影响企业的政治行为的,包括正式的规则和非正式的文化习俗和价值。在美国,这方面研究的一个主流是通过考察议会的特征来解释政治活动,主要是公司的政治捐款。这些学者主要的假定是企业在他们的公司政治捐款模式上是保守的、注重实效的,尤其是与劳工相比[1]。一般而言,这些著作关注这样的自变量,如多数党派、成员的意识形态、资历或者制度的特征,如委员会的成员。总的来讲,企业的政治行动委员会对议会成员的捐款倾向于流向多数党派、年长的成员和商业有关的委员会成员,比如能源和商业,金融和银行。

针对非正式的议会结构,舒乐等发现行业内被议会的核心小组会议所代表的企业更可能游说和进行政治捐款。Kroszne 和 Stratmann 类似地发现立法者随着时间建立政策声誉,建立崇高声誉的回报是高额的捐款总额。杰克逊(Jackson)和恩格尔(Engel)和弗兰卡(Franca)表明,企业对那些与他们的利益对立的成员,通过拒绝给予竞选捐款以示惩罚。

其他的研究者关注国家之间制度的差异是如何导致企业政治行为的差异[2]。希尔曼和凯姆把商业和政治的界面比拟为正式的和非政治制度的职能。运用该理论模型,他们预测公司政治行为可能在议会制度和美国式的议会制度之间,在强有力的政党和软弱的政党之间,以及在小的利益集团和集中的利益集团之间存在差异。希尔曼和黑特在选择公司政治行为时,提出了一个国家的社团主义和多元主义的影响。最后,科恩(Coen)和考克斯(Cowles)表明欧洲跨国公司的游说结构和行为随着欧共体/欧盟的制度特征而演变。

---

[1] Rudolph, T, "Corporate and Labor PAC Contributions in House Elections: Measuring the Effects of Majority Party Status", *Journal of Politics*, Vol. 61, 1999, pp. 195–206.

[2] Blumentritt, T. "Foreign Subsidiaries' Government Affairs Activities: The Influence of Managers and Resources", *Business & Society*, No. 42, 2003, pp. 202–233.

（二）阶级联合理论（Class unity theory）。另一个主要来自社会学的学派用制度的阶级联合特征来预测公司政治行为。这些学者的研究建立在 Mizruchi 的观点之上，他们认为正式和非正式的制度把商界精英和政府捆绑在一起，因此在这些网络中央的企业更可能参与政治。比如，达乌斯（Darves）和戴陵（Dreling）发现，美国政府的正式贸易咨询委员会的成员更可能与其他企业和政府参与者处于一种紧密的政策网络中，并且议会竞选的公司政治行动委员会捐款要比非贸易咨询成员大。这一发现非常类似于 Broadbent 得出的结论，他发现在日本，企业、劳工和政府之间存在密集的关系网络，这有利于在政策上达成一致。Dreiling 认为，企业对美国——北美自由贸易组织的参与也能通过社会阶级联合理论得到更好的解释。他的研究表明，尽管企业的经济利益是重要的，但他们的效果被社会阶级变量所遮蔽。

从以上论述可以看出，国外管理学界对于企业从事非市场行为影响因素的研究比较深入细致，得出了大量有价值的结论。尽管中国企业的非市场行为远比西方企业多，但是对于什么因素影响中国企业从事大量的非市场行为的研究却不多，一些主要的研究有：

高海涛、王芳、杨海轮针对中国企业大量存在的政治活动，提出了一个企业政治战略形成的分析框架。中国企业政治战略的形成最初受政治环境、宏观经济环境和行业环境的影响，但这些外部的因素并不能决定企业是否参与政治，它们对企业政治决策的影响是通过高管人员的政治倾向、企业的结构、资源、政治经历以及规模等影响企业参与政治的意愿和能力来实现的。

田志龙、邓新明运用因子分析与广义估计方程（GEES）对中国企业政治策略选择的影响因素进行了实证研究。研究结果表明：1. 中国企业政治策略包括直接参与、财务刺激、代言人、制度创新、政府关联以及经营活动政治等六个层面的策略；2. 企业层面的影响因素中，企业规模、闲散资产以及多元化水平等因素均对不同层面的政治策略具有显著影响；3. 行业层面的影响因素中，行业管制程度、相对市场份额、企业间合作程度及行业内企业数均对不同层面的政治策略选择具有显著影响；4. 经营活动政治策略、代言人策略与财务刺激策略在行业间存在显著差异；5. 行业管制程度对财务刺激策略的行业间变异程度具有显著影响，相对市场份额、企业间合作程度对行业间代言人策略的变异程度具有显著影响，行业内企业数对行业间经营活动政治策略的变异程度具有显著影响。

第三节　对企业非市场行为伦理的研究

由于大企业拥有大量的资源和强大的影响力，相对于其他的利益团体，大企业处于一种优势地位，所以西方有不少文献关注企业政治行为的影响以及公司政治行为的规范问题。

一、公司政治行为影响力的性质

尽管学者们普遍认为，企业是具有强大力量的社会利益集团，但他们对企业影响力的性质存在不同的看法，一些研究发现大企业滥用了自身的影响力[1][2]，而另外一些研究并没有发现企业参政的负面影响[3][4]。

爱波斯坦（Epstein）对企业的影响力进行了剖析，他认为，企业的影响力存在四个层次：宏观层次、中间层次、微观层次、个人层次。宏观层次是指商业或整个公司共同体的影响力；中间层次是指某个特定的公司集团的影响力；微观层次是指单个公司或它其中的某个部分的影响力；个人层次是指公司的精英领导层的影响力。公司的影响力可以区分为：经济影响力、社会和文化影响力、对个人的影响力、技术影响力、环境影响力和

---

[1] Luger, Stan. *Corporate Power, American Democracy, and the Automobile Industry*, Cambridge University Press, 2000.

[2] Verschoor Curtis C, "Corporate Power Must Be Balanced With Good Citizenship", *Strategic Finance*, Vol. 83, No. 3, 2001, pp. 20 – 22.

[3] Lisowski, "B. Corporate Influence in Government Decision-Making", *Business Quarterly. London*, Vol. 43, No. 3, 1978, pp. 4 – 25.

[4] Besley, Timothy and Stephen Coate, "Lobbying and Welfare in a Representative Democracy", *The Review of Economic Studies*, Vol. 68, 2001, pp. 67 – 82.

政治影响力。他还指出企业的政治影响力具有七个要素：权力的基础、权力的手段、权力的范围、权力的数量或者强度、权力的延伸、权力的成本。他的研究奠定了对企业影响力分析的理论基础。

一些学者的研究发现，企业政治影响力并没有产生不良的影响。如Lisowski介绍了加拿大政府开展的一项确认主要的大公司对政府决策影响程度的研究。研究发现，主要的大公司的确具有与立法者以及内阁成员接近的途径，但公司没有施加不适当的影响。对政府政策的影响是通过两个独立的标准来衡量的：（一）对决策制定者的接近；（二）施加不正当影响的能力。这项研究涉及政府的三个层次，结论是基于三个最近的立法案例。在第一个案例中，公司没有阻止不受欢迎的麻醉药行业规章的通过。在一个出租车案例中，公司的影响只是在获得渴望的改革上部分得到了成功。在第三个案例中，商业利益成功地说服了立法者撤销了一个提议的竞争法令。

Mizruchi考察了公司政治行动委员会对美国政治的影响。尽管企业在美国社会生活的方方面面已经产生了不成比例的影响，但是他们不认为企业"购买"了选举和议会的投票。他们认为，公司政治行动委员会的目的是确保接近立法者，而不是直接影响选举或投票。由于企业具有强大的影响力，很难组织一个有效的反对方，他们提出对议会选举进行公共融资，这将使立法者从筹资的负担中解放出来，进而从对私人的义务中摆脱出来。

科恩研究美国企业的游说对欧洲商政关系的影响。他发现，美国企业的游说有助于建立灵活的多渠道的欧洲公共政策体系。由于欧美文化和制度结构的不同，美国企业发展了一种独特的欧洲游说战略。这种新的政府—商业安排是欧洲企业政府事务专业化以及企业为了接近限制性论坛的结果。

贝思丽（Besley）和库特（Coate）研究了游说对政治竞争和政策结果的影响。他们建立了一个数学模型，这个模型把代议民主的公民——候选人模型和游说的菜单——拍卖模型结合在一起。他们的结论主要有以下几点：（一）实证分析表明游说对政策结果没有影响，因为选民可以通过支持抵消政策偏好的候选人限制游说的影响；（二）游说活动家之间协调的失败可以导致政策结果的帕累托非效率；（三）他们证明当候选人具有不同的政策立场时，进入导致的租金消散是如何得到预防的。

而另外一些学者的研究发现，企业的政治行为的确对社会产生了消极作用。如第恩（Dean）等认为，公司政治行为委员会在美国企业的政治战略中占据主导地位。公司政治行动委员会使企业集团以社会福利为代价追求自己的利益，他们导致了对社会次优的结果。他们考察了公司政治行动委员会对制造行业进入限制的影响，结果发现公司政治行动委员会支出和新企业进入之间是负相关的。结果表明公司政治行动委员会被用来形成对行业内企业有利的产业结构。

鲁格（Luger）在《公司权力、汽车行业和美国民主》一书中对美国汽车行业滥用权力，影响立法，愚弄公众的事例进行了翔实的描述和分析。比如在汽车设计的安全问题上，美国的汽车行业隐瞒了汽车设计上的安全隐患，通过游说把对安全的关注集中在驾驶员教育、行为和道路设计上，事故被认为是不计后果的驾驶问题，而不是汽车本身的问题。

沃斯豪（Verschoor）基于美国的公共关系公司黑尔（Hill）and Knowlton 进行的一项题为"公司公民观察（Corporate Citizen Watch）"调查，认为美国公民已经觉得大企业在美国的社会生活中拥有太多的权利，他促使美国的大企业在它们的公司影响力和好公民之间进行平衡，建议企业应该在公司的核心价值观的基础上建立一套伦理体系，约束自身的行为。

二、公司政治行为的伦理

尽管西方国家通过了很多的法律来规范企业的政治行为，但由于企业拥有强大的影响力，他们经常利用自身的权力左右公共政策，操纵公共议题，对政治民主和社会正义产生了很多的负面影响，所以近些年来，一些学者开始从企业伦理的角度关注企业政治行为的规范问题。

马克维茨（Markowitz）指出，人们一般认为公司的政治行动委员会只是为小集团的利益服务，没有关注公众利益，对民主是一个严重的威胁，没有注意到公司政治行动委员会在培育公众参与政治体制意识方面的作用。因此，他认为公司行动委员会要继续生存，就必须建立伦理行为准则。他提出了一套公司政治行动委员会应该遵循的行为规则。

韦伯（Weber）认为，与政府的关系是商业活动的一个重要的维度，企业具有介入政治生活的权利，因为其他利益方如消费者、劳工联盟等都有参与政治的权利，能够影响公共政策。但是，当企业介入政治活动，企业应该遵循公民的伦理，而不是消费者的伦理，自愿地对自身的权利进行限制。如果企业在政治活动中行使了过多的权力，与社会中多元的利益发生冲突，企业和社会都会因此而受损。

韦伯认为，对企业政治行为伦理的全面理解至少应该包括以下方面的问题：（一）商业政治行为目标的适当性。在从事政治行为时，企业应该遵从公民伦理，而不是消费者伦理。（二）实现这些政治目标的适当途径。他分析了促进"草根"政治行为、筹资、鼓吹性广告等政治行为中可能存在的伦理问题。（三）在一个竞争的环境中对自利行为问题的自愿限制。他还讨论在跨国公司在东道国从事政治活动应遵守的基本伦理，即要尊重基本的人权，促进东道国的民主，尊重东道国的文化和传统。

凯弗（Keffer）和黑尔用社群主义的观点分析美国企业游说活动伦理。社群主义主张将个人的善与社群的善统一起来，并用这种共同的善作为评价社群生活方式的标准。用社群主义的观点看来，游说在本质上不存在好坏之分，应该允许各方自由表达自己的观点，但是如果游说使某一种特殊利益高于更大的社群的利益，那么游说活动就不符合伦理，应该对此进行纠正。

克里斯藤森（Christensen）认为，促使企业参与政治过程的因素有两个：经济动机和制度促使。政治事项活动从联邦到州和地方层次的转移对企业政治活动的伦理和政治合法性具有重要的意义。尽管和州和地方层次上相比，联邦层次上企业的政治活动不那么昂贵，风险也不是那么高，但在州和地方层次上，企业的政治活动变得透明，单个企业被认为具有更多的权力。公司强大的权力提出了企业在州和地方层次上参与政治过程的合法性问题。在联邦层次，公司的合法性倾向于汇总，以至于企业作为一个行业或者通过一个协会或者通过形成公司政治行动委员会集体的行动。这些活动可能被认为是正当的（合法的），因为这些活动试图达到的的好处在本质上是"集体的"而不是个别企业的。

沃格尔回顾了过去30年商业—政府—社会关系的文献，描述了商业权力、商业政治活动、变化着的政治议程、利益集团代表、变化着的社会期望等方面研究的进展。他使用了三种方法描述了关于商业的政治和社会角色方面的研究：（一）比较的视角；（二）强调当前商业的政治和社会环境；（三）探讨了商业权力的本质。

奥伯曼提出了一个分析企业政治行为伦理的框架。这个框架建立在政治资源建立过程模型的四个步骤和三个传统的伦理理论（结果论、权利论和正义论）上。这个框架引入了"政治可竞争性"的概念，侧重于分析企业的政治行为对政治体制可竞争性的影响。

森特考夫（Sitkoff）讨论了美国对企业政治活动竞选财政的限制问题。尽管已经管制了一个世纪，但大多数的美国人依然相信企业的政治影响力太大了。因此，2002年《跨政党竞选改革法案》的一个主要目标是禁止企业的"软钱"捐献。批评家对企业的政治行为为什么需要管制提供了两个解释：（一）企业的捐献歪曲了政治辩论；（二）企业的捐献损害了股东的利益。作者认为，事实上，对企业政治活动更严格的管制对企业是有利的。通过公司政治行动委员逃避提尔曼法案（*The Tillman Act*）的监督，意味着今天许多公司的捐献要比没有该法案更少地受到公司治理核查。如果《跨政党竞选改革法案》得到支持，将进一步疏通公司在公司政治委员会上的开支。

与西方企业相比，中国企业的非市场行为远多于西方。总体而言，中国企业在非市场领域的利益角逐中，不规范的行为要远远多于规范的行为[①]，更多的企业则采取的是"边缘化"行为，基本处于制度的真空地带和无监管状态[②]，如送礼、裙带关系、官员挂职下海、商人红顶化等。近年来，对于中国企业非市场行为合法性的探讨在日益增多。

高勇强通过样本调查的方法，分析了中国企业政治行为的规范性问

[①] 高勇强：《企业非市场行为与规范化研究：基于制度理论视角的企业政治贿赂问题研究》，载《中大管理研究》，2007年第6期。

[②] 田志龙、高勇强、卫武：《中国企业政治策略与行为研究》，载《管理世界》，2003年第12期，第23—31页。

题。调查发现，很多企业的政治行为是没有正式规则约束的，而其中有正式且详细的规则的行为就更少；即使对一些可能有正式且程序详细的规则，也只有少数的企业完全遵守这些规则；对于一些常见的政治行为，企业的管理者在看法上存在分歧。

高勇强、陈磊从制度理论的视角分析了中国企业政治贿赂行为的产生，认为强制性制度规范、社会伦理道德规范和文化—认知规范的失范是企业政治贿赂行为产生的重要原因。对此，从制度建设的角度提出了治理企业政治贿赂行为的政策建议。

田志龙、高海涛通过理论分析建立了一个企业游说行为的框架，然后通过与十多位企业高层进行深度访谈，探讨了中国企业游说的途径及其潜规则。针对访谈中发现的伦理问题，分析了中国企业游说行为的伦理，提出了解决中国企业游说行为伦理问题的可行步骤。

高勇强探讨了企业非市场行为的规范性问题，把企业的非市场行为划分为"法律合法性"和"伦理合法性"，提出了判断企业非市场行为规范性的理论框架，认为应根据企业行为的动机、行为过程和行为结果三个方面进一步将企业不规范的非市场行为划分为"应认可为规范的非市场行为"、"相互矛盾的非市场行为"和"完全不规范的非市场行为"。他还给出了规范企业非市场行为规范的政策建议：强制规范化和自我规范化。

第四节　研究现状的综合述评

通过以上对于国内外研究现状的回顾，我们可以发现，随着非市场因素对于企业发展的影响越来越直接和具有战略性，学术界对于企业非市场行为和战略的研究已经成为一个重要的研究领域，非市场战略已经成为企业战略管理的重要内容。

一、西方国家非市场战略研究的综合述评

在市场经济较发达的西方国家，随着政府对于经济活动干预的深入，

企业在关注市场竞争和发展的同时,都在有意识、有计划地影响公共政策和法规的出台,从而形成对自己有利的竞争环境①。西方学者从20世纪70年代开始研究公司政治行为(CPA),至今一直非常关注对公司非市场行为和策略的研究,并大量采用理论与实证相结合的方法从而形成丰富的研究成果,包括定义、动机、理论基础、策略分类、有效性等。虽然有许多学者进行跨学科的整合研究,但是尚未形成一个可融入战略管理理论的企业政治策略与行为理论②。

(一)研究的视角

在上述的文献回顾中,西方学者对企业非市场环境、非市场战略的研究主要是从三个视角开展的:

一是传统的公关政策视角,研究非市场战略发挥了什么作用,如研究非市场战略如何通过有效地参与公共过程(这个过程导致了非市场事项的解决)来服务于企业经营目标。

二是在现有的战略管理框架下,主要将非市场环境作为企业的约束条件,研究非市场战略对企业经营业绩的影响。如塞弗(Shaffer)等(2000)通过研究发现市场行为与企业绩效的正相关关系并不显著,而非市场行为与企业绩效的正相关关系显著。他们认为非市场环境是企业竞争的关键维度。又如Gale和布霍赫尔兹利用波特用的五种竞争力量模型来识别不同的策略,这些策略可以展示出"企业可以从政府得到什么",包括增加总体市场规模,在行业内获得超过竞争对手的优势、降低新进入者的威胁、降低产品替代的威胁、增加对供应商和顾客的讨价还价能力。而企业影响立法和规制的倾向和能力在一定程度上是由游说和政府关系资源及

---

① Mahon, J. F. and McGowan, R. A, "Modeling Industry Political Dynamics", *Business & Society*, No. 37, 1998, pp. 390 – 413.

② Hillman, A., & Keim, G, "International Variation in the Business-government, Interface: Institutional and Organizational Considerations", *Academy of Management Review*, No. 20, 1995, pp. 193 – 214.

能力所决定的①②。

三是站在整合视角，克服前面两个方面研究的不足，提出将非市场战略与市场战略进行整合研究。整合战略（包括市场战略与非市场战略的企业战略）这一概念首先是由巴朗教授在20世纪90年代中期提出的。他认为企业的市场战略和非市场战略都是在追求机会和创造竞争优势，二者必须整合起来实现这个目标③。随着非市场环境对企业行为和绩效的影响越来越大，企业非市场战略与行为的理论逐渐成熟和规范，如何将非市场战略与市场战略整合就成为战略管理领域的一个重要研究话题④。

（二）探讨的主要问题

在对企业非市场行为的研究中，除了管理学科的学者外，其他多个学科（如政治科学、经济学、社会学）的学者也参与进来。这些相关学科的一些现有理论常被用作解释企业政治策略与行为现象的基础。西方学者围绕企业非市场行为与策略主要探讨了以下的问题：

——为什么有些企业在应对政府政策与法规环境事项上采取了被动的策略，而有些企业采取了积极主动的政治策略？是哪一些因素和变量造成了这些差异性？其实证研究成果有助于分析"什么样的企业在什么情况下更可能采取什么样的政治策略"。

——企业影响政府决策过程的方式是什么样的？哪些是企业单独行动？哪些是行业性集体行动？谁参与其中（高层经理、一般职工和其他利益相关者）？在企业政治行为发生过程中，相关当事人应受到什么样的制度或规范约束？

---

① Keim, GD and Baysinger, B, "The efficacy of business political activity" *Journal of Management*, Vol. 14, 1988.

② Schuler, D, "Corporate Political Strategy and Foreign Competition: The Case of the Steel Industry", *Academy of Management Journal*, No. 39, 1996, pp. 720 – 737.

③ Baron, D. P. "Integrated Strategy: Market and Non-market Components" *California Management Review*, No. 37, 1995, pp. 47 – 65.

④ Baron, D. P. "Integrated Strategy: Market and Non-market Components" *California Management Review*, No. 37, 1995, pp. 47 – 65.

——能否对企业政治策略进行一个系统分类？参照把企业竞争策略分为成本领先策略、特色经营策略、市场集中策略这三种一般策略的例子，能否构建简单易懂的企业政治策略与行为理论？每种企业政治策略实施的效果如何？等等。

——如何运用理论模型分析和解释企业通过实施政治策略来影响政府决策过程？如何将企业政治策略理论融入到现有的企业组织行为及企业战略管理的理论体系中？虽然包括企业政治策略在内的非市场策略已成为企业总体策略的重要内容，但由于理论上尚待进一步完善，因此，成熟的战略管理和组织行为书籍中对企业非市场策略还涉及得不深入。

二、中国非市场战略研究述评

与市场经济比较发达的西方国家相比，中国政府对经济影响和干预的范围及深度要大得多，对工商企业的影响也更大。鉴于政府环境对企业的重要影响，中国的各类企业无不花相当精力来经营对自己有利的政府环境，中国企业试图影响政府决策过程的政治行为远多于西方。大量文章呼吁中国企业加强利益相关者管理、处理与政府的关系，承担社会责任等；还有大量的短篇文章关注政企关系及由此引发的腐败问题等，但真正站在战略管理的角度向国内介绍并持续进行深入研究的是田志龙教授及其领导的团队。近些年来，国内学者对于企业非市场行为和战略的兴趣在持续增加，出现了一大批重要的研究成果。国内学者关于国内企业非市场行为和策略的研究主要从以下几个方面展开：

——介绍国外关于企业非市场行为的研究，对中国企业的非市场行为进行调查和分类，并进行中外差异对比分析。这一方面的工作主要是由田志龙教授及其领导的团队完成的。

——分析中国企业非市场行为的影响因素，探讨中国企业存在大量非市场行为的原因。与国外相比，国内这一方面的研究无论是在数量还是在质量上都还很薄弱，对中国大量存在的非市场行为的解释尚不充分。

——探讨中国企业市场行为的有效性，分析企业非市场行为和组织绩效之间的关系。这一方面的研究国外是一个比较薄弱的环节，国内的研究相对比较充分。

——研究中国企业市场战略和非市场战略之间的互动,探讨把市场战略和非市场战略进行整合的模式和方法。

——调查中国企业非市场行为的规范约束,研究企业在从事非市场行为应该遵循的法律和伦理准则。

根据以上对于国内外相关研究的综述,本书试图在以下四个方面进行探讨:

(一)什么是非市场?中国企业面临什么样的非市场环境?中国企业应对非市场环境的非市场行为和策略是怎样的?不同性质和类型企业的非市场行为存在什么样的差异?这部分内容主要说明由于中国企业面临的非市场环境,中国企业存在大量的非市场行为。

(二)针对中国企业大量存在的非市场行为,我们需要探讨这种现象产生的原因是什么?这部分内容通过实证的方法验证影响中国企业非市场行为的因素。

(三)由于中国企业的非市场行为合法的和不合法、规范的和不规范的相互交织,因而需要为中国企业的非市场行为界定一个合理的范围。

(四)不规范、不合法的企业非市场行为的治理。

第五节 本书的理论基础

企业的非市场行为涉及到多个学科领域,是一个交叉学科。因此,其理论基础散布于多个学科领域。比如,政治学中的利益相关者理论被用于解释不同利益集团在影响政府政策制定过程中的利益冲突与协调等[1];经济学中的集体行为理论被用于研究企业政治行为随时间的变化,企业从政治行为中获得的利益与行业集体参与程度的关系;制度理论认为企业的行

---

[1] Getz, K. A, "Research in Corporate Political Action: Integration and Assessment", *Business and Society*, Vol. 36, No. 1, 1997, pp. 32 – 72.

为受到体制的影响与约束,这被用于解释企业实施政治行为的原因,即使政府作为代理人并不能完全代表企业的利益,等等。然而,就本书研究的问题而言,其理论基础主要是企业的经营合法性理论。

一、企业的影响力

影响力(power)表示行动的力量和强度。影响力所指的范围比较宽泛,一种极端是强迫,而另一种极端是微弱的影响。企业的影响力是企业通过行动改变社会的力量和强度。

企业的经营活动影响到社会生活的方方面面,爱波斯坦把企业的影响力分为六个方面:经济影响力、社会文化影响力、对个人的影响力、技术影响力、环境影响力和政治影响力。(一)经济影响力表现在控制产品的质量、价值和生产条件以及对稀缺商品和资源分配的能力;(二)社会文化影响力是影响文化价值观、社会结构,比如家庭、风俗、生活方式以及个人习惯等的能力;(三)对于个人的影响力是企业直接对于内部环境中的职员、经理以及股东的作用,也包括对于消费者和居民的作用;(四)技术影响力是在技术的发展过程中,对技术的发展方向、发展速度、特征以及技术后的影响能力;(五)环境影响力是一个企业的行为对自然的影响能力;(六)政治影响力是影响政府决策和公共政策的能力,从而影响社会公众和特定的利益相关者。

企业这几方面的影响力是相互关联的。经济影响力是企业影响力最直接的表现,也是其他影响力的基础。只有在实现它的经济目的,以及维持一个对企业有利的环境,企业才能够把它的影响力扩展到非经济领域。企业的经济影响力可以增加一个企业的政治影响力,通过运用一个企业的政治影响力也可以增加一个企业的经济影响力。企业对技术影响力的运用也会影响社会和文化价值观。在深层次上,企业影响力几个方面的关系变得错综复杂,很难说明他们的相互影响。

企业的影响力是社会赋予企业的一种职权,企业可以将资源有效地转化成社会所需要的产品和服务。作为实现这种转化的回报,社会给予企业采取必要与合理行动的权利,并允许获得回报。影响力的合法运用就是合法性。

二、企业经营合法性的界定

米切尔认为,合法性是一种信仰,即对权力的行使是正当的,或者有理由的。学者们发现,一般的合法性的定义太宽泛,提出了企业的经营合法性的概念,比较有代表性的观点有以下几种:第一种,评估的观点。在一个最早的对组织的研究中,Maurer 认为,"合法化是一个组织向同等的组织或者上级体制证明它存在权利的过程"。第二种,认知的观点。普费弗和塞勒申克(Salancik)保留了对评估的强调,但是突出强调了和文化保持一致。按照这种观点,合法性意味着"组织的活动相联系的或者所隐含的社会价值和更大的社会体制中可接受的行为标准相一致"①。第三种,综合的观点。舒启曼认为,"合法性是指在一个社会建构的规范、价值、信仰和定义体系中,一个实体的行为被认为是可取的、适当的、正当的一般感知或假定。"这个定义是以上两种界定的综合,包含了评估和认知的维度,因此得到普遍的认可。

对于合法性,我们还应该注意以下几点。首先,合法性(legitimacy)和合乎法律(legality)是有区别又有联系的两个概念。合法性的概念要比合乎法律更宽广,合法性必须具备两个条件:合乎法律和合乎社会的价值观。第二,合法性是一个一般的评价,在某种程度上,超越了具体的反面行为或事件,因此,合法性对具体事件是有弹性的,然而它依赖于历史事件。第三,合法性具有客观性,但它的产生是主观的。合法性是一种感知或者假定,它代表了观察者看到企业时对企业的一种反应。第四,合法性是社会建构的,因为它反映了合法化实体的行为和某些社会组织共有信仰的一致。因此,合法性依赖于集体的观众,然而独立于具体的观察者。最后,一个企业要获得合法性,并不需要社会所有部分的认可和支持,只需要获得确保它生存的各方——企业活动影响的内部和外部的利益相关者的支持,它就获得了合法性。

---

① Dowling, J., & Pfeffer, J. "Organizational legitimacy: Social Values and Organizational Behavior", *Pacific Sociological Review*, No. 18, 1975, pp. 122–136.

三、为什么要合法化

合法性的概念和为什么要合法化是重叠在一起的。企业追求合法性有多种理由,关于追求合法性努力的重要性和效果依赖于衡量这些努力的目标,在这一点上,舒启曼认为,有两个尤其重要的维度:(一)追求企业的持续发展,加强公众对企业的理解。合法性可以促使企业保持经营的持续性和稳定性,是因为合法性证明了一个企业在社会体系中的角色是正当的,有助于吸引资源和选民持续的支持[1]。如果关键的参与者对企业的行为不满意,他们可能会撤回对企业目标和活动的支持,降低参与企业活动的数量或质量或者继续给予同等水平的参与而要求更多的资源[2]。缺乏合法性,一个企业追求它的目标和积累资源的能力就会大大降低。因此,道林 and 普费弗认为合法性是一种企业赖以生存的资源,经理们可以通过战略来保证资源的持续供给。同时,合法性不仅仅影响了人们对企业是如何行动的,而且也影响了他们是如何理解企业的。因此,公众对合法的企业感到更加有价值、有意义、更加值得信赖。(二)追求被动或主动的支持。如果一个企业仅仅希望一个特定的公众不要干预它,合法化的门槛可能相当低。企业通常只需要和一些没有疑问的社会活动范畴保持一致就可以了。相反,如果一个企业需要推迟公众和支持者的干预,那么对合法性的需求则非常迫切。

四、合法性的来源:社会契约

合法性理论的核心是社会契约的概念,它隐含着一个企业的生存依赖

---

[1] Parsons, T, *Structure and Process in Modern societies*, Glencoe, IL: Free Press, 1960.

[2] Pfeffer, J and Salancik, J. R, *The External Control of Organizations*, New York: Harper & Row, 1978.

于企业在"社会接受的限度和习俗之内"运作的程度①。"社会契约"的观念在西方源远流长,主要是作为政府起源的一种理论解释出现的。传统的社会契约论认为,国家的权力来源于公民自然权利的转让。现代的社会契约试图表明,个人和集体的权利和自由建立在相互有利的协定之上。人们普遍认为,企业和社会之间也存在一种社会契约,通过社会契约,"社会委托给商业大量的社会资源以实现它的目标,商业被期望作为明智的托管人为社会管理这些资源"②。企业和社会之间的这种契约既体现在法律之中,也体现在明确表达的社会认可或隐含的习俗、先例中,见图2.5。

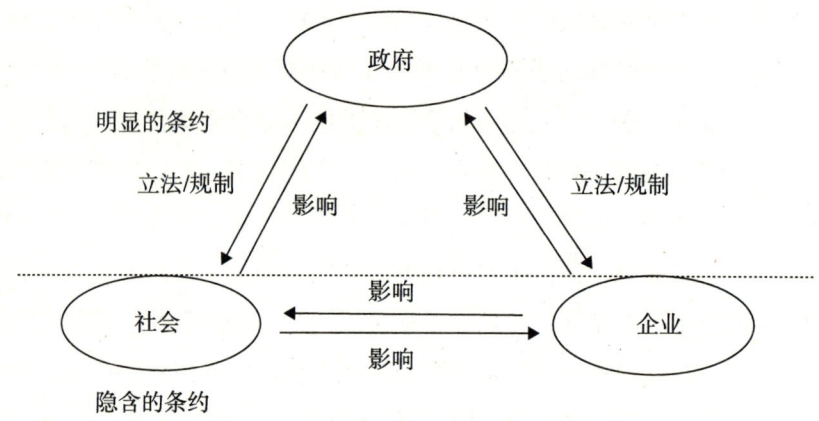

图 2.5 企业的社会契约

来源:Meznar, Martin and Nigh, Douglas (1993)

企业和众多的利益相关者相联系,面对内部的和外部的众多的利益相关者。已经识别的外部来源包括:许可颁发委员会、资助机构、知识分

---

① Brown, N. and C. Deegan. "The Pubic Disclosure of Environmental Performance Information-A Dual Test of Media Agenda Setting Theory and Legitimacy Theory", *Accounting and Business Research*, Vol. 29, No. 1, 1988, pp. 24 – 41.

② Davis, K.. In T. L. Beauchamy and N. E. Bowie (Eds.), Englewood Cliffs *An Expanded View of the Social Responsibility of Business*, *Ethical theory and business*, N. L: Prentice Hall, 1983 (Second edition), pp. 94 – 97.

子、专业团体、协会、实业界、舆论和媒体①②。内部参与者也有不同的种类,包括工人、管理者和专家职员,董事会成员也可以做出影响他们自己的参与层次和动机的合法性评价③。在某些情况下(比如,告密),外部的利益相关者可以知道这些评价,从而影响到外部利益相关者的观点。

因此,合法性不是企业自身所具有的属性,而是由利益相关者授予或者加于企业的④。一个企业是否合法,或者合法性的高低,是由企业的利益相关者根据企业对具体的标准或者模式的遵守情况决定的。对社会契约的违背可能导致社会契约的撤销,企业就会面临受社会处罚的风险。例如,可能会受到法律的限制,进行融资和使用人力资源的权利可能被剥夺,社会需求可能减少。相反,设法成功地和社会沟通,表明它们的行为和社会契约是一致的,能够对社会带来更大好处的企业在财务上会表现地得加良好。

社会契约通过赋予一定的道德基础而使影响力的行使合法化。尽管社会契约是一种理论上的概念,但说明了人们对于政府和社会组织,比如企业行使权力的一种期望。社会契约理论有力地说明了企业影响力的性质和局限。

五、合法性的类型

斯科特(Scott)认为三种基本的制度——规范性的、规制性的和认知性的——每一个基本要素都构成了不同的合法性评估标准。规范性的因素,侧重于"具有规范性质的各种规则,这些规则把规范的、可评估和强

---

① Galaskiewicz. Joseph, "The Making of Organizational Reputations", Vancouver and the Academy of Management Meetings, 1995.

② Deephouse, David. "Does Isomorphism Legitimate?" *Academy of Management Journal*, No. 39, 1996, pp. 1024 – 1039.

③ Elsbach, Kimberly D. and Sutton, Robert I. "Acquiring Organizational Legitimacy Through Illegitimate Actions: A Marriage of Institutional and Impression Management Theories", *Academy of Management Journal*. Briarcliff Manor, 1992, 35 (4), pp. 699 – 738.

④ Perrow, C, *Organizational Analysis: A Sociological View*, Belmont, CA: Wordsworth, 1970.

制的维度引入社会生活中"。企业受到一般性的社会规范如公平竞争的制约，尤其受到各种特殊的职业和专业规范的约束。规制性的制度，强调存在"外在的管制过程：规则制定、监控和制裁活动"①。这样的活动通常存在于正式的、严格监督的结构之中，如政府机构。认知性的要素是指社会形成的一些规则，这些规则具体说明在社会中什么类型的参与者可以存在，他们需要体现出什么样的结构特征，他们可以坚持哪些程序，他们的行为允许包含什么样的含义。

舒启曼对合法性的分类和斯科特的很类似。他把合法性分为三种类型：实用合法性、道德合法性、认知合法性（见下页图2.6）。舒启曼也识别出了认知的因素，舒启曼的道德合法性相当于斯科特的规范合法性，但实用合法性包括了斯科特的规制合法性，并把它扩展到和所有基于自利计算的一致。而且，对每一种合法性，舒启曼又进一步区分了不同的行为模式。我们这里介绍舒启曼对合法性的分类。

实用合法性产生于企业直接的利益相关者自利的打算。在通常情况下，企业和它的公众存在直接的交换，也可能包括更广泛的政治、经济或社会相互依赖。企业的行为显著地影响到利益相关者的福利。实用合法性有三种类型：在最简单的层次上，实用合法性可以归结为交换的合法性；影响的合法性，利益相关者支持企业并不是因为它提供了令人满意的交换，而是因为他们看到它对他们更大范围的利益做出了响应；倾向的合法性。在现代社会，随着企业的不断人性化，利益相关者更可能把合法性给予那些"把我们的最高利益放在心中"的企业，"和我们具有相同的价值观"的企业，"正直的、值得信任的、明智的"企业。

道德合法性反映了对企业及其活动肯定的规范性评价。和实用的合法性不同，道德合法性不是关于一个给定的活动是否对评价者有利的判断，而是关于该活动是否是"应该做的事情"。进而，这些判断通常影响活动是否有效地促进了社会福利的信仰。总的来说，道德的合法性采取以下几种形式中的一种：评价输出和结果，评价技术和程序，评价种类和结构，

---

① Scott, W. Richard, *Institutions and Organizations*, Thousand Oaks. CA: Sage, 1995.

以及评价个别企业领导人的魅力。

表 2.6 合法性的一个分类

	行动	本质	类型
短暂的 持续的	交换 影响	部署 利益 特征	实用的合法性
短暂的 持续的	结果的 程序的	个人的 结构的	道德的合法性
短暂的 持续的	容易了解的 可预言的 理所当然的 必然的	 有理的 持久的	认知的合法性

来源：舒启曼（1995）

认知合法性大致可以分为两种类型：基于理解的合法性和基于想当然的合法性。基于理解的合法性把社会看作混沌的认知环境，参与者必须把他们的经验整理成可理解的、内部一致的陈述。按照这种观点，合法性主要产生于现有的文化模式，它为企业及其行为提供了合理的解释。基于想当然的合法性认为制度不仅仅使混乱容易管理，而且在实际上把它转换成为一套主体间的"设定"。这种合法性是目前为止已经识别出来的最微妙和最有利的合法性，它对于社会体制的运转更基本，并且提供了一个实用的和道德合法性体制建构的框架。

实用的、道德的和认知的合法性在大多数真实世界中是共存的。尽管这些合法性没有构成一个严格的层次，但它们的确反映了两个重要的根本性差别。第一，实用合法性源于公众的自利，而道德和认知合法性却暗含着更大的文化规则。第二，实用和道德合法性都建立在散漫的评价之上，然而，认知合法性隐含在没有言说的假定之中。这表明从实用到道德到认知，合法性变得更加难以获得，更难操纵，但它也变得更加微妙，更加深刻，一旦确立，更加持久。尽管不同类型的合法性经常是相互加强，它们有时候也相互冲突。这三种合法性也不是同等重要的，每种合法性的重要性是随着时间和地点变化的。

本章小结：

在本章，我们回顾了和本书的研究主题相关的国内外文献，包括企业的非市场行为和策略、企业非市场行为影响因素和企业非市场行为的伦理方面的相关文献。通过文献回顾，我们展示了国内外对这两个问题的研究现状以及进一步研究的方向。此外，我们还重点介绍了本书的理论基础：企业的经营合法性理论，这些工作为以后各章的研究奠定了基础。

第三章 中国企业的非市场行为和策略

二战后,政府政策、公共机构、新闻媒体等非市场因素对企业经营活动的影响呈日益扩大的趋势,企业的外部环境发生了翻天覆地的变化。在这种情况下,产生了非市场的概念,并且被日益普遍地用来形容环境、制度、组织和交换。

第一节 什么是非市场?

一、非市场概念产生的背景

西方国家的市场制度大致经历了自由放任的市场经济和国家干预的市场经济两个阶段。在19世纪30年代以前,西方国家信奉自由资本主义,认为"管得越少的政府就是好政府"。自由放任的资本主义在促进了西方国家繁荣的同时,也给西方国家带来了诸多的弊端,周期性的日益频繁的经济危机和严重的社会问题使资本主义面临深刻的危机。二战后,西方国家普遍加强了对经济的干预和调控,政府对国民经济的影响越来越大。以美国为例,在历史上政府干预的强度是呈波浪式发展的(见下页图3.1)。从图中可以看出,随着对政府解决特定问题要求的增加,会形成一个个波浪,而每次运动过后,新干预的强度都保持下来了,或略有下降。此外,20世纪五六十年代,西方的社会运动风起云涌,女权运动、消费者运动、环保运动等等一浪高过一浪。这种形势极大地改变了企业经营的外部环境。

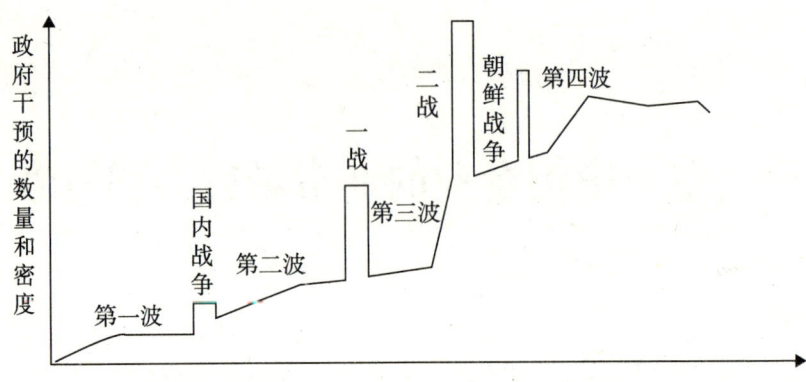

图3.1　历史上美国政府对企业干预的模式

在这种形势下，赫希曼提出了非市场的概念，他认为所有组织都会衰落（decline），需要用非市场力量即政治机制对它们进行矫正。自从赫希曼提出非市场的概念以后，非市场已经被越来越普遍地用来形容环境、制度、组织和交换，并且在全球范围扩展开来，成为一个被广为接受的新术语。西方国家出现的非市场概念和在此之前的"非经济的"和"社会的"这样的表述，反映了自从市场这种制度成为现代资本主义经济的主要特征以来，学者们长期对一个能够概括"不是市场"术语的探索[①]。

尽管"非市场"的概念被越来越广泛地使用，但"非市场"这个概念却一直没有被清楚地界定。这种情况引发了许多认识的、理论的和意识形态的问题。第一，由于没有对非市场进行清楚地界定，不同的人对"非市场"这个概念的理解差异很大，如有的人认为"非市场指的是政府"，而有的人把非市场看作"和市场相对"。第二，使用"市场"、"非市场"这两个相反的概念假定我们对市场有比较清楚地了解，但事实上我们对市场的看法众说纷纭，比较典型的有"空间"说、"交易"说、"机制"说和"综合"说等。而且，把非市场看作市场的反面忽视了它们在混合经济中的相互渗透以及市场、非市场治理机制的"杂交"。最后，意识形态和政

---

① Boddewyn, Jean J. "Understanding and Advancing the Concept of "nonmarket"", *Business and Society*, Vol. 42, No. 3, 2003, pp. 297–327.

治议程影响到非市场的含义。它已经被消极地称为反市场,被积极地称为和市场相反。这些问题在国外和国内的理论界都普遍存在,在国内尤为突出。因此,对非市场的内涵进行梳理、界定成为一种迫切的需要。

二、非市场概念的传播

非市场概念从提出到现在已经有40多年的历史,非市场的含义也在不断演化。赫希曼最先提出非市场概念时,指的是矫正组织衰落,促使它们复原(recover)的政治机制,其后多个学科领域的学者在各自的研究中涉及并使用了这个概念,这些学科包括历史学、经济学、政治学、社会学和管理学等。由于研究视角不同,各个学科对非市场的理解存在很大的差异,没有形成统一的看法。各个领域的学者对非市场的研究主要涉及下列问题:什么是市场、什么是非市场、市场和非市场在组织形式和运作特点上有什么不同;市场和非市场之间的关系、非市场是外在的还是内在的、非市场是否比市场更高级;市场和非市场之间的相互作用、企业如何影响非市场制度和非市场组织运作;非市场因素对一个国家的经济、行业和企业绩效的影响。

由于不同学科的学者都对非市场进行了探讨,因此研究方法主要是在多个研究框架的基础上从以下方面对它们进行了考察:分析层次。是单纯从微观、中观或宏观层面进行研究,还是同时从不同层面展开研究。市场制度与非市场制度之间的关系。是市场制度从属于非市场制度,还是非市场制度从属于市场制度,或者两者是平等关系。非市场因素在市场模型中被视为内生因素还是外生因素。非市场环境的设定依据和方式。

三、关于非市场的五种观点、理论基础以及面临的研究问题

观点一:非市场是指一套独特的高级宏观制度

所有的组织,小到一个企业,大到整个人类社会,都必须处理一些相互矛盾的关系,比如竞争和合作、个人和集体、独立和依赖、特殊和一般等等。在平衡这些矛盾关系时,人们通常会侧重其中的一种。就人类社会这个最大的组织而言,赫希曼认为在资本主义社会以前人类社会比较侧重

"激情",因而也不断受到诸如贪婪、骄傲等人类激情的困扰,资本主义把利益置于首位,因此导致整个社会结构和交换机制侧重于竞争、个人、独立这样一些组织原则。资本主义促进了社会分工的进一步发展,社会日益专业化。

现代社会的子系统。功能主义社会学家认为,分工使人类社会分化为政治、经济、社会和文化四个子系统,它们分别产生权力、财富、团结和价值观这些独特的社会资源。尽管社会已经专业化,但每个子系统都需要这些社会资源,它们通过强迫、讨价还价、说服等方式从其他子系统获取这些资源。政治、经济、社会和文化这四个子系统通过不同的组织体现出来。在现代资本主义社会,企业是市场活动的主要参与者,政府作为产权的界定者、保护者维持经济秩序,这样就产生了经济系统。社会系统是由非赢利组织、贸易协会、非政府组织等民间机构形成的。文化系统是由家庭、宗教、媒体、教育制度等共同形成的。这四大系统相互支持、相互影响。

社会子系统的运作。巴朗尝试着解释了这些截然不同的组织的运作。他把企业的经营环境分为市场环境和非市场环境,市场环境由顾客、竞争者、供应商等因素构成,其特点是由行业中竞争者的数目、进入和退出的难易程度、成本结构、技术进步的速度、需求的本质、竞争的维度等刻画的。非市场环境是指社会的、政治的、和法律的安排,其特点是多数裁决、正当的程序、广泛的选举权、集体行动和公开化。巴朗认为政治、社会和文化子系统是外在并高于市场制度的,因为这些社会子系统构成了市场制度,而且公共利益制约了对私人利益没有限制的追求。

社会子系统之间的相互影响。巴朗对社会子系统之间的相互作用给予了广泛的关注,尤其是企业是如何影响和抵制其他组织的。资源依赖理论认为,组织对资源的需要产生了对其他组织的依赖,因此组织会采取措施降低所依赖的其他组织的权力。非市场组织使用管制、联合抵制和诉讼等手段影响企业的运作,而企业则使用游说、公共关系等手段影响非市场组织,以形成对自己有利的环境。

总而言之,非市场制度和非市场组织与市场制度和市场组织存在根本的不同，非市场制度和非市场组织外在并高于市场制度和市场组织。这里存在的主要问题是市场和非市场制度没有得到很好的整合，因此需要管理它们之间的冲突。因此，非市场指的是一套独特的高级的宏观制度和它们的组织，这些非市场制度和组织与市场制度和组织按照目的理性进行讨价还价，以取得权力和它们之间整合的平衡。

面临研究的问题：1. 需要建立一个把市场和非市场整合为一体的模型；2. 识别包含其他社会子系统的非市场制度和非市场组织；3. 说明这些非市场制度和非市场组织的运作方式；4. 衡量非市场组织对企业绩效的影响；5. 评价双方干预的功效和合法性。此外，关注市场和非市场组织相互作用的研究需要阐明：1. 什么时候公开的交换优于隐蔽的交换？2. 权力、金钱、信任、名誉等资源哪一种作为奖赏和惩罚措施会更好？等等。

观点二：非市场是指外在或中立于市场模型的非经济因素

经济的含义在不断地发生变化，最初指从事物质再生产，现在则指：1. 建立在私人产权和契约制度之上，人们都追求私利的一个社会领域；2. 以最小的努力实现目的的"一种行为，一种计算"。因而，在进行经济决策时，人被看做是自利的，人的理性是无限的，市场信息是充分的，人们在选择方案时进行成本收益上的权衡，协调分歧的个人利益时使用物质激励等。

这些原则在新古典经济学中被模式化。由于新古典经济学定义明确、假定清晰、逻辑简洁，因而逐渐成为现代经济学的主流。然而，把市场和企业从其他社会制度中分离出来产生了如何处理它们之间关系的问题，经济学家对此通常有两种处理方法：外部化或者中立化。外部化是基于这样的假定，政治、社会、法律制度是市场体制的"制度环境"，市场体制是独立于这些社会子系统运作的。基于资源的竞争优势理论对非市场变量也没有给予足够的关注，因为它重点关注的是生产因素、战略因素和最终产品，非经济交易领域在很大程度上被忽视了。这种观点和巴朗的观点是相对立的，巴朗强调企业和非市场组织之间的相互交换。中立非市场变量是把某些非市场因素叠加到特定行业的竞争环境中，比如一个国家的企业在统一的法律制度下竞争，所以当解释为什么一个企业的业绩比另一个企业好时，这种非市场因素不需要考虑。制度理论也持相同的看法，认为同一个行业的企业在相同的、强制的、规范的环境下运作。结果，非市场因素因为不给企业提供具体的威胁和机会，所以在解释经济行为时被作为"中立的"对待。

总而言之，现代经济学认为，按照产权明晰的要求，非市场制度在建立了市场体制之后，市场制度就独立于非市场制度运作。这种纯粹的经济模型把市场和非市场完全区别开，非市场制度被外部化，对企业的影响被看做是中立的。这里的主要问题是不同形式的市场缺陷（如自然垄断和共谋）会影响效率。因此，在这种观点看来，非市场是指外在或者中立于市场模型的非经济因素。

面临研究的问题：1. 新古典经济学把理性看做是无限的，这意味着所有的行为都产生于推理和计算，忽视了推理背后的认知因素和非契约因素。对此，霍奇森（Hodgson）反驳道：（1）市场并不是独立的、自然的制度；（2）基于惯例、信任、利他主义的非契约行为是对与价格相联系的契约行为的补充；（3）博弈论证明信息可以通过非价格行为来传递。面对这些挑战，经济学家建立了混合的模型，引入了正的交易成本和有限理性等辅助假设，认为企业虽然不能找到理想的解决方案，但可以找到可行的方案。2. 把非市场因素看做是给定，在解释企业的经济行为时"中立"地对待也是片面的。企业可以采取政治行为，通过"寻租"改变体制的限制，重新塑造"游戏规则"。这种非市场因素也不是对所有的企业影响都是相同的，而是会对不同的企业产生不同的影响。

观点三：非市场是指渗入经济交换中内生的社会因素

针对现代经济学对非市场制度的外在化和中立化，社会学家强调"经济行为的社会嵌入"。社会学家认为，许多微观的社会交换并不纯粹是理性的、自私的。合作在社会交换中是很常见的，交易方经常遵守习俗、惯例和规则，因此建立了一种社会理性。

在这种观点看来，非市场交换机制的优势主要表现在以下方面：第一，因为市场经常受到信息、产权、讨价还价等问题的困扰，所以非市场交换机制对于改善交换的效率是非常必要的。即使定价很困难，用金钱进行交换并不合适,交换方太少,财产权不清晰,社会制度也能使许多交换发生。尽管这种社会学的视角并不着眼于效率,但对于效率的提高具有很大的作用。因为社会联系有助于企业在竞争中生存、发展、繁荣,对惯例、习俗、规则的接受使企业能够避免不确定性。Gulati、Nohria 和 Zaheer 对此总结道,战略网络潜在地给一个企业提供了接近信息、资源、市场和技术的途径,使企业拥有学习、规模经济、范围经济的优势。第二、人类的"激情"在交换中发挥着重要的影响。好的方面如信任和承诺对交换起到积极的促进作用,不好的方面如机会主义则对交换起着消极的影响。由于片面地追求个人利益会导致欺诈等非法行为,所以,建立良好的市场秩序需要道德和规范性的规则。价值和规范的内生证明了对市场交换施加合法限制,对低效率和不公正采取补救措施是必要的,政府需要在稳定经济,调节社会的不平等,培育公民道德方面发挥作用。

这种观点的分析层次同时是个人的、组织间和组织内部的。因为非市场制度创造和控制着市场制度,所以市场制度从属于非市场制度,道德价值是内生的。这里存在的主要问题是如果经济行为没有社会化,各个层次上的效率就会降低,因此需要通过非契约关系、合作、道德承诺等非市场措施来弥补。因此,在这种观点看来,非市场是指渗透于经济交换中内生的社会因素,它能够促进交换的效率。

面临研究的问题:1. 把资产、资本这样的经济术语运用到政治、社会和文化领域是不适当的,这样的类比是不可信的。2. 社会资本理论和社会网络理论都承认,当合作方变得自满或者串通时,原本对效率有促进作用的社会网络、社会资本会对效率产生负面影响。这些非市场机制也并不会使非法行为和冲突消失,因为在非法行为中也存在类似的机制。3. 意识形态已经渗透到组织理论中。关于合作是人类活动的常态,人性化的、有价值的组织更有效率这样的观点是值得商榷的。

观点四:非市场是指一种弥补所有组织自然衰落的政治机制

在任何政治、社会或经济体制中,个人、企业和其他组织经常存在一种背离效率、理性守法、道德的行为。当市场由于自然或者人为的原因失灵时,经济学家认为企业是首选,并且实际上是唯一的、经济的替代物。

根据交易成本理论和代理理论，企业是一种非市场制度，因为企业通过官僚组织或者内部市场代替了外部市场，尽管这两种替代物也可能出错。国家通过重新界定产权和竞争规则，提供公共物品，能够减轻这样的市场失灵。公民社会、共同的价值观和国家并不是作为市场因素起作用的，因而被经济学家作为非市场对待。然而，在所有组织中失灵是一个持续存在的现实。这种情况不仅发生在市场制度中，而且发生在建构和再建构它们的政治、社会和文化制度中。

市场对于组织的衰落有两种反应方式："退出"或者行使"发言权"。当组织开始衰落的时候，组织之间的竞争会导致组织在竞争中处于劣势，组织的顾客、成员和关键的支持者会脱离组织，利益相关者的退出使组织产生改革的压力。但是，在很多的情况下，利益相关者的退出并不能阻止组织的衰落，比如美国公立学校的学生转到私立学校并没有给公立学校充分的压力进行改革。赫希曼认为竞争可能没有达到适当的强度，或者一个组织之所以避免被淘汰是因为它能够利用其他资源（公众资金、对本国商品的偏好等）来生存。他的论点建立在莱宾斯坦（Leibenstein）的"X效率"的结论之上，即非效率的组织并不必然被竞争所淘汰，所以经济理性是失灵的。在这种情况下，组织的复原将不得不依赖"发言权"。发言权在这里被界定为任何试图从根本上改变令人不满的状态的行动，如向个人或集体请愿，动员公众进行反抗，呼吁上级引起重视等。赫希曼把"发言权"和政治联系起来，并把它称为非市场机制，因为它不依赖于经济竞争。赫希曼并不认为政治"发言权"高于市场"退出"，因为国家、公民社会、文化组织等非市场组织也受到代理问题的困扰。因此，所有组织都需要"退出"和"发言权"的结合，才能避免出现衰落。他把这看作所有组织复原的内在源泉，而不是外在的力量。

总的来说，这种观点的分析层次是组织间的和组织内部的。没有制度比其他制度更高级，市场退出和非市场发言权是内生于所有组织的，组织的复原可以通过这两种机制实现。因此，非市场指的是基于权力的矫正，目的是当这些组织中的经济竞争不能够阻止它们衰落时补救这些组织。

面临研究的问题：这种观点面临在其他观点已经罗列出来的问题和事项，但是赫希曼进一步提出了一些至关重要的观点：1. 政府、社会网络、价值这些非市场机制并不能够有效地纠正市场的缺陷，它们也会失灵的；2. 对组织效率的改善需要在它们之间和它们内部使用权力，这一点在交易成本分析和基于资源的观点中被忽略了。

观点五：非市场是指为市场、企业和其他类型的组织提供秩序的内外部因素

包迪文认为，尽管人们对非市场的看法存在分歧，但是这些观点是可以统一起来的。首先，这些观点都关注失灵，并且它们的复原都不完全依赖非市场机制，因为非市场组织也失灵，也能够从竞争中受益。第二，价值明显地包括到非市场机制的分析中。尽管构想得很好的公共政策可能是错误的选择，但是在大多数研究者的模型中公共利益依旧是高于私人利益的。第三，在市场和非市场组织的关系上，国家和公民的主权高于产权，然而经济交换完全地依赖于所有权。主权的独立允许抗议者、社会活动家以及企业运用"发言权"，尽管经济共谋在很大程度上是被禁止的，但政治共谋是允许的。最后，非市场是和社会的子系统及它们的组织联系在一起的，然而市场和企业只在经济子系统之内提供协调。这样的社会整合通常是冲突的，不完全的，但是市场是不能单独实现的。

经济学家和非市场战略学家赞成把市场制度和非市场制度划分两个相互排斥的子集，而社会学家、组织行为学家和利益相关者倡导者强调市场和非市场因素同参与者的相互贯通和融合。包迪文认为，非市场和非政府组织应该根据他们的贡献而不是他们的缺点进行评价。关于市场制度和非市场制度关系的问题，包迪文认为可以根据它们讨价还价的相互依赖来决定，而不用假定谁优于谁。

综合以上观点，包迪文对非市场下了这样一个定义：非市场是指：1. 追求公共利益的价值；2. 强迫的和合作的内外部交换机制，它能够以一种互惠的方式在不同层次的相互作用中补充和平衡竞争；3. 建立在参与者主权之上的市场和非市场之间的关系；4. 根据经济、政治、社会和文化组织的失灵进行有冲突的综合。简而言之，非市场是指能够为市场、企业和其他类型的组织提供秩序的内外部因素,这些因素能够使它们有效地运转,并补救它们的失灵。

这一方面的研究面临的问题:1.包迪文指出,市场、非市场组织和他们的交换机制的不断进化,说明他们的共存是不断演化的,因此应该考察非市场概念随时间和地点的变化。2.非市场具有空间特征,应该进行跨国之间的对比研究。

通过以上文献的分析,我们可以看出,非市场的根基来源于过去几个世纪作出的社会和理论选择。对以上五种市场、非市场和它们之间的相互作用的概括,见下表3.2。

表3.2 非市场、市场制度和它们之间的相互作用

关于非市场的观点	非市场制度是什么	市场和非市场组织被谁支配?	成功(+)和失灵(-)	主导的研究者类型
1. 一套独特的高级宏观制度。	外在的和高级的"公共利益高于私人利益"。	在有目的合理性下冲突地进行讨价还价。	+综合 -瓦解	政治经济学家、功能社会学家、理性选择战略学家、公司社会绩效分析家。
2. 外在于外部和内部市场或者中立于关注效率的市场模型中的非经济因素。	外在的和中立的"在完全经济条件下,私人利益加总起来等于公共利益"。	在有限理性下的自治。	+效率 -无效率	新古典和制度经济学家、基于资源观导向的战略学家。
3. 非市场是指渗透于经济交换之中的内生的社会因素。	外在和高级的"私人利益社会性地建构为社会利益"。	在有限的和社会的理性下通过关系和道德承诺来补充	+效率 -无效率	社会学家、组织理论学家和组织行为学家、社会事项学者。

4. 一种弥补所有组织计划自然衰落的政治机制。	外在的和平等的"私人利益和公共利益都是有缺陷的。"	在失灵的合理性下，通过退出和发言权相互纠正。	+补救-衰落	公共选择经济学家、政治科学家、利害相关者理论家。
5. 为市场、企业和其他类型的组织提供秩序的内部和外部因素。	内外部的和相互依赖的"私人利益有利于公共利益，但公共利益的追求是有目的"	在秩序的合理性下相互依赖。	+秩序-冲突	——

资料来源：在包迪文（2003）的研究基础上总结而得。

四、西方学者的研究对我们的启示

我们国家正处于经济转型过程中，与西方发达国家相比，政府对经济的影响和干预的范围和深度要深广得多，对工商企业的影响也大得多。此外，社会公众、利益集团、新闻媒体等因素的社会影响也日益显著。然而，在中国理论界却没有专门探讨非市场的研究，相关的研究主要集中在对政府的行政干预及其失败方面。非市场对中国企业的影响非常大，企业也存在大量的非市场行为，但却缺乏理论解释和理论指导。从前面梳理的内容可以看出西方学者已经取得了很多的研究成果，但是正如包迪文所指出的那样，这个概念是美国人发明的，其他社会也面临美国所出现的问题。西方的研究成果主要是针对西方的政治法律制度的，不完全适用于中国的国情，然而西方学者的探讨无疑对我们具有重大的指导意义，从中我们能得到以下启示：

（一）市场制度和非市场制度不是互相对立的，而是相互贯通、相互补充的。

市场只是人类社会进行决策、决定价值、分配资源、维持社会结构和处理人类关系的若干方式中的一种，即使在资本主义社会也是如此。因此，不能片面地强调全面市场化，而要注意市场和非市场的相互补充、相互支持。北京师范大学经济与资源管理研究院2003、2005、2008年发布的《中国市场经济发展报告》，根据市场化总指数测度的结果，2001年市场化程度的测评为69%，2004年市场化指数达到73.3%，2005年有了大幅度的提高已接近80%，为78.3%，2006年略有下降，市场化指数为77.7%，但要高于2004年近五个百分点。学者们2003年对剩余的31%是什么争论不休，有些学者认为这说明了我们国家的市场化程度还很低。对此，国务院发展研究中心宏观经济研究部部长卢中原博士指出，"市场不能干什么，就包括在这31%里面，没有百分之百的市场经济国家。"另外，对于非市场组织的评价，不应该看它是否具有市场的特征，而应该根据它们对国民经济的贡献来评价。

（二）对企业制定战略决策来说，不能片面侧重市场战略，还应该注意对非市场战略的运用，把两者有机结合起来。

在市场经济条件下，企业主要决策在于产品市场及公司设置，但由于政府、非政府组织、公众、新闻媒体等非市场领域对企业的市场环境产生越来越大的影响，所以，对企业来说，这意味着战略思考不能一味市场化，非市场战略同样重要。中国企业在复杂的机构化环境中已经磨炼出一套非市场战略战术。这些战略战术在今后一段时间仍然适用。值得注意的是，中国企业的非市场战略战术主要是针对政府的，而对其他的非市场力量关注不多，在这一方面，中国企业应该借鉴西方企业的经验，对市场战略和非市场战略进行整合。

（三）应该加强我们国家和西方国家非市场之间的对比研究，实现市场和非市场之间的良性互动，建立适合中国国情的市场经济制度。

中国目前正处于经济体制转型阶段，应该加强对非市场在中国演变、市场和非市场之间是如何相互作用的研究。这一方面的研究需要开展跨国之间的比较，这有利于我们正确认识市场和非市场之间的关系，建立适合中国国情的市场经济制度。

第二节 企业的非市场环境

任何组织都处于一个复杂的社会系统之中,并与社会有物质和能量的交换。企业的生存和发展离不开它所处的社会环境。在经典的战略管理理论中,战略分析涉及对外部环境的分析,其目的是发现企业面临的机会与威胁。外部环境涉及三个层面的因素:宏观环境、行业环境和竞争环境。为了找到分析外部环境的更有效方式,近年来进行战略分析的一种重要尝试是将外部环境分为市场环境与非市场环境。

一、企业经营的环境

任何一个企业都脱离不了它所处的社会环境,都会受到社会中各种各样因素的影响。所谓企业经营的环境,是指一些相互依存、相互制约、不断变化的各种因素组成的系统,是影响企业管理决策和生产经营活动的现实各因素的集合。企业环境是一个复杂的系统,它由四个子系统组成:社会环境系统(包括政治环境、经济环境、科技环境、法律环境、社会文化环境等);市场环境系统(包括竞争对手、供应商、顾客等);企业内部环境系统(包括营销管理、人力资源管理、财务管理等);自然环境系统(包括资源环境、生态环境等)。张维迎将企业生存和发展的环境分为三类[1],第一类是商业环境,第二类是政治环境,第三类是舆论环境。张维迎表示,他更为看重的是政治环境和舆论环境。制度经济学将企业所处的经营环境分为技术环境与制度环境[2],它所指的技术环境不是指科学技术。巴朗的观点将企业所面临的经营环境分成市场环境与非市场环境两大类,这种划分方式与制度经济学中所指技术环境和制度环境是相关联的,即市

---

[1] 见张维迎在 2004 年 8 月 28 日举办的中国企业家论坛首届深圳高峰会上题为"中国企业的生存环境与经济学家的社会责任"演讲。

[2] Scott, W. Richard, *Institutions and Organizations*, Thousand Oaks. CA: Sage, 1995.

场环境主要是技术环境,而非市场环境则主要是制度环境。实际上,张维迎教授提出的商业环境与这里的市场环境类似,政治环境和舆论环境与这里的非市场环境相似。为了避免可能产生的混淆,本书统一采用市场环境与非市场环境的提法。企业在制定战略时要同时考虑市场环境和非市场环境的影响①,见下图3.3。需要注意的是,虽然本书把企业面临的经营环境分成了市场环境和非市场环境两种,但这绝不是将二者割裂开来,或者将二者对立起来。而恰恰相反,市场环境与非市场环境之间是相互联系的,甚至可以相互促进。

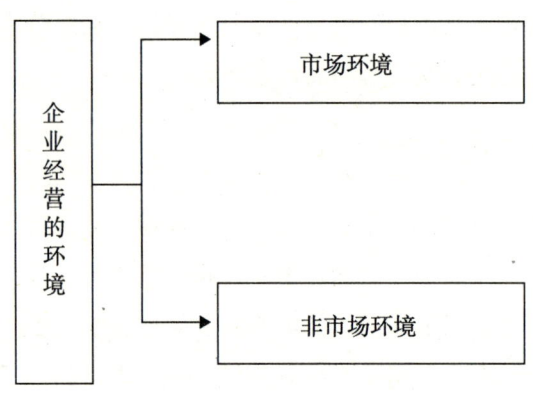

图3.3 企业经营环境的分类

二、企业经营的非市场环境

由于非市场环境概念的提出与界定在很大程度上是相对于市场环境的,因此在本节对非市场环境的探讨中,同时探讨了非市场环境与市场环境的关系。

在经典的战略管理理论中,市场环境是指由宏观经济因素、竞争者、供应商、顾客等因素组成的企业外部环境,其特点由需求的特点、竞争的维度、市场竞争的规律、成本结构、技术进步的特点和速度等决定。市场

---

① Baron, D. P. "Integrated Strategy: Market and Non-market Components" *California Management Review*, No. 37, 1995, pp. 47–65.

环境的一个重要方面是企业所处的行业/产业结构。波特指出，企业的经济利益主要受产业结构的影响，产业结构强烈地影响着竞争规则的确立以及潜在的可供公司选择的战略。产业外部力量主要在相对意义上有显著作用，因为外部作用力通常影响着产业内部的所有企业。一个产业内部的竞争状态取决于五种基本竞争作用力，即新进入者威胁、替代品威胁、买方砍价能力、供方砍价能力和现有竞争对手的竞争。

非市场环境是相对于市场环境而定义的，非市场环境包括社会的、政治的以及法律安排等因素①。其特点是由企业与社会公众、媒体、政府等利益相关者的关系所决定的。波特认为市场环境之外的力量通常影响产业内部的所有企业，他并没有说明外部力量怎样影响一个产业内的不同企业。在现实中，这些外部力量经常对行业内不同企业产生非对称性影响，正是这种非对称性影响改变了企业所处的行业结构，从而影响到了企业所拥有的竞争优势和所采取的竞争战略。比如，某一项政府政策可能会因为打击竞争对手而使企业获益，这种非对称性影响给某些企业提供了寻求竞争优势的机会，而给另一些企业带来灾难性后果。巴朗用4I来刻画非市场环境的特征，即事项（Issues）、机构（Institutions）、利益相关者（Interests）和信息（Information）。事项是非市场战略关注和阐述的事项。市场环境与非市场环境的差异与联系见下表3.4。

表3.4 市场环境与非市场环境的差异与联系

不同点	市场环境	非市场环境
遵循的原则	市场交易遵循无异议、一致同意的原则，私有协议的原则	遵循大多数原则以及充分考虑公众利益的原则
关键的需求因素	资源	合法性和社会认同
外部控制的机制	关键资源的交换与依赖关系	规则、管制、检查（Meyer et al., 1983）

---

① Baron, D. P. "Integrated Strategy, Trade Policy, and Global Competition", *California Management Review*, No. 39, 1997, pp. 145-169.

参与者	交易各方	市场参与者、政府官员、相关利益团体、公众、媒体
行动与利益	行动是自由的，谋取私利，企业自治受到资源交换伙伴的威胁	行动受到各方的干预，企业获得的利益可能是公共产品，利益可能不具有排他性
结果的评价准则	创造的价值	伦理道德和社会责任感
企业成功的要素	获得和控制关键资源	遵守制度规则和规范，公众赋予的合法性以及对企业过程或结果的认可
企业与环境建立联系的动机	降低交换中的不确定性，从而获得稳定的输入资源，这些资源对于生产市场中交换的产品或服务来说非常关键（普费弗和塞勒申克，1978；斯科特，1992）	为企业的目标和活动获得文化的支持，展示其社会合法性以及遵守制度规则、规范和管制的形象（Meyer & Rowan, 1977）
刻画环境的因素	基于波特的五力模型，例如竞争对手的数量、进入壁垒、退出壁垒、市场需求、竞争规则等	基于巴朗的4I模型，即事项、利益相关者、信息以及机构
联系	两者是相互影响、互动的关系，例如对企业有利的公共政策和法规的出台将为企业创造良好的竞争环境（塞弗，1992；马洪 & Macgrwan, 1998）	

资料来源：贺远琼（2006）

三、中国企业的非市场环境

根据巴朗对非市场环境的界定，非市场环境包括社会的、政治的以及法律等因素。我们把中国企业面临的非市场环境大致分为政治环境、政策环境、法律环境、舆论环境，下边分别进行分析。

（一）政治环境

受到计划经济体制的深刻影响，中国政府掌握了大量资源，并成为中国社会的主导力量。前文对非市场环境的探讨表明政治环境是非市场环境中的组成部分，但不能简单将政治环境等同于非市场环境。在政治学领域，政治环境通常被看做是政治系统所处的，并对政治系统产生重大影响作用的背景和周围事物的总和。政治环境研究的出发点是政治系统。然而本书涉及政治环境的出发点是商业组织，政治环境被定义为影响商业组织利益及运作的与政治有关的因素所构成的环境。

与美英等西方国家"小政府、大社会"的格局不同，中国是典型的"大政府、小社会"。政府作为企业面临的最大利益相关者之一，政府政策以及政府官员的行为仍然是中国企业行为的最关键影响因素。政府作为企业面临的最大利益相关者之一，对企业的影响包括两个层次，其一是对企业的直接影响，即直接干预企业的经营运作；其二是对企业的间接影响，即通过企业面临的外部环境（包括非市场环境和市场环境）来影响企业。在中国从计划经济向市场经济转型的深化过程中，政府的直接影响正在减弱，而更多地表现为间接影响。在中国，普遍的情况是政府的权力过于强大，政府行为的随意性也很大且缺乏必要的监督①。因此，本节主要从政治体制、政治结构、政府行为等方面着重讨论了中国企业面临的政治环境。

1. 政治体制

在当今世界上，主要存在两种不同的政治体制：三权分立和议行合一。三权分立的思想最早可以追溯到古希腊的亚里士多德，这种理论后经洛克等人发展，到孟德斯鸠正式成型。孟德斯鸠在其《论法的精神》一书中系统阐明了分权制衡思想：（1）立法、行政、司法三权分立，议会行使立法权，君主行使行政权，法院行使司法权。（2）三种权力之间不仅要分立，而且要互相制衡。（3）在统治阶级内部，"要防止滥用权力，必须以权力约束权力"。议行合一的体制来源于1871年的巴黎公社。巴黎公社建立时，马克思认为"公社不应当是议会式的，而应当是同时兼管行政和立法的工作机关"。这就是后来几乎所有社会主义国家实行的议行合一制度。

---

① 高勇强、田志龙：《关于企业家参政和人大系统改革的思考》，载《经济前沿》，2004年第1期。

所谓议行合一,是指社会主义国家的政权机关按照民主集中制原则建立的行政机关(含审判、检察机关)统一于和从属于国家权力机关的制度。议行合一体制在中国的落实就是,全国人民代表大会既是制定法律的国家立法机关,又是直接组织和监督国家执行机关的最高权力机关。在西方,立法、行政和司法三者之间在很大程度上是一种相互竞争且合作的关系。三者之间的平衡对整个社会产生深远影响。在中国,立法系统(指人民代表大会)虽然被赋予了至高无上的权威,但在现实中,由于其组织形式上的一些不足,其权力的发挥就大打折扣。司法系统在中国也不够独立。因此,行政系统的权力被放大,政府成了中国社会的主导性力量。政治体制对企业的影响主要表现为政府对企业的干预还比较多。这些干预既有法律法规上的,也有政策和行业指导方面的,而更多的是行政干预方面的。

2. 政治结构

在这里,政治结构包含两个方面的意思:一是政府层级结构之间的相互关系;二是同层级不同部门之间的相互关系。它们之间的错综复杂关系成为企业经营环境不确定性的主要来源之一。

从政府层级结构来看,中国政府可以划分为中央政府和地方政府,而地方政府又包括省级政府、市级政府、县级政府和乡级政府。中央与地方关系主要是基于一定利益的权力关系。在改革开放以前,中国没有真正意义上独立的地方政府,所有的地方政府实际上是中央政府的派出机构,两者有着统一的利益追求,因此对企业的影响是基本一致的。政府通过制定各种政策来影响企业的经营,甚至是直接干预企业的经营运作。改革开放以后,由于"放权让利",地方政府在微观领域内,获得了较大的配置资源的权利。而地方政府权力尤其是经济权力的扩张,改变了它们在政府权力结构中的地位和角色,使得它们由集权体制下单纯的中央政府的派出和代理机构转而成为相对独立的行为主体,从而也就极大地改变了垂直控制模式下那种被动执行政策,消极执行命令的行为模式。但由于在市场化改革过程中,不完全的计划和不完全的市场同时存在,这使得地方政府具有双重代理的身份,一方面代理中央政府,实行对本地区经济的宏观调控和管理。在这重身份下,地方政府将中央政府的纲领性文件根据当地实际情况而制定相应的实施细则；另一方面代理本地区的非政府主体（包括居民、企业和其他团体），执行中央的决定，争取中央的支持，以实现本地区经济利益最大化。

造成中央政府与地方政府之间的不同利益追求的原因之一是激励和问责机制。转型期的中国政府为了提高执政的合法性，强调以经济建设为中心，一度实行以经济指标为主的政绩考核机制，地方官员的升迁与当地经济的发展程度成正相关关系。在这样的激励机制下，地方政府往往会积极主动地推动经济发展，把地方经济发展作为各项工作的重心，将追求本级政府财政收入的最大化视为首要目标。这种现象滋生了严重的地方本位主义，地方政府经常利用行政权力对市场进行干扰和分割。由于传统体制赋予了地方政府决策者过多的权力，加上问责机制的不健全，地方政府考虑问题往往是出于局部利益和眼前利益，从而增加了企业经营环境的不确定性。

综上，企业面临的不确定性主要来自于以下几个方面：中央政策要考虑到全局性，因此其条款本身可操作性较低，这给相关政府部门留下了较大的"操作空间"；不同地方政府在中央政策统一纲领性文件下有不同的实施细则；中央政府与地方政府之间的利益追求不同等。

3. 政府行为

政府对企业的影响主要是通过政府对其职能的履行，即政府行为。与市场经济比较发达的西方国家相比，中国政府对经济影响和干预的范围及深度要大得多，对工商企业的影响也更大。企业受政府的影响表现为：（1）在宏观上受宏观政策（如财政、金融政策）和法律法规的影响；（2）在中观上受行业管理方面的政策（行业管理职能、项目审批和资格审批、企业等级评审和优惠政策）的影响；（3）在微观上受到直接干预（人事干预、贷款支持）等。

为了实现和政府的对接，企业设立了与政府的各职能部门一一对应的部门。下页图 3.5 表述了典型的企业与政府的关系，反映出企业与政府有着千丝万缕的联系。更重要的是我们会发现总经理对于所有的政府职能部门都有一条连线。中国政府与企业的关系在很大程度上是依赖于企业领导人个人所建立的关系，也就是说，企业领导人往往承担了与政府打交道的主要角色。如果政府部门领导来企业，企业会根据政府领导的级别相应地派出部门领导或者副总经理或者是总经理接待。

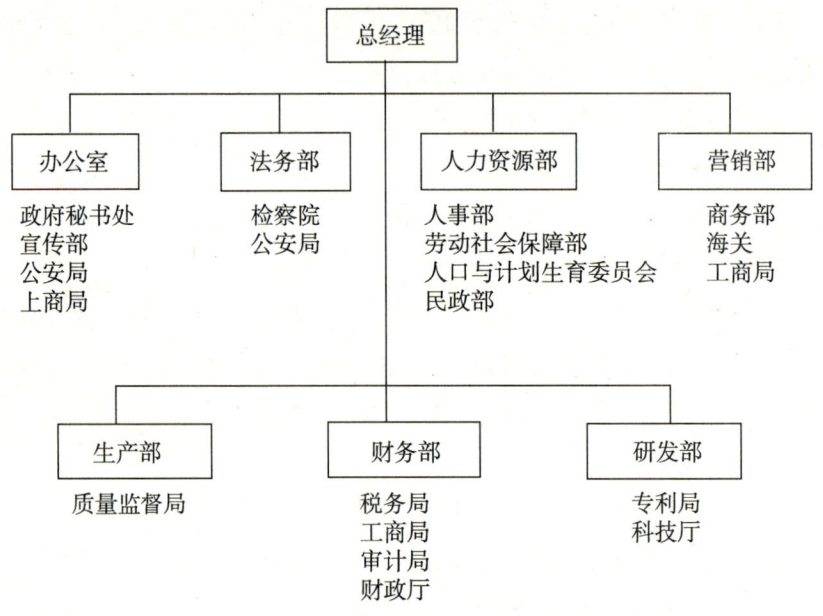

图3.5　典型的企业与政府的关系

企业与政府的紧密联系不会必然增加企业经营运作的困难，企业经营运作的困难主要是由于政府行为本身的不规范性造成的[①]，例如政府行为规则不透明，政府人员利用工作机会寻租，政府部门和人员以支持企业为名参与盈利性活动来增加企业负担等。

4. 行业协会的作用

在中国特殊的政治体制环境下，谈到政府不得不涉及到行业协会。在西方成熟的市场经济环境中，行业协会常常是市场主体自愿组成的社会性团体，是一种行业性的市场调节组织。一般来说西方的行业协会是独立于

---

① 田志龙、贺远琼、高海涛：《中国企业非市场策略与行为研究——对海尔、中国宝洁、新希望的案例研究》，载《中国工业经济》，2005年第9期。

政府的。然而，从中国行业协会的发展历程中，可以发现行业协会的成长始终离不开政府，也与政府有着千丝万缕的联系。中国工业经济联合会行业工作委员会副总干事长高凯指出，中国的行业协会大多数是在政府机构改革时，由政府的相关主管部门"翻牌"形成的，或者是由政府部门牵头设立的。例如，原国家经贸委下属 206 个工业协会中，70%～80% 的专职工作人员来自原来的政府机关。领导班子中，完全由原政府机关人员组成的约占 3/5，由原政府人员、企业家、专家学者等综合组成的占 1/5，完全由企业家组成的只占 1/5。

行业协会也被许多学者和企业人士称为"二政府"，其作用是一个受到广泛争议、甚至是质疑的话题。普遍的观点是行业协会在行业管理中并没有发挥应有的作用，其原因归根到底是行业协会的"二政府"性质，例如行业协会成为部分官员的"养老院"、行业协会过分依赖政府，从而失去独立性等。

（二）政策环境

根据《辞海》的解释，政策是国家、政党为实现一定历史时期的路线和任务而规定的行动准则。公共政策是关于公共利益的政策，是政府为解决公共问题、协调各利益主体间的关系，为确保社会有序发展、实现公共利益而制定的、以国家强制力保证实施的、权威性的规范，是国家进行管理的方式和手段。为了实现从计划经济向市场经济的过渡，中央政府和地方各级政府废除了数以万计的过时的政策和法规，同时出台了大量新的政策和法规。政府制定政策和法律法规的过程是一个平衡社会各主要利益相关者利益的过程，旧的政策法规的废除和新的政策法规的制定蕴含着大量企业发展的机会，同时也会给企业带来很多的威胁。为了促进经济的快速发展，各级政府出台了大量刺激性的经济政策，涉及到财政、金融、税收、土地等方方面面。这些刺激性政策往往蕴含着大量的机会。任何政策法规都涉及到制定和实施两个环节，下边我们分别进行论述。

1. 政策法规的制定

当代政策科学的研究已经表明：政策的制定主体主要有三种，即精英主体、共同体主体和公众主体。发达国家的政策制定模式正在经历由共同体主体到公众主体的深刻转型，而中国由于科技文化发展水平的相对落后以及政策安排形式的特殊性，公共政策制定模式正在缓慢地经历着由精英主体到共同体主体的转变。众所周知，精英制定主体和共同体制定主体，是最容易发生政策垄断现象的。在政策垄断的情境下出台的政策大多是低效率甚至失灵的政策，而且存在严重的公平缺失现象，因为政策制定的垄断为寻租留下了空间。任何政策在宏观上都体现着国家的战略目标与意志，在微观层面上体现着规范、引导以及资源分配的重任。因此，政策制定的垄断必然造成利益集团的寻租与投机。以立法为例，虽然宪法赋予了人大立法的权力，但是中国的立法却是行政部门主导的。即使是人大审议通过的不少经济社会监管法律，其实也是由行政部门主导起草、修订的。除了参与法律的起草，政府部门还出台了数倍于现有法律的大量行政法规和部门规章。在现实中，它们也具有类似于法律的约束力，而由于其数量众多，对民众和企业的影响更大、更广泛。政策制定的垄断意味着接近政策制定的团体或个人能够对政策的形成产生重大的影响，从而形成有利于自身的政策环境。这种政策形成的"可影响性"是企业介入政治过程的现实诱因。

2. 政策法规的实施

政府不仅仅是法律、法规和政策的制定者，同时又是法律、法规和政策的执行者。政策执行的有效与否关系到整个政策的成败。影响政策执行的因素较多，例如政策类型、政策本身的特点（例如条款的详细程度等）、政策的宣传力度、执行的目标对象（包括不同性质的企业，例如国有企业，三资企业，民营企业等）、执行环境（包括监督环境、资源环境等）等。在不同的政策输入和执行过程中，产生的结果是有差异的，见下页图3.6。图3.6反映了中国政策执行过程中的以下几个方面的特点：

（1）对企业来说，地方政府在政策执行过程中有时扮演了"缓冲层"的角色。中央和地方领导所处的位置不同，考虑问题的角度和方式不同，对利益的要求也是不同的。由于中国幅员辽阔，而且地方差异较大，中央政府不可能制定一个放之四海皆有效的政策，这为地方政府提供了较大的空间来具体细化和解释政策。地方政府有权力根据地方企业的实际情况来进一步细化政策。而地方政府官员追求的首要目标是政绩，使地方企业创造更多的税收，因此他们很有可能会朝着有利于地方企业的方向来细化中央政策，这往往表现为尽可能地减少对企业的束缚，尽量为他们创造一个宽松的环境。甚至地方政府代表地方企业的利益与中央政府就政策执行进行讨价还价。例如，在李书福为获得小轿车的生产许可证而四处游说的过程中，浙江省政府还专门给国务院打报告，帮助李书福实现他的"汽车梦"。地方政府也会出于对本地企业的保护，影响其他地方政府的政策法规的执行。例如，山西省政府出台"限小令"① 后，浙江省政府频频出面予以干涉，维护温州煤商的利益。

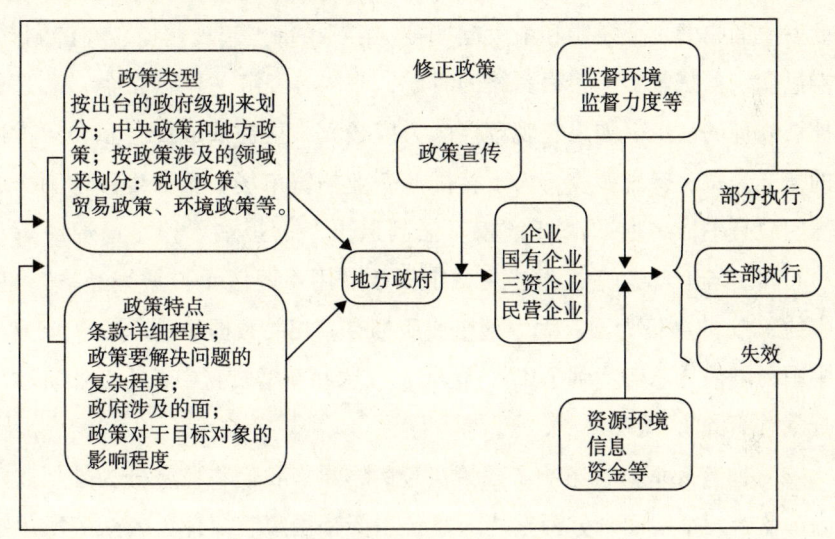

图 3.6　政策执行过程及其影响因素

（2）外部政策环境对于不同性质的企业产生不同的影响。作为社会主义国家，中国长期以来实行的是公有制经济，强调资产全民所有。虽然党的十五大确认了民营企业的合法身份，但是不可否认民营企业在融资、市

---

① 由于资源过度开采与浪费，环境恶化，事故频发，山西省做出了用十年时间淘汰全部小煤窑的决定。当时计划是 2005 年底全部关停九万吨以下小煤矿，煤矿总数减少 30% 以上。温州煤商控制了九万吨以下小煤矿的 60%，山西省政府的决定影响到温州煤商的生存。

场准入等方面遇到了障碍。首先，市场准入限制。国有经济在金融、铁路、邮政、通信、航空、冶金、石油、电力等等重要行业和领域，一直占据绝对垄断的地位，民营私营企业很难介入。一些行业领域甚至出现了允许外资进入但禁止民营私企进入的现象。尽管国务院2005年就发布了《关于鼓励支持和引导个体私营等非公有制经济发展的若干意见》，该文件明确规定，"允许非公有资本进入垄断行业和领域（包括电力、电信、铁路、民航、石油等）"①。但是，市场准入限制并没有真正被打破。时至今日将要放开还是没有放开。其次是融资限制。全国工商联的《调查问卷分析报告》显示，超过半数的受访者认为，资金问题、融资问题是非公有制企业发展面临的主要瓶颈和最大问题②。第三，每当宏观调控、经济调整、产能过剩、信贷收紧、银根紧缩的时候，非国有经济（民营私企）总是逃不掉被修理的命运。如果宏观调控的力度较大，往往造成民营私企尸横遍野的情况。每次宏观调控，为了替国有企业拓宽市场，争取生存空间，有关部门总是不惜采取"破坏产权、强制退出"的极端手段，逼退民营私企。2008年全球金融危机发生后，中国政府用4万亿元"振兴经济"，但其中约90%的项目为国有大中型企业所拥有。相关数据显示，2009年上半年中国新增信贷总额达到7.37万亿元，在这些新增贷款中，小企业贷款仅占贷款总额的8.5%。

（3）监督环境直接影响了政策执行的结果。我们将监督分为外部监督和内部监督两个层面来分析。外部监督主要是国家、媒体、公众等所承担的行政性和社会性监督职能，而内部监督主要是指企业实行自我监督。在中国的市场环境中，企业的内部监督在很大程度上是依靠于外部监督来推动的。外部的监督力度越大，企业对自己行为的约束也会相应加大。然而，现实中政府、媒体、公众等对企业的监督力度仍然非常不够，这样就

---

① 《国务院关于鼓励支持和引导个体私营等非公有制经济发展的若干意见》，国发［2005］3号，2005年2月19日。

② 《全国工商联对〈国务院关于鼓励支持和引导个体私营等非公有制经济发展的若干意见〉调查问卷的分析报告》，转引自，国家发改委网站/非公有制经济，2005年9月30日。国家发展改革委员会－非公有制经济国家发展改革委员会－非公有制经济。

极大地降低了企业不执行政策的惩罚成本，甚至如果企业从不执行政策中反而能获得更多利益的话，政策很可能成为一纸空文，或者被扭曲地执行。

(三) 法律环境

改革30年，伴随着中国经济的发展，相关法律的制定或修订也接连不断，尤其是在近几年，如《公司法》、《证券法》、《物权法》、《企业所得税法》、《劳动合同法》、《反垄断法》。经过30多年的立法实践，无法可依的情况如今已基本不存在。具体而言，市场经济的法律有三个方面：1. 市场主体的法律。目前为止，这方面的法律已经基本完成。过去按照所有制划分的企业形态，已经根据国际惯例改为按照出资形态进行划分。《个人独资企业法》、《合伙企业法》、《外商投资法》等的出台，给了市场经营者充分的选择。2. 市场自由的法律。市场自由包括财产自由、交易自由和营业自由。市场自由的法律目前大体完善，三大自由基本都有法律保护。例如财产自由方面，《物权法》的出台，规定国家不能随意征用公司财产、私人财产，确认了私人财产的基本权利。《合同法》保证了交易自由和营业自由的权利。3. 市场秩序的法律。市场秩序在中国一直是比较薄弱的环节。中国的经济发展速度位居全球前列，市场秩序却排在世界100多位。市场秩序的法律主要有三个方面的内容：一是商业欺诈，包括产品质量、信用、财务报告等方面的欺诈。中国的商业欺诈问题十分严重，如虚假的商业信息、药品食品质量低劣等。二是商业贿赂。商业贿赂在中国已经成为潜规则，是中国市场秩序中的一大顽症。三是商业垄断。市场经济是自由竞争，不能垄断。目前，中国的行业垄断十分严重，如石油行业、电力行业。

目前与企业有关的最重要的法律基本都有了，未来将主要根据不同时期、不同特点，对现有法律进行修改、调整。修改法律的任务远大于制定法律的任务。在市场经济中，衡量善法和恶法的标准在于能否解放生产力，推动经济发展。但由于中国经济正处于转型时期，变化迅速，依照过去情况制定的诸多法律条文已经不适应甚至阻碍着经济发展，因而需要及时修改。与立法所取得的成绩相比，中国的执法需要大大加强。中国现在的执法远远落后于立法,执法的随意性太大,法律通过了以后,没有很好地被执行。例如,尽管出台了《物权法》、《合同法》等保证市场自由的法律,但是由于执法的问题,公权对私权的侵犯比比皆是。这就要求转变政府职能,防止公权滥用,加强政府执法。另一方面,执法不力也与中国经济快速发展,执法人员的素质跟不上立法有关。

总而言之,中国改革开放30年来,市场主体法基本完备,而市场自由、市场秩序的问题较难解决,关键在于政府如何控制手中的权利不被滥用以及政府职能的定位①。

(四) 中国企业的舆论环境

舆论环境是企业环境的一部分,它与企业的商业环境、政治环境等相辅相成。任何一个企业都不能脱离舆论环境而孤立存在,不能忽视舆论环境对企业发展所产生的影响。

1. 舆论环境对企业发展的影响

对社会而言,舆论环境对企业的发展起着监督和守护的作用。在西方,"舆论"向来被视为一种无形的社会力量。马克思就将"舆论"看成是一种"普遍的、隐蔽的和强制的力量";美国政府学著名学者 D. B. 杜鲁门认为:"舆论在美国生活中的地位十分突出,作为巨大的权力来源,就像仆人面前的主人一样。"也就是说,舆论在美国充当的是"权力之母"的角色。这说明无论在何种意识形态下,舆论都是政治、社会生活中非常重要的一部分。在一般情况下,舆论代表着绝大多数人的意识和看法。舆论就如一面镜子,折射出企业在社会环境中的生存状态,而企业作为一个独立的经济主体,通过各种经济活动与环境和公众相联系。对于遵纪守法的企业,其正常的生产经营活动理应在公众中获得认同,企业行为就能获得舆论的保护。反之,当企业投机取巧,以企业利益代替公众利益或损害公众利益,舆论就应当起到监督、提醒和公示作用,帮助企业规避风险。无数的经验也已证明,正向的企业舆论可以对企业的经营发展起到推动和

---

① 安明静、江平:《企业法律环境的变化及趋向》,《中欧商业评论》,2008年8月19日。

促进的作用；负向的企业舆论则对企业的经营发展起着破坏和阻碍的作用。

2. 当前企业面临的舆论环境

当前中国正处在经济体制改革、政治民主建设和社会文化转型的重要时期，社会利益结构变动加剧，各种矛盾表面化，多元利益群体凸显。经济全球化和信息全球化的影响，更加激活了社会公众的意识，社会舆论越来越活跃。而近几年随着互联网的进一步普及，公众对信息的获取已从报纸、广播、电视等传统的媒介拓展到互联网。由于互联网的开放性、实时性等特点，人们在信息的获取和意见的表达上更便捷，使得公众舆论的影响越来越深远，并开始受到各方重视。张维迎教授曾经说过一段话："做企业非常不容易、非常累。这个累，并不一定是由于你的能力不支持你管理一个企业，并不是由于企业内部管理的问题耗费了你很多的时间，而是你所面临的社会环境，是一个变化无常、有时候甚至是非常不友好的一个环境"[1]。

中国文化历来有重农轻商的传统，对工商企业的发展重视不够且缺乏保护。1978年起经过近30年的改革，中国民营企业已经成长为中国经济的重要组成部分，民营经济对GDP的贡献已经超过50%。社会主义市场经济条件下，国有企业和民营企业是平等的市场竞争主体，它们理应得到媒体同等的关注和尊重。但是事实上二者的媒体舆论环境并不平等[2]。通过对党报、专业媒体和电视媒体的企业报道的量化统计和对部分民营企业家、媒体从业人员的实地访谈中，发现在各种经济成分的企业中，民营企业在中国主流媒体的版面中处于弱势位；民营企业在主流媒体中获得的重视和报道程度明显偏低；民营企业能够从媒体中获得的有效信息服务较少；民营企业在媒体报道中多以负面形象出现，主流媒体有忽视甚至歧视民营企业的现象，客观上不利于民营企业的公众形象塑造。从20世纪90

---

[1] 见张维迎2004年8月28日在"中国企业家经济高峰论坛"上的演讲：舆论环境不要"妖魔化"中国企业家群体，http://finance.sina.com.cn 2004年9月8日。

[2] 林晖：《民营经济的舆论困境——关于大众传媒与中国企业发展的反思》，载《新闻与传播研究》，2007第3期。

年代中后期开始,国有经济进行战略性改组,国有企业进行了MBO(管理层收购)"国退民进"式改革。而2004年展开的"郎顾之争"[①]被称为"国退民进"的标志性事件。郎咸平对于MBO的质疑引起了舆论的广泛关注。引用张维迎教授的话,"这样的舆论环境,是由学者与大众媒体结合在一起(营造)的,这些教授打着学术自由、保护国有资产、保护中小股东权益的旗号,在不遗余力地否定过去十年国有企业改革、产权制度改革,否定我们的企业家队伍,这是非常非常值得我们注意的"[②]。张维迎教授认为现代中国企业家面临的舆论环境是1992年以来最不好的。作为论战中失利的一方,张维迎教授的观点可能有几分偏颇,但舆论环境对企业发展的影响是不可小觑的。舆论对于MBO的质疑最终导致了被资本界戏称为"中国顶级富豪速成法"和"最后一场盛宴"的MBO的叫停。然而,时隔五年之后,与"国退民进"相对应的"国进民退"的讨论却卷土重来。这场讨论引发了对于国有企业的大量批评,以至于有人发出了"国有企业为何总处于舆论劣势"的感叹[③]。

以上我们分别分析了政治环境、政策环境、法律环境和舆论环境等非市场环境,通过分析我们发现中国企业所面临的非市场环境是一个高度复杂的环境,其中既蕴含着大量的经济社会利益,同时也潜伏着大量的隐患。这种状况是中国企业涉入政治的现实诱因。

第三节　中国企业应对非市场环境的行为和策略

在社会发展走向更加和谐、成熟的过程中,判断一个企业是否成功的

[①] 2004年8月,香港学者郎咸平指责科龙集团董事长顾雏军在收购国有企业过程中造成国有资产流失,并主张国家"停止以民营化为导向的产权改革",停止管理层收购(MBO)。

[②] 见张维迎2004年8月28日在"中国企业家经济高峰论坛"上的演讲:舆论环境不要"妖魔化"中国企业家群体,http://finance.sina.com.cn 2004年9月8日。

[③] 易涤非:《国有企业为何总处于舆论劣势》,《红旗文摘》,2010(14)

标准不再局限于单一的经济效益等指标上,还包括企业对社会的贡献、社会对企业的认同等方面。政府、社会公众等非市场因素如同竞争对手、顾客等市场因素一样,对企业的成败有着显著影响①,因为它们掌握了企业生存、发展所需要的各种资源(例如,政策、资金等)。

中国企业非市场行为的界定和分类

(一)非市场战略

所谓非市场行为是指企业与非市场因素相关联的行为,具体地讲,非市场行为是指企业对利益相关者以及法律、社会和政治参与者的行为。这些参与者包括法院、管制者、贸易机构和政府各个层次的立法者、大众媒体、环境保护主义者、教育家、公共事务专家等等。这些行为的目的是为企业创造有利的竞争环境,从而改善企业的经营绩效。把"非市场"的概念应用到企业层面的战略是巴朗提出的。企业政治行为(CPA)、公共事项(PA)、企业的社会政策(CSP)等都属于企业的非市场行为。由于在企业的非市场环境中,政府是最重要利益相关者,因此,在企业的非市场行为中,企业政治行为是其主要的组成部分。

(二)非市场战略的分类

在西方学者的研究中,非市场战略主要是指政治战略。目前理论界对公司政治战略并没有统一的分类方法。Weibenbaum 论述了工商企业对公共政策的三种一般反应:包括消极反应,积极反应和塑造公共政策。消极反应和积极反应都属于反应性的,并不直接参与公共政策形成过程。塑造公共政策代表公司政治行为的一般概念和目标。塑造公共政策要求企业采取前摄性(proactive)行为以实现特定的政治目标。Weibenbaum 提出的三种战略是从一般意义上的分类,奥利弗基于制度理论对 Weibenbaum 的分类做了进一步拓展,她提出了五种组织应对制度环境的战略,包括默许

---

① Baron, D. P. "Integrated Strategy: Market and Non-market Components" *California Management Review*, No. 37, 1995, pp. 47–65.

(Acquiescence)、妥协（Compromise）、避免（Avoidance）、抵抗（Defiance）和操纵（Manipulation）。

另外，Meznar 和乃根据企业公共关系部门的职能和作用将政治战略分成缓冲型和桥梁型。公共关系部门有双重职能，一方面是企业管理层感知、控制和理解外部环境的窗口，另一方面是社会影响企业政策和实践的窗口[①]。"缓冲型"的角色是为了保护企业免于受到外部环境的影响以及试图影响外部环境。缓冲意味着企业或者试图将自己与外部干扰隔绝开或者积极通过诸如游说等行为来影响外部环境。通过缓冲，企业或者抵制环境的变化或者试图控制环境。

另外，公共关系部门充当了企业与外部环境之间的"桥梁"。"桥梁"意味着企业试图调整自己的行为来适应外部环境的要求和期望。企业试图积极地满足并超过管制的要求，或者试图快速识别变化的社会期望，从而使企业遵守这些期望。在桥梁型战略中，企业提高自己对外部环境变化的适应能力。值得注意的是，缓冲型和桥梁型战略并不是相互排斥的[②]。

随着研究的不断深入，西方学者从不同的视角提出了更具体、更具操作性的战略与战术。例如，希尔曼和黑特根据交换理论提出了企业和利益集团参与公共政策形成过程的三种一般政治战略，即信息战略、财务刺激战略和选民培养战略等，这是得到普遍认同的一种分类方式。

在西方国家，企业公共关系的实践从 20 世纪 60 年代就开始了，而中国企业的公关实践是在改革开放之后才逐渐有了尝试。因此在中国企业中，虽然配备了公共关系机构和人员，但是规模小，专业人员少，其职责更多局限于日常接待工作。实际上，企业公共关系的工作分布在各业务部门和中高层经理的职能中。这与西方企业专业化的公共关系运作有较大的差别。

---

① Post. J. E., Murray, E., Dickie, R., & Mahon, J. F, "The Public Affairs Function in American Corporations: Development and Relations with Corporate Planning", *Long Range Planning*, Vol. 15, No. 2, 1982, pp. 12–21.

② Fennell, M., & Alexander, J. A. *Organizational Boundary Spanning in Institutionalized Environments*. Academy of Management Journal, No. 30, 1987, pp. 456–476.

国内较早研究企业政治策略与行为的学者是田志龙教授。田志龙等按照对政府环境影响的特点将企业政治策略分为七类，分别称为直接参与策略、代言人策略、信息咨询策略、调动社会力量策略、经营活动政治关联策略、财务刺激策略、制度创新策略（见表3.7）。值得注意的是，田志龙教授这里所界定的政治战略是广义的，在外延上与我们所界定的非市场战略相同。

表3.7 中国企业政治行为与策略分类

政治策略	行为方式
直接参与策略	1. 企业有人作为人大代表进入人大参政； 2. 企业有人作为政协代表进入政协议政； 3. 企业有人被聘为各级政府决策咨询顾问或委员； 4. 企业有人直接就是政府官员； 5. 企业有人当选为较高级别的共产党委员会委员； 6. 企业参加行业协会提出行业标准或规则； 7. 企业参加行业协会协助政府实施政策、法规； 8. 企业有人参加政府部门政策的拟定与研讨等。
代言人策略	1. 企业直接找到熟悉的政府官员，希望他们为企业说话； 2. 企业通过政府官员的家人、同乡、同学、朋友找到政府官员，希望他们为自己说话； 3. 企业找到熟悉的参与决策的非政府官员，希望他们为企业说话。
信息咨询策略	1. 企业针对影响行业或本企业的政策法规的制定、实施等相关问题站在行业角度提交研究报告，以正式或非正式的方式呈送给有关政府部门和行业组织，以期产生影响； 2. 企业针对影响行业或本企业的政策法规的制定、实施等相关问题站在企业自身的角度提出意见和建议，以正式或非正式的方式呈送给有关政府部门和行业组织等，以期产生影响。
调动社会力量策略	1. 通过企业的力量，引起媒体、消费者群体、股东群体或其他利益相关者对某些事项的关注，形成一定的舆论导向，间接影响政府及行业决策行为。
制度创新策略	1. 通过企业的努力，找到现有制度的缺点，实践新的制度规则，成为政府政策与规则改变的方向，再通过其他政治策略获得正式承认； 2. 企业进入制度真空领域，引发新制度的讨论与最终确立。

经营活动政治关联策略	1. 成为政府骄傲和依赖的企业； 2. 做政府鼓励的事情（如雇用下岗职工）； 3. 做政府推荐的事情（如兼并亏损企业）； 4. 做适合政治环境的事情（如民营企业积极建党支部、工会、职代会并发挥其作用）； 5. 进行有利于政府政绩的投资（如建当地的标志工程）； 6. 重要经营事项请示有关官员； 7. 重要场合请有关官员出席； 8. 经常走访有关政府官员。
财务刺激策略	1. 从财务上支持并参加政府部门组织的各种活动； 2. 慈善捐款（如支持地方教育事业）； 3. 资助公益性广告； 4. 举办答谢宴会和演讲； 5. 支付差旅费； 6. 提供个人服务。

"直接参与策略"是指企业通过其员工对某些政府政策、法规制定与实施过程的直接参与起到影响作用。这类政治行为主要有三类：作为准政府官员参与政府决策；参与半官方的行业协会的活动；帮助政府部门起草政策法规与执行文件等。例如，南方某省政府部门在制定水泥行业的某些政策时，政策文本的初稿实际上是由该省最大的一家水泥公司牵头完成的。

"代言人策略"是指企业通过直接或间接的途径，找到政府官员，希望他们在制定和实施政府政策时，考虑本企业的利益。例如，广东某体育用品公司通过与一些省份的体育局高层官员的个人关系，影响这些省份全民健身活动内容的组织与实施，并获得关键的体育器材供应合同。

"信息咨询策略"是指企业通过正式或非正式的途径，向政府部门或官员递交企业的研究报告、产业分析和本企业的观点与意见，希望政府部门在决策时参考。例如，一家以长江为依托的大型运输公司向政府有关部门提交过多次论证报告，为政府在考虑省市物流规划时，提供如何更好利用长江的对策；微软中国向中国政府提交中国软件产业发展战略研究报告等。

"调动社会力量策略"是指企业通过影响舆论、影响社区公众、消费者和股东等关键利益相关者，使他们产生有利于本公司的意见倾向，从而间接影响政府决策。例如，联想的创始人柳传志在对联想进行改制时，先造小舆论，等到外界舆论对企业有利时才真正进行改制。

"企业经营活动政治关联策略"是指企业将自己的某些经营活动与政府部门政绩及个人的偏好、意愿等联系起来，增加政府部门及个人与企业的关联性和依赖性，从而增加企业在政府政策决策过程中被考虑的分量。这方面的例子最多，如武汉市一家著名民营企业在政府的建议下，收购了两家效益不好的国有企业。

"财务刺激策略"是指企业通过向政府部门、个人以及政府直接负责的社会公益事业捐助和财务上的支持，从利益与情感上影响政府部门和官员的决策。例如，武汉市一家外资啤酒酿造企业帮助武汉市政府与美国一所大学建立联系，并为武汉市政府输送人才到美国培养提供支持。内蒙古蒙牛集团在中国流行"非典"期间主动找卫生部和各省、自治区、直辖市的卫生厅为抗击"非典"捐款。

"制度创新策略"是指企业发现某些领域的政策真空，或政府政策过时、不完善和不适应新形势的方面，在企业管理实践过程上遵循新的规则，并结合其他政治策略的实施得到政府和行业承认，或结合新技术的出现，推动不合理的管制政策的变迁。例如，小灵通从当年的不被政府公开认可到逐渐被政府所认可；一些民营企业进入汽车、农用种子、钢铁等政府控制行业和领域的行为。

上述七种企业政治策略中，经营活动政治关联策略及财务刺激策略实施的目的主要是建立与政府部门和个人的短期或长期的关系，而其他政治策略实施的目的则是直接谋求对政府政策及实施措施的影响。

第四节　对海尔、宝洁和新希望的案例研究

企业非市场活动在中国经济活动中大量存在。卫武等通过对中国76家企业网站上的27780篇新闻报道的内容分析，中国企业40~50%的活动是关于非市场的，而且企业的非市场活动与企业绩效之间存在一定的关联

性。我们选取海尔集团，中国宝洁有限公司和四川新希望集团作为案例对中国企业的非市场行为进行个案分析和比较①。

一、研究的方法

我们选取海尔集团（简称海尔）、宝洁（中国）有限公司（简称宝洁）、四川新希望集团（简称新希望）作为案例研究的对象，并基于这三家企业官方网站的新闻报道进行内容分析。案例企业选取的理由是，它们分别属于国有企业、外资企业和民营企业，便于做不同性质企业之间的比较分析；它们均是"中国最受尊敬的企业"之一，在中国受到政府、媒体和公众的广泛关注，其行为的可见度较高。它们的企业网站建设比较健全，新闻报道的时间从2000～2004年底，长时间新闻报道的跟踪研究有利于避免偶然事件造成的研究误差。另外，本研究之所以采用内容分析的方法主要是基于以下考虑：在西方学术界，关于企业伦理、非市场行为等领域的研究主要有两种方法：一是问卷调查，然而这种方法的有效性和可靠性在很大程度上依赖于被访问者的主观意识，因而遭到部分学者的批评。二是内容分析法，该方法是对客观事实陈述进行剖析。Cowton 教授认为这种方法的使用可以克服问卷调查方法的局限性。

非市场策略的分类与经营合法性的界定。基于以前的研究成果以及预先研究。企业网站新闻报道中涉及的非市场策略主要包括公益策略、公关策略、参观策略、参与策略四种。企业经营合法性是一个抽象的概念，我们试图通过下列词语线索来判断企业经营合法性的提升。例如，企业获得政府合同、各种奖项、优惠政策条件、受到政府官员认可和支持以及战略伙伴的赞同、得到政府官员题词等。下页表3.8是将数据结构化的框架。为了保证内容分析的有效性和可靠性，在正式研究之前做了以下几项工作：（一）课题组成员对研究问题有正确、一致的理解。（二）在正式按照

---

① 本章的主要成果发表于《中国工业经济》2005年第9期。田志龙、贺远琼、高海涛：《中国企业非市场策略与行为研究——对海尔、中国宝洁、新希望的案例研究》，《中国工业经济》，2005年第9期。

构建的类别将数据结构化之前,两位数据分析者分别就相同的10条新闻报道进行了数据结构化然后将两者的结果进行对比分析,发现二者的分析结果95%是相同的,同时针对结果的差异之处进行了讨论,并最终达成一致的认识。(三)利用SPSS10.0统计软件对结构化的数据结果进行描述性统计分析以及交叉表格分析。

表3.8 数据结构化的框架

类别		子类别及其解释
市场策略		公益策略:指支持体育赛事、文化艺术事业、教育事业,进行慈善捐助等活动; 公关策略:指企业邀请政府官员、媒体、行业协会成员等外部利益相关者参加企业重要活动。例如开业典礼、周年庆典活动等; 参观策略:指企业的外部利益相关者到企业参观等活动; 参与策略:指企业参加由政府、媒体等组织的活动。例如行业标准的制定、政府工作会议等。
非市场活动中涉及的外部利益相关者		政府,包括中央政府和地方政府。涉及政府职能是否与企业经营有直接关系:有直接关系;无直接关系;行业协会;媒体;公益组织;专家学者;社区公众;顾客;战略合作伙伴。
非市场活动中涉及的事项	企业内部事项	企业战略与战术,例如,企业国际化战略、多元化战略、新产品推广等。 内部管理体制,例如,物流系统、财务系统、人力资源管理体制、运作管理系统等。 企业困难,例如,资金短缺困难等。
	企业外部事项	行业环境事项,包括竞争环境、消费环境和技术环境等。 政治事项,例如,政府工作事项。各种政治会议,例如,全国政协会议等。 总体经营环境,包括经济政策、政府管制等。
非市场活动中涉及的高管人员		总经理,或董事长。 副总经理。
市场活动		战略性市场活动,例如,制定战略规划、结成战略联盟等。 战术性市场活动,例如,新产品推广、市场调研等。

资料来源:课题组成员整理。

二、结果分析

（一）案例企业非市场策略使用情况

表3.9概括了海尔、宝洁和新希望在2000~2004年间政治关联策略的使用情况。

表3.9 海尔、宝洁和新希望的政治关联策略的使用情况

项目	公益策略					公关策略	参观策略	参与策略		小计
	体育	文化艺术	慈善捐助	教育	卫生			参与政府、媒体等组织的活动	参加行业标准的制定	
海尔	3	1	13	5	—	35	148	61	2	268
百分比（%）	1.1	0.4	4.9	1.9	—	13.1	55.2	22.8	0.7	100.0
宝洁	1	5	12	3	8	3	—	5	—	37
百分比（%）	2.7	13.5	32.4	8.1	21.6	8.1	—	13.5	—	100.0
新希望	—	1	6	—	—	3	16	28	—	54
百分比（%）	—	1.9	11.1	—	—	5.6	29.6	51.9	—	100.0

表3.9的结果说明，海尔共有268次非市场行为，其中使用比例最高的政治关联策略是参观策略，占55.2%；其次是参与策略，占23.5%；再次是公关策略，占13.1%。宝洁共有37次非市场行为，其中使用比例最高的政治关联策略是公益策略，占78.3%；其次是参与策略，占13.5%。新希望共有54次非市场活动，其中使用比例最高的政治关联策略是参与策略，占51.9%；其次是参观策略，占29.6%；再次是公益策略，占13%。

（二）非市场活动中涉及的主要外部利益相关者

米切尔认为利益相关者的属性之一是其合法性，合法性通常与权力是关联的，一般而言，有合法性的利益相关者一定是有权力的，有权力的利

益相关者一定是合法的。我们将三家案例企业非市场行为涉及到的主要外部利益相关者频数进行了描述性统计,并综合考虑不同利益相关者的不同合法性,构建了案例企业的社会关系网络图,见图3.10。

1. 海尔:"顶天立地"型

在海尔268次非市场行为中,其中76.8%涉及到政府和媒体(包括中国政府和外国政府),10.4%涉及到战略合作伙伴,8.2%涉及到社会公众,4.5%涉及到专家学者、大学等。从图13.1,我们可以看出海尔试图构建的是顶天立地型社会网络,即海尔非常关注上层的政府和媒体以及下层的战略伙伴与学者专家,而且对上层的关注更多一些。

2. 宝洁:"立体网络"型

在宝洁37次非市场行为中,其中73%涉及到社会公众,59.5%涉及到中国政府和媒体,18.9%涉及到公益组织和行业协会,10.8%涉及到业内专家,8.1%涉及到媒体,5.4%涉及到顾客。从图3.6,我们可以看出宝洁的非市场行为触及了各方面的利益相关者,并且这个立体网络的基础是社会公众,这使得整个网络的重心较低,增强了社会关系网络的"韧性"。

3. 新希望:"上层路线"型

在新希望54次非市场行为中,其中79.6%涉及到政府和媒体,18.5%涉及到公益组织和行业协会,1.9%涉及到战略合作伙伴。从图3.5,我们可以看出新希望在构建社会网络关系时走的是上层路线。同时新希望的非市场行为也有相当比例是涉及到行业协会(例如西部乳业协会、四川省乳业协会等)和公益组织(主要是中国光彩事业促进会①)。

4. 非市场活动中涉及到的政府层次及职能

在三个案例企业的非市场行为中,涉及到政府的行为次数几乎都是最高的,这充分表明了政府对于企业的影响作用之大。下面我们进一步就涉

---

① 中国光彩事业是中国民营企业家响应《国家八七扶贫攻坚计划》所发起并实施的一项扶危济困的事业,参与主体是广大非公有经济人士和民营企业家。1994年4月23日,刘永好等10名民营企业家联名倡议《让我们投身到扶贫的光彩事业中来》,光彩事业由此而发起。

及到的政府层次及职能进行剖析。表 3.11 是案例企业非市场行为涉及的政府层次和职能。

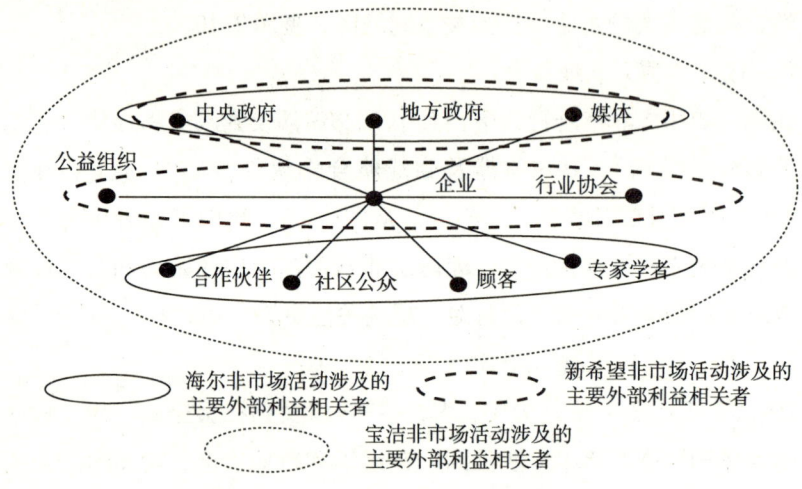

图 3.10　海尔、宝洁、新希望的社会网络图①

表 3.11　海尔、宝洁、新希望非市场活动中涉及的政府层次和职能

项目	政府层次			政府职能		
	中央政府	地方政府		与企业经营无直接关系	与企业经营有直接关系	
海尔	110	60		140	30	
百分比（%）	64.7	35.3	递增	82.4	17.6	递增
宝洁	10	9		15	4	
百分比（%）	52.6	47.4		78.9	21.1	
新希望	16	22		25	11	
百分比（%）	42.1	57.9		69.4	30.6	

说明：在表中关于地方政府的统计中，我们只列出了单独去企业参观访问的地方政府职能部门或领导。一般情况下，中央政府部门或领导去企业参观，地方政府部门或领导会陪同，我们没有单独统计这种情况的地方政府部门或领导参观次数。

---

① 各个外部利益相关者之间有关系连线，为了使图形表示更清晰，省略了它们之间的关系连线。

表 3.11 数据说明，海尔的非市场活动涉及到中央政府的比例相对更高，宝洁涉及到中央政府和地方政府的比例相近，而新希望涉及到的地方政府比例相对更高。海尔是国有大型企业，受到政府的高度重视。特别是在国内，没有多少像海尔这样业绩良好的国有企业，因此它责无旁贷地成为中央政府官员展示"业绩"的典型。另外，海尔涉及到的地方政府不仅包括企业所在地的山东省青岛市，还包括武汉、江西、安徽、合肥、贵州等国内几大海尔生产基地的地方政府。宝洁的非市场活动涉及到的地方政府主要是广州市政府（企业所在地），其次是西部地区城市的政府。新希望非市场活动涉及的地方政府主要是四川省政府以及各分公司所在地的政府（例如呼和浩特市政府、杭州市政府等）。

另外，从政府职能这个角度来看，这三个企业涉及到的政府职能大多数与企业的经营没有直接关系。然而相比之下，新希望涉及到与经营有直接关系的政府部门比例更大，例如四川省畜牧食品局、呼和浩特规划局、房管局、消防局、国土局等。

由于海尔非市场行为涉及的政府部门面比较广，为了进一步说明政府与企业之间的"千丝万缕"的关系，我们将海尔非市场活动涉及到的政府部门列在表 3.12 中。

表 3.12 海尔非市场活动中涉及到的政府层次及部门

政府层次	政府职能部门或领导人
中央政府	国家经贸委、中国证监会上市部、对外经济贸易部、国家计委、信息产业部、科技部、国家发改委、财政部、外交部、全国最高法院、审计署、教育部；海关总署、国家质量监督检验检疫总局、国家广电总局、中联部、中纪委、中宣部、中组部、团中央；全国质量管理评审小组、"走出去"开放战略社会调研组、国务院发展研究中心、中国人民解放军总政治部、中科院、国家轻工联合会
地方政府	青岛市委宣传部、青岛市经委、青岛市计委、青岛市科委、青岛市国税局、青岛市团委、青岛市委组织部、青岛市卫生局、省人大常委会国有企业改革与发展情况视察组、山东省科技厅、山东省外经贸厅

领导人	国家主席（副主席）：胡锦涛、曾庆红；总理（副总理）：李鹏、温家宝、吴邦国；中共中央政治局常委宋平、李长春；全国政协主席（副主席）：李瑞环、贾庆林、任建新、万国权、王兆国、经叔平、陈奎元、钱伟长；国务委员司马义艾买提；全国人大副委员长成思危、铁木尔达瓦买提；青岛市市长、青岛市副市长、青岛市委书记或副书记；天津市委副书记、天津市市长；贵州省副省长、遵义市委书记、遵义市市长；安徽省副省长、合肥市委书记、合肥市市长；武汉市政协副主席、武汉市市长；江苏省委书记；辽宁省省长；山东省省长、山东省委书记

国务院有 28 个部门，其中来海尔参观的有 11 个，占 39.3%。国务院直属机构有 18 个，其中来海尔参观的有 4 个，占 22.2%。另外，中联部、中纪委、中宣部、中组部、团中央等中共中央党委部门也经常到海尔去参观访问。这些政府部门不仅包括与企业经营有着直接联系的部门例如国家经贸委、中国证监会上市部、国家计委、财政部、审计署等，还包括那些与企业经营工作没有直接联系的部门，例如中组部、团中央等。这充分说明了中国的政府部门与企业有着千丝万缕的联系。

（三）企业非市场活动中涉及的事项

三家企业非市场活动中涉及的内外部事项如表 3.13 所示。

表 3.13　海尔、宝洁和新希望在非市场活动中涉及的内外部事项

项目	企业内部事项			公关策略	参观策略	参与策略		小计
	企业战略与战术	内部管理	企业困难			参与政府、媒体等组织的活动	参加行业标准的制定	
海尔	75	38	—	113	5	21	3	29
百分比（%）	66.4	33.6	—	100.0	17.2	72.4	10.3	100.0
宝洁	16	—	—	16	14	7	—	21
百分比（%）	100.0	—	—	100.0	66.7	33.3	—	100.0
新希望	13	—	4	17	3	8	8	19
百分比（%）	76.5	—	23.5	100.0	15.8	42.1	42.1	100.0

表 3.13 的结果说明三家企业的非市场活动与企业事项有着密切的联系。总体来看，海尔更侧重于企业内部事项，宝洁更侧重于外部环境事项，而新希望对内、外部事项给予了相同程度的关注。具体来说，海尔 66.4% 的非市场活动都是与战略层次事项相关的，即宣传其国际化战略及在国际化方面取得的成绩以及鼓励创新的企业文化。另外 33.6% 的非市场活动与职能层次事项有关，介绍内部职能运作方面的做法，例如"大 S"脚印、一流三网的物流模式等。宝洁的非市场活动都是与其战略和营销活动有直接关系的，例如在 16 次与内部事项有关的非市场活动中，其中 5 次与宝洁新产品上市有关，另外 11 次与宝洁产品促销宣传有关。新希望 76.5% 的非市场活动也与其战略战术活动有关，例如房地产项目的开工、项目进展、宣传企业发展战略等。特别值得注意的是 23.5% 的非市场行为是在向政府反映企业的困难，希望政府有关部门能帮助企业解决问题。例如，2004 年 11 月，呼和浩特市委书记韩志然、副书记王振义、副市长吕慧生等领导率领规划、房管、消防等职能部门负责人视察了新希望家园项目的施工情况，他们对在视察过程中了解到的困难和问题做出了指示，将由政府牵头、各职能部门配合全力支持并帮助新希望解决。

从涉及到的企业外部事项来看，我们可以发现：1. 中资企业（包括海尔和新希望）对政治形势是非常敏感的。这两家企业的主要领导人都是全国和地方政府的政协代表或人大代表，因此要参加党和政府召开的各种会议，也会有更多的渠道了解政治形势及其变化。另外，作为民营企业的新希望，从本质上与政府的联系并不具有海尔的优势，但它总是在积极地创造这种关系，例如成立工会和党支部。2. 新希望 36.8% 的非市场活动都是在为其营造一个良好的总体经营环境。例如 2004 年 8 月，正在四川考察的温家宝总理在成都与新希望集团、攀钢集团、长虹集团等五家四川省大型企业的负责人举行了座谈，就宏观调控和企业的发展问题进行了深入探讨。新希望集团董事长刘永好在向总理详细介绍了新希望集团的基本情况之后，提出了三个建议：建议国务院制订关于推动和支持非公有制经济健康发展的指导性文件；在制定新的产业政策时多征求民营企业家和工商联及行业商会的意见；建议银行适当增加对中小企业短期流动资金贷款。

3. 宝洁最关心是消费环境，与改善消费环境相关的非市场行为占42.9%，他们一般是通过与政府或者业内专家一起共同举办卫生知识的宣传活动，提高消费者的健康意识，帮助消费者树立正确、科学的健康观念，从而有利于宝洁业务的发展。

（四）企业高管在非市场活动中的参与情况

在这里，高管是指企业的高层管理人员，包括总经理、董事长和副总经理。统计结果表明，在海尔268次非市场活动中，总经理或董事长参加的有163次，占60.8%，副总经理参加的有53次，占19.8%。在宝洁37次非市场活动中，总经理或董事长参加的有8次，占21.6%，副总经理参加的有3次，占8.1%，特别值得一提的是，宝洁品牌经理参加的非市场活动有26次，占70.3%，这与宝洁公司品牌事业部的管理体制有显著的关系。在新希望54次非市场行为中，总经理或董事长参加的有32次，占59.3%，副总经理参加的有1次，占1.9%，分公司经理参加的有14次，占25.9%，办公室主任参加的有3次，占5.5%。因为在新希望集团的相关新闻报道中（特别是与参观策略相关的非市场行为中），大多数涉及到新希望集团的子公司，例如华融化工、杭州新希望双峰乳业、新希望农业股份公司等，所以分公司经理参加非市场活动的比例较高。

我们将海尔、宝洁和新希望三家企业高管与政治关联策略进行交叉表格分析，试图说明企业家是如何参与非市场活动的，见表3.14。

表3.14 企业高管与政治关联策略的交叉表格分析

	项目	公益策略	公关策略	参观策略	参与策略	小计
海尔	总经理	1	24	91	47	163
	百分比（%）	0.6	14.7	55.8	28.8	100.0
	副总经理	8	25	8	12	53
	百分比（%）	15.1	47.1	15.1	22.6	53
宝洁	总经理	8	-	-	-	8
	百分比（%）	100.0	-	-	-	100.0
	副总经理	2	1	-	-	3
	百分比（%）	66.7	33.3	-	-	100.0

新希望	总经理	1	–	7	24	32
	百分比（%）	3.1	–	21.9	75.0	100.0
	副总经理	–	–	–	1	1
	百分比（%）	–	–	–	100.0	100.0

表 3.14 的结果说明，海尔的总经理采取最多的是参观策略，占 55.8%；其次是参与策略，占 28.8%。海尔的副总经理采取最多的是公关策略，占 47.1%；其次是参与策略，占 22.6%。宝洁的总经理和副总经理采取最多的均是公益策略，包括参与慈善捐助、支持文化艺术等公益活动。新希望的总经理采取最多的是参与策略，占 75%，其次是参观策略，占 21.9%。

为了进一步剖析总经理与副总经理在职责上的侧重点，我们将三个企业总经理和副总经理在市场行为与非市场活动的投入情况进行了对比，见表 3.15。

表 3.15 企业总经理和副总经理投入市场活动与非市场活动的对比表

| 项目 | 总经理 | | | 副总经理 | | |
| | 市场行为 | | 非市场行为 | 市场行为 | | 非市场行为 |
	战略性市场行为	战术性市场行为		战略性市场行为	战术性市场行为	
海尔	75	–	163	45	67	53
百分比（%）	31.5	–	68.5	27.3	40.6	32.1
宝洁	6	–	8	–	4	3
百分比（%）	42.9	–	57.1	–	57.1	42.9
新希望	10	–	32	4	16	1
百分比（%）	23.8	–	76.2	19.5	76.2	4.8

说明：表中统计的副总经理的活动次数是指其单独参加的非市场行为。一般情况下，总经理或董事长参加的非市场行为，副总经理会陪同，这种情况没有单独统计在副总经理参加的活动次数中。

表 3.15 的统计结果反映了这三个企业高管精力分布情况的异同。相似

之处表现在以下三个方面：1. 总经理将大部分精力投入在非市场活动中；2. 除非市场活动之外，总经理主要关注的是战略性市场活动，他们几乎不参加战术性的市场活动。3. 副总经理也参加了部分非市场活动。

不同之处表现在以下两个方面：1. 总经理精力投入在非市场行为与战略性市场行为之间的比例不同，在非市场行为中投入最大的是新希望总经理，其次是海尔总经理，最后是宝洁总经理；2. 副总经理承担的职责略有差异。海尔副总经理在战略性市场行为、战术性市场行为和非市场行为的投入比例大约为3：4：3，而宝洁副总经理的投入比例大约为0：6：4，新希望副总经理的投入比例大约为2：7.6：0.4。从这个数据差异中，我们可以大致推断出，三家企业中总经理与副总经理的职能分工。新希望总经理与副总经理的分工比较清晰，可以说总经理是外向型，主要负责为企业营造一个良好的外部环境，而副总经理是内向型，工作重点是企业内部经营运作。这种分工特点恰恰与新希望的民营企业的身份有关。

三、案例研究结论与讨论

上述研究结果表明，三个案例企业在政治关联策略的使用方面是不同的。首先，海尔使用比例最高的是参观策略，而宝洁使用比例最高的是公益策略，新希望使用比例最高的是参与策略和参观策略。这可能与企业的性质及形象有关。海尔是国有企业，而且是中国各级政府树立的典型，政府官员到海尔参观访问比较多自然不足为奇。宝洁是外资企业，外资企业直接地、大规模地使用公关、参观和参与策略显然是不合适的，而公益策略则是唯一且合适的选择。而新希望是民营企业，而且由于刘永好总裁的特殊政治地位（全国政协常委、工商联副主席），其政治参与行为就相对比较突出。

从横向角度比较，我们发现海尔和新希望在参观策略和参与策略方面存在差异。海尔的参与策略使用频率也非常高。海尔和新希望参与的活动大体相同，包括政府工作经济会议、政府和媒体举办的企业论坛、全国人大会议、地方人大会议、全国政协会议、地方政协会议等。但是我们发现海尔参与了直接营造有利竞争环境的活动，即参加了行业标准的制定工作。相比而言，作为民营企业，新希望目前还没有这样的权力，这是一种天然的"劣势"。在参观策略方面，海尔在该策略中涉及到的外部利益相关者范围更广泛。

研究结果表明，中资企业比外资企业对政治更敏感。在开展非市场活动时，新希望的合作对象包括政府、行业协会、公益组织等，宝洁和海尔则选择了政府。

统计结果表明企业高管在非市场行为中的参与度非常高，他们频繁出席各种由政府、媒体举办的活动、接待来企业参观的外部利益相关者，这些非市场活动大约占据了他们总时间的60%。然而不同性质的企业之间表现出了一定的差异。

首先是中资企业与外资企业的差异。与外资企业相比，中资企业在与外部利益相关者打交道时对企业家的依赖程度更大。这与中资企业家的多重身份是有紧密联系的。例如，刘永好先生除了是新希望集团董事长之外，还是中国政协常委、全国工商联副主席、中国民生银行副董事长、中国饲料工业协会副会长等。杨绵绵女士除了是海尔集团的CEO，还是全国人大代表、中国女企业家协会副会长、中国质量管理协会副会长、中国工业设计协会副理事长。然而宝洁中国现任CEO罗宏斐先生主要身份就是企业领导人。外资企业的企业家在利用个人社会网络资本的同时更多地借助了企业这个平台（包括职能部门、员工等）来积累社会资本。从某种程度上说，刘永好比他的"新希望"有名，然而更多的人记住了宝洁，可是未必知道宝洁现任总裁是谁。

其次是国有企业和民营企业的差异。谭（Tan）通过研究发现在中国转型经济条件下，在认识和驾驭管制环境方面，私企创业者比国企管理者表现出了更强烈的意愿和倾向。研究结果表明新希望刘永好先生大约有76.2%的时间投入在非市场活动中，而且主要是通过参加各种政府、媒体等组织的活动（例如全国政协会议、企业家论坛等）呼吁社会各界为民营企业营造公平竞争环境而共同努力。刘永好先生在此方面承担了主要的责任和义务，其副总主要承担了内部管理的重要职责。而在海尔，尽管张瑞敏先生和杨绵绵女士将大约68.5%的时间投入在非市场活动中，但是企业董事局的另外3位高层领导以及1位党委副书记也频繁出现在非市场活动中，可以说他们6位高层领导人都积极参与了非市场活动，只是分工不同。例如对于公益性非市场活动，往往是副总参加等。民营企业家在非市场活动中的投入与其创业动机有密切的联系。一般来说，企业家的创业动机大致分为两类：（一）机会拉动型（opportunity-pull entrepreneurship）。企业家创业行为的动机出于个人抓住现有机会的强烈愿望。（二）贫穷推动型（necessity-push entrepreneurship）。企业家创业行为的动机出于别无其他更好的选择，即不得不参与创业活动来解决其所面临的困难。新希望是刘氏四兄弟在20世纪80年代初期全国改革开放全面兴起的时候创立起来的。当时刘永好先生是四川省机械厅干部学校的讲师，受到改革开放政策的感召，他和几位兄长一起辞职到川西农村创业，可以说，他们的创业动机属于机会拉动型。因此，刘永好积极参与非市场活动，并表现出对外部环境的强烈认知欲望。

第四章　中国企业非市场战略形成机制研究

中国企业有大量的非市场行为，但学术界对企业如何建立非市场战略却所知甚少，理解企业如何制定非市场战略成为一种迫切的需要。尽管西方学者在这个领域有大量的理论和实证研究，但对于哪些因素促使企业进行政治活动，学术界并没有达成共识。有学者认为，企业之所以参与政治是受到外部因素的影响，这些因素有任务环境中政策的显著性、政治环境、经济环境和行业竞争[1][2]。而另一方面，在管理文献中关于决策制定的大多数研究关注的是个体经理的认知过程。中国企业有大量的政治行为，但国内的学术界对企业政治行为的研究还处于刚起步的阶段，尚没有对企业非市场战略形成的影响因素的探讨。我们提出了一个企业非市场战略制定的模型，以解释中国大量存在的企业政治行为[3]。

---

[1] Grier, Kevin B., Michael C. Munger, and Brian E. Roberts, "The Industrial Organization of Corporate Political Participation", *Southern Economic Journal*, Vol. 57, 1991, pp. 727–738.; Grier, B., Munger, C., & Roberts, C, "The Determinations of Industry Political Activity 1978–1986", *The American Political Science Review*, Vol. 88, No. 4, 1994, pp. 911–926.

[2] Hansen, Wendy L, "The International Trade Commission and the Politics of Protectionism", *American Political Science Review*, Vol. 84, 1990, pp. 21–46.

[3] 本章的研究成果发表于《管理评论》2009 年第 6 期。

第一节　环境对企业参与政治的影响

有三种主要的理论关注企业和环境之间的关系，涉及到企业非市场战略的制定。它们分别是：公共选择理论、战略管理理论和缓冲理论。这三种理论都认为环境因素对于理解企业的政治行为是非常关键的，但是它们对于解释企业的政治行为都存在一定的缺陷。

公共选择理论认为存在一个政治市场，政治过程就是政府官员和私人参与者之间的一种交换。与经济市场相类似，政治市场是由公共政策供给和需求两方面组成的。公共政策的需求者是企业等组织和个人，供给者是政府官员。企业进入政治市场是企图从政府政策中获得潜在收益，或者避免政府政策带来的损失。作为公共政策提供者的政府官员并不是大公无私的，而是追求个人利益的"经济人"，他们通过提供大量有偿的服务来满足企业等组织的要求。由于公共政策具有公共物品的属性，因此存在"搭便车"的问题。公共选择理论考察了外部环境和企业的政治活动之间的直接联系，但是它假定市场力量迫使企业理性地选择非市场战略，忽视了企业的成本和偏见。

战略管理理论认为，政府对企业竞争地位的影响是决定企业盈利能力的一个重要的决定因素。政府的行为可以通过直接购买或补贴改变市场的大小，可以改变进入和退出障碍改变市场结构，可以通过管制或者补贴改变行业的成本结构。企业可以通过参与政治活动来改变这些市场条件，从而获得相对于竞争对手、进入者、替代产品、买者和供应商的竞争优势。此外，立法经常对竞争企业产生不对称的影响，能够对立法和管制施加影响的企业也可以获得相对于竞争对手的优势。战略管理理论把政治活动作为对市场战略的一种补充或者替代纳入到企业的竞争战略之中，但是也没有详细阐述政治决策制定过程。

缓冲理论把政治参与看做是企业对环境影响的缓冲。企业的核心是把稀缺资源转化成产品的技术。在很大程度上，企业的经营重复着相同的活动,因此降低环境的不确定性是很重要的。企业需要对环境保持开放,以获得投入和输出产出,同时也需要对环境保持封闭,以维持它的技术核心不受影响。企业参与政治目的是隔离外部敌对环境的影响,或者阻止外部环境对企业的不利影响。缓冲理论假定企业对环境的适应是理性的,忽视了企业自身的影响。

总之,这三种理论都认为环境条件对企业政治决策制定过程很重要,但它们都没有考虑企业的高管人员的政治倾向、结构、资源、规模和实践是如何影响企业非市场战略的制定和形成。然而根据企业的行为理论,这些内部特征在政治决策过程中影响着企业如何对市场的和非市场的信号做出反应,它们可以促使企业做出和基于环境决定论完全不同的政治决策。

第二节 中国企业非市场战略形成的模型

包迪文和布鲁尔提出了一个关于企业政治行为的模型。他们的模型认为企业的政治行为受到与效率、市场权力和合法性相联系的战略目标的影响,同时也受到非市场环境的、行业的和企业的调节因素的影响。企业的政治行为也会影响这些调节因素以及企业的战略目标。舒乐和瑞彬拓展了包迪文和布鲁尔的工作,他们把包迪文和布鲁尔的模型中的调节因素分离了出来,强调企业的特征在"过滤"非市场环境、宏观经济环境和行业环境信息中的重要角色。我们对舒乐和瑞彬的模型根据中国的环境进行了进一步的拓展,突出强调了政治环境(包括政府的政策和行为)的重大影响以及企业自身特征对外部环境影响的"过滤"作用。我们的思路与包迪文和布鲁尔是一致的,即认为企业的结构、惯例、资源和高管人员的政治倾向等企业内部因素将决定企业如何对外部的市场和非市场的信号做出反应,这些因素强烈地影响企业制定和实施战略的能力和意愿。

我们的模型对以前研究的扩展主要表现在以下几个方面:首先,与舒乐和瑞彬把重要的政治事项从政治环境中独立出来不同,我们认为政治事项是政治环境的一部分。政治环境对于宏观经济环境和微观经济环境具有重要的影响。这是因为与西方国家的市场不同，中国的市场是由政府主导的①。其次，外部环境对企业的政治决策有着至关重要的影响，这些外部环境包括政治环境、宏观经济环境、行业和竞争环境（微观竞争环境）。最后，我们考察了作为对这些环境影响起"过滤"作用的企业因素。根据企业行为理论，我们考察了五个主要的影响企业识别和处理外部因素的意愿和能力的因素：一是高管的政治倾向，二是企业的组织结构，三是企业的政治经历，四是企业的资源，五是企业的规模。见图4.1。

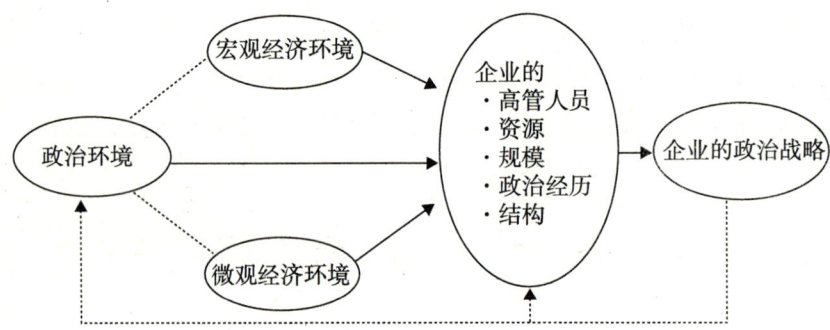

来源：在舒乐和瑞彬的基础上根据中国的国情修正而来。

图 4.1 中国企业非市场战略形成的分析模型

一、外部环境和企业的政治参与

学者们一致认为，外部因素影响企业参与政治的成本和收益②③。然而

---

① 张维迎：《企业寻求政府支持的收益、成本分析》，载《新西部》，2001年第8期，第55—56页。

② Boddewyn, Jean J., and Thomas L. Brewer. "International-Business Political Behavior: New Theoretical Directions." *Academy of Management Review*, Vol. 19, 1994, pp. 119 – 143.

③ Grier, Kevin B., Michael C. Munger, and Brian E. Roberts, "The Industrial Organization of Corporate Political Participation", *Southern Economic Journal*, Vol. 57, 1991, pp. 727 – 738.；Grier, B., Munger, C., & Roberts, C, "The Determinations of Industry Political Activity 1978 – 1986", *The American Political Science Review*, Vol. 88, No. 4, 1994, pp. 911 – 926.

对于什么是企业的外部环境，学术界的分歧比较大。综合现有的研究，我们对外部环境的界定比较宽泛，主要包括：

(一) 政治环境

政治环境可以决定参与政治是否对某一特定的企业有利。政治环境也被界定诸如事项生命周期①、利益集团、预期的政治竞争、机构的所在地（比如，议会、代理处、法院等），接近关键的政治参与者和创造政治资本、利益相关者等。

如果企业的利益和政府官员建立政绩的目标是一致的，企业更可能以适中的成本获得成功。例如，行业或者产品的地理所在地的员工可能影响政治环境，因为员工从企业获得切实的利益，可能愿意投票给那些支持行业的政治家。行业的工会化程度也影响政治环境。一些经验研究关注工会作为企业政治上的竞争者的角色。例如，马斯特斯和贝辛格发现，在高度管制的行业中，企业更可能成立政治行动委员会。和没有加入工会的企业相比，有高度工会组织的企业更可能有公司政治行动委员会或者华盛顿办公室，或者在公司政治行动委员会（CAP）上更集中，或者给予更多的公司政治行动委员会捐款。

由于中国正处于经济转型时期，政府不仅通过政策和法规影响企业，还大量地在微观上干预企业。这主要表现在以下几个方面：第一，各级政府为了完成经济指标，取得好的政绩，纷纷致力于培育地方企业，为地方企业提供各种政策优惠、设置区域市场进入障碍限制竞争。第二，政府控制着大量的稀缺资源，如基础社会项目、生产性项目等直接的政府投资，以及政府贷款、转移支付以及政府向国外投资的本国一些私营企业入股等等。第三，受法律法规和制度规章相对滞后的影响，政府官员的行为很不规范。政府官员的不受约束的权力使中国企业尤其是一些中小企业面临很大的不确定性。第四，中国民营企业的参政与政治环境的变化密切相关。

---

① Getz, Kathken A, "Selecting Corporate Political Tactics", in Barry M. Mitnick (ed.), *Corporate Political Agency: The Construction of Competition in Public Affairs*, Newbury Park, CA: Sage, 1993, pp. 242–273.

按照传统的马克思主义意识形态，民营企业家属于"剥削阶级"，民营企业的发展会导致两极分化。因此，民营经济在中国长期受到排挤和压制。党的十六大召开以来，随着政治环境的日益开明，民营企业的政治意识开始觉醒，他们积极地参与政治，争取自身的政治权利。

（二）宏观经济环境

政治学、经济学和管理学方面的文献都意识到外部的经济环境对企业的政治参与具有深刻的影响。宏观经济因素，如 GDP、汇率和利率影响企业的利润，这些因素也影响企业政治活动的成功。企业的经理们也试图根据这些经济因素调整它们的竞争战略和非市场战略，以提高企业的利润率。在贸易政治领域，有很多的研究考察了宏观因素和公司政治活动之间的层次关系。戴斯特勒（Destler）等发现，当美元利率上升，利益集团反对贸易限制立法是最活跃的。当通货膨胀上升时，反对贸易限制立法最不活跃。汉森发现，当美国的贸易赤字比较高的时候，政治的管制者比较愿意给予行业优惠的贸易政策。

在中国，宏观调控对企业经营活动的影响更是深刻。政府的每一轮宏观调控都会对企业的投资活动产生巨大的影响，从而迫使企业采取政治行为应对宏观调控所带来的冲击。例如，在房地产行业，从 121 号文件到 18 号文件的出台就是房地产企业为了应对宏观经济环境的紧缩而游说的结果。

（三）微观经济环境

一个行业的结构特征（比如市场集中度和规模）会影响行业内企业的集体行动，并且影响单个企业参与政治的决策。集体行动问题的出现是因为影响企业的立法和管制具有公共物品的特征。影响立法和管制的成本很高，但收益却是分散的。由于一个企业不能把其他企业从政治行为所得到的好处排除在外，因此缺乏承担政治行为成本的激励。这种政治上有意的不作为被称作"搭便车"战略。行业的规模阻碍了企业间为了公共物品进行组织的可能性。这是因为，第一，在有很多企业规模相当的行业中，单个企业不大可能愿意采取行动争取公共物品，因为该企业只能享受公共物品的一部分，而必须承担所有的成本。因此，这些企业将保持沉默。第二，由于传播消息和协调企业之间的行为具有很高的成本，随着行业中企业数目的增加，组织的成本也随之增加。因此，与比较分散的行业相比，相对比较集中的行业具有采取政治行动的优势。因为在这些行业中主导企业对它们的政治投资能够获得比较高的份额，他们更愿意协调和监控小的成员企业的政治行为。

二、企业的"过滤"角色

企业行为理论认为，组织之所以存在，部分原因是个人的能力是有限的。因此，管理人员建立计划、惯例和结构来支持决策制定。这些因素深刻地影响企业如何解释外部的信息，以及如何对这些信息做出反应。惯例和资源构成了企业决策的前提。因此，按照企业行为理论，企业的结构、规模、惯例和高管人员的政治偏好等因素会在企业的政治决策过程中对外部的信息做出解释和反应。不同企业之间以及同一企业在不同时期政治参与程度的不同都可以根据这些企业层次的"过滤"因素得到解释。

企业自身因素的"过滤"作用对政治决策制定的影响是通过两个方面来实现的：参与政治的意愿和参与政治的能力。显然，一个企业既需要意愿也需要能力才能参与政治[1]。意愿被界定为影响一个企业对参与政治的收益估计的组织特征。某些企业特征可以影响企业对参与政治收益的计算，从而促使或降低企业对政治的参与。能力被界定为影响企业参与政治的成本估计的组织特征。某些与企业的政治能力有关的组织因素将促进或者降低这种估计。对意愿和能力的考虑使我们能够预测企业的结构、资源、规模、政治经历和高管人员的政治倾向这些组织特征是如何影响企业对进行政治行为预期的成本和收益的计算的。

（一）高管人员的政治倾向

从行为的视角来看，企业高管人员尤其是企业家的政治倾向是公司政

---

[1] Schuler, D. A. and Rehbein, K, "The Filtering Role of the Firm in Corporate Political Involvement", *Business and Society*, No. 36, 1997, pp. 116–139.

治行为的先决条件之一。Blumentritt 发现,"管理的导向可能要比所拥有的资源的讨价还价能力更重要"。类似地,库克和百瑞对小企业的政治行为的研究支持了对公司政治行为管理的解释。他们总结道,"我们被主观的、认知的因素在政治过程中所起的巨大作用所震惊"。沿着这个思路,布瑞斯 2001 年调查了企业的捐款模式和高级经理的政治倾向是否匹配。运用 1980 年的选举数据,她发现公司的政治行动委员会对共和党和民主党都捐款,而高级经理们的个人捐款更多地给予了共和党。她的结论是,当经理们受股东的信托责任引导时,他们作为个人要比作为公司的参与者更愿意试图改变议会的构成。

对于中国民营企业来说,大多数的企业还处于发展的初级阶段,企业的政治决策更多取决于私营企业主的政治偏好。第七次全国私营企业抽样调查数据显示,"私营企业主 1/3 是原党员干部"。党政干部出身的私营企业主对政治会更感兴趣,更可能制定非市场战略来影响企业的外部环境。因此,

命题 1:高管人员的政治倾向影响企业的政治参与意愿。当高管人员对政治的态度比较友好,这种意愿会增强。当高管人员厌恶政治时,这种意愿会降低。

命题 2:高管人员的政治倾向影响企业参与政治的能力。当高管人员对政治比较友好时,这种能力会得到增强,当高管人员厌恶政治时,这种能力会降低。

(二) 企业的组织结构

企业的结构影响决策的前提,并且使企业经理的行为惯例化,从而影响到企业非市场战略的形成。企业的结构代表了决策制定的层级,它影响企业如何识别和响应外部的环境信息。因为企业的不同部门和不同的层次感受到的信息不同,他们总是试图反映对他们有利的信息,从而引入了决策过程的偏见。企业处理政治事项的结构和程序可能相对不易改变,因而存在得比较长久。比如,某些部门的设置、处理法律和政治事务的员工、报告的结构,以及交流的渠道等。

在企业的外部事项管理中，很多的学者考察了组织的结构①。外部事项管理的维度包括正式化、预算资金的分配、整合到战略规划或者直线职能中②。外部事项战略一般存在于诸如政府事务、事项管理、法律事务、公共关系中。许多企业都建立正式的组织结构来管理政治战略③。这些正式的组织结构普遍具有专业的员工，他们影响企业的外部事务。例如，国内外许多大企业都具有专门的公共事项专家，他们从事信息收集、政治关系、事项管理和政治行为这样的活动。这种企业内部的正式安排表明企业对外部环境的密切关注。

正式的组织结构能够影响企业的政治行为。例如，具有公共事项单元的企业要比没有这些单元的企业对政治更敏感。戴斯特勒（Destler）等在对美国贸易政策的研究中，观察到尽管美国和出口国与贸易有关的政治争端在下降，华盛顿游说办公室的政治活动却在增加。因此，

命题3：具有正式的外部事务结构会对企业参与政治的意愿产生积极的影响。

企业外部事项功能的正式化会涉及对资源的分配。这种资源的预算使企业能够雇用公共事务专家，因而普遍促进企业管理外部事项功能的能力。美国的许多企业增加他们外部事项功能的规模和范围，有时候在华盛

---

① Greening, D. W and Gray, B, "Testing a Model of Organizational Response to Social and Political Issues", *Academy of Management Journal*, Vol. 37, No. 3, 1994, pp. 467 – 498.; Meznar, M., & Nigh, D, "Buffer or Bridge? Environmental and Organizational Determinants of Public Affairs Activities in American Firms", *Academy of Management Journal*, No. 38, 1995, pp. 975 – 996.

② Greening, D. W and Gray, B, "Testing a Model of Organizational Response to Social and Political Issues", *Academy of Management Journal*, Vol. 37, No. 3, 1994, pp. 467 – 498.

③ Post, "James E. "The State of Corporate Public Affairs in the United States: Results of a National Survey", In James E. Post (ed.), *Research in Corporate Social Performance and Policy*, Vol. 14, Greenwich, CT: JAI, 1993, pp. 79 – 89.

顿和州的省会建立办公室①。中国也有不少大企业在首都北京和各个省会城市设有办事处。设有这种办事处的企业明显要比没有设办事处的企业对非市场战略更敏感。因此,

命题4：具有正式的外部事务结构会对企业参与政治的能力产生积极的影响。

（三）企业的资源

企业的资源也影响企业的行为。组织的宽松资源（Organizational slack）这个概念被用来表示企业实际或潜在资源的一个缓冲，它使企业能够有效地适应内部要求调整的压力以及外部要求战略变革的压力。对于组织的宽松资源和企业政治行为的关系，有两种观点。第一种观点认为，具有较高层次宽松的企业会积极地参与政治行为，因为他们能够支付得起。另一种观点是具有比较低层次宽松的企业在政治上比较活跃，因为政治途径是改善他们财务不良的唯一方法。McKeown提出组织的宽松资源和企业的政治行为之间是一种U形的关系，当宽松的层次比较高或比较低的时候，企业可能进行高层次的政治行为；当宽松的层次适中的时候，企业参与政治的层次比较低。因此,

命题5：具有比较高的或者比较低的宽松资源对企业参与政治的意愿具有积极的影响，而具有适中的宽松资源对企业参与政治的意愿不会产生显著的影响。

在公司非市场战略领域，莱文（Lenway）和瑞彬通过实证研究证实了某些政治战略具有"很高的成本"，企业需要宽松的资源来进行非市场战略这个观点。企业需要充足的资源来成功地制定和实施政治活动。按照这样的逻辑，企业必须具有一定层次的资源才能参与政治。

命题6：具有较高程度的宽松资源对企业参与政治的能力产生积极的影响。

---

① Post, "James E. "The State of Corporate Public Affairs in the United States: Results of a National Survey", In James E. Post (ed.), *Research in Corporate Social Performance and Policy*, Vol. 14, Greenwich, CT: JAI, 1993, pp. 79 – 89.

(四) 政治经历

过去的经历可能影响企业决策的选择集合。一个企业或者个人对一项活动重复的次数越多，该项活动就越可能变得根深蒂固。企业从过去学习适应未知的环境。同样，管理作为决策的规则，同时也是企业能力的知识库，被证明为有用的惯例得到保存，没有用的惯例则被抛弃。

一些经验研究考察了过去的经验对当前的政治参与的影响。马斯特斯和贝辛格在建立公司政治资金筹集模型的时候，发现以前的公司政治行动委员会的历史和公司政治行动委员会收到的捐款是正相关的。

命题7：政治经历影响企业参与政治的意愿，当结果是有利的，这种意愿将会增加，当结果是不好时，这种意愿将会降低。

命题8：政治经历将对企业参与政治的能力产生积极的影响。

(五) 企业的规模

规模代表着政治和经济影响力，规模对企业参与政治的能力提供了某种指示[1]。规模增加了企业相对于环境的权力，因为大企业由于和其他的许多的组织都相互依赖，比如员工和投资者，他们由于能够满足社会的需求，从而能获得长久的支持。大企业的规模和它与其他社会组织的联系使撤回对它合法性的认可的成本很高，因此它能够抵制来自一般环境的压力。小企业难以抵制外部环境的压力，更容易被迫改变他们的行为。在西方国家，企业筹集和支出公司政治行动委员会的金钱是为了获得接近或者影响法律制定者，或者影响选举的结果。企业捐献足够多的金钱影响政治家的能力在很大程度上依赖于企业的规模。大企业拥有更多的员工，从而能够筹集到更多的金钱。对于中国企业而言，大企业影响着当地的税收、就业、消费等诸多方面，对一个地区的经济发展发挥着非常重要的影响，与小企业相比，这些大企业具有更大的和政府讨价还价的权力。

企业的规模和企业的政治行为直接相关的另一个原因在于，组织政治

---

[1] Schuler, D. A. and Rehbein, K, "The Filtering Role of the Firm in Corporate Political Involvement", *Business and Society*, No. 36, 1997, pp. 116–139.

活动的初期成本可以分散到更大的资产基础上,从而大企业有能力建立专门的部分,雇用专业人才来从事政治活动。这也会促进企业管理外部事务的能力。因此,

命题9:企业的规模对企业参与政治的意愿具有积极的影响。

命题10:企业的规模对企业参与政治的能力具有积极的影响。

第三节　企业非市场战略的形成

模型表明,企业非市场战略的形成最初受到政治环境、宏观经济环境和微观竞争环境的影响,但是企业是否制定非市场战略还取决企业内部特征的影响,换句话说,企业的内部特征对这些来自外部的环境因素进行了"过滤"。前边我们说明了五个企业内部的特征促使或降低外部环境条件转化成政治参与的信号。这部分我们解释企业非市场战略的形成。

我们建立了一个企业非市场战略形成的模型,这个模型基于企业对边际成本和边际收益的预期。我们认为,企业的结构、资源、政治经历、规模、高管人员的政治倾向的"过滤"效果将影响企业对政治的参与。我们的模型基于经济学中的边际成本和边际收益的分析方法。企业的外在因素决定了企业参与政治的边际成本和边际收益。我们认为,企业参政的边际成本和边际收益将通过政治环境、宏观经济环境和行业环境来确立。然而,我们认为,企业的结构、资源、经历、规模和高管人员的政治倾向影响这些外部的因素如何被解释,以及如何转化成最终的企业政治参与。

影响企业参与政治的组织因素应该影响企业预期的边际收益,从而影响对政治参与的需求。影响企业参与政治能力的组织因素应该影响企业预期的边际成本,从而影响政治参与的供给。图4.2说明了特定的企业因素是如何对企业非市场战略的方向产生影响。在图4.2(1)中,政治环境、宏观经济环境和行业环境的因素影响了一个企业的成本函数。在本例中,它表明了一个适中的政治参与。

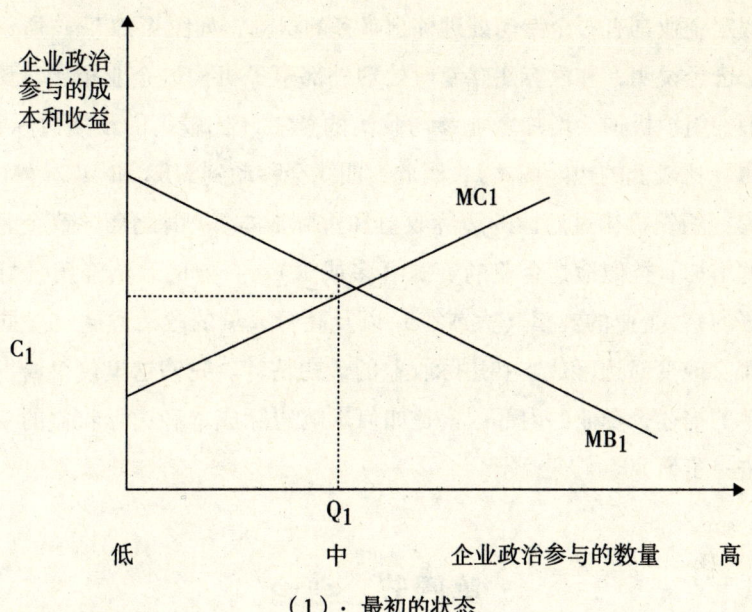

（1）：最初的状态

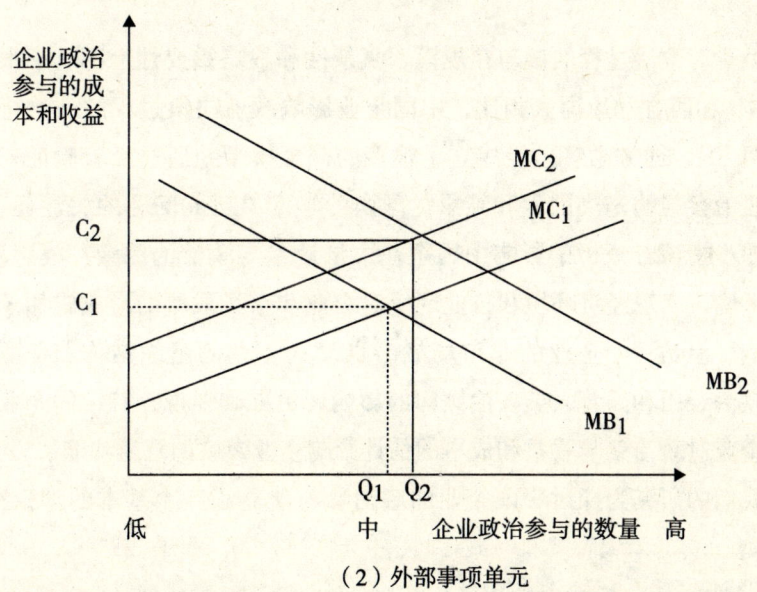

（2）外部事项单元

注：MB_1 和 MC_1 是最初状态的边际收益和边际成本；MB_2 和 MC_2 是经过企业"过滤"后的边际收益和边际成本。

图 4.2　企业政治参与的边际分析

假定企业具有一个专门处理外部事务的机构,如图4.2(2)所示。我们前边已经说明,和没有建立专门处理外部事务机构的企业相比,具有这种类型的组织机构会增加企业参与政治的意愿(比较高的预期边际收益)和能力(比较低的边际成本),因此,曲线会移动到 MB2 和 MC2(MB2 和 MC2 是经组织机构过滤掉的边际收益和边际成本),因此会导致企业政治参与的增加。类似地,企业的资源(多或少)、企业的政治经历(好的或者不好的),企业的规模(大或小)以及高管人员的政治倾向(赞同或否定)都会改变对边际成本和边际收益的最初估计。我们这里仅仅给出了一个简单的描述,企业的内部因素是如何影响边际成本和边际收益的变化还应该进一步研究。

第四节 结 论

企业对政治过程的参与在规模、复杂性和战略重要性上都有了很大的增长[1]。和西方发达国家相比,中国企业影响政府决策过程的政治行为远多于西方[2]。西方学者已经建立了很多的概念模型并通过经验验证来考察企业政治参与的先决因素和结果。国内的学术界对此问题的关注还不够。我们初步尝试着分析了影响中国企业大量地参与政治的因素。模型表明,政治环境、宏观经济环境和行业环境对企业非市场战略的形成施加了外部的影响,但是一个企业的非市场战略也受到企业的组织结构、资源、规模、政治经历和高管人员政治倾向的影响。更准确地说,特定的企业因素通过企业对政治参与收益和成本的估计影响企业参政的意愿和能力。

我们的研究为探讨中国企业的政治参与建立了一个基本的理论框架,

---

[1] Hillman, A., & Keim, G, "International Variation in the Business-government, Interface: Institutional and Organizational Considerations", Academy of Management Review, No. 20, 1995, pp. 193–214.

[2] 张维迎:《企业寻求政府支持的收益、成本分析》,载《新西部》,2001年第8期,第55—56页。

未来的研究还有很多的工作要做。第一，需要设定衡量指标，通过经验数据来验证这些假设；第二，考察影响企业最初对边际成本和边际收益预期的每一种环境因素的力量；第三，研究企业内部的过滤因素对最初预期的相对影响。第四，环境因素和企业过滤因素之间的相互作用等等。

第五章 中国企业非市场行为影响因素的实证研究

本章运用以前关于企业政治行为、公共事项和组织边界跨越方面的相关文献，来识别企业与社会和政治利益相关者打交道的非市场活动①。

第一节 企业的非市场战略和行为

一、企业的非市场战略

把"非市场"的概念应用到企业层面战略是巴朗 1995 年提出来的，但是在此之前关于企业是如何在公共政策过程中追求竞争优势已经有了很多的研究②③。巴朗认为，非市场战略是指企业在非市场环境中所采取的一致性行为和策略，目的是为企业创造有利的竞争环境，从而改善企业的经营绩效。相应地，企业与非市场因素相关联的行为被称为非市场行为。具体地讲，非市场行为是指企业针对政治、社会和法律的利益相关

---

① 注：本章的主要研究成果发表于《中国工业经济》2007 年第 5 期，转发于《Frontiers of Business Research in China》，2008 年第 1 期。

② Keim, "G.. Foundations of a Political Strategy for Business." California Management Review, Vol3, 1981, pp. 41 – 48.

③ Shaffer B, "Firm-level Responses to Government Regulation: Theoretical and Research Approaches", Journal of Management, Vol. 21, 1995, pp. 495 – 514.

者的行为。

学者们已经提出了几种对非市场事项分类的方法[①][②]。对于非市场战略的一种比较宽泛的分类是由 Meznar 和奈提出的,他把企业的非市场活动分为缓冲战略和桥梁战略。这两个术语基于边界跨越文献[③]。根据 Meznar 和奈的观点,缓冲是指企业试图影响外部的环境,阻止外部干预内部的运作。缓冲意味企业把自身从外部的干扰中隔离出来,或者试图通过对政治行动委员会捐款、游说、宣传性广告等手段来影响环境。桥梁是指企业为了与外部的期望保持一致,试图适应环境的行为。桥梁意味着企业积极地试图达到或超过它所在行业的管制要求,或者试图快速地识别不断变化的社会期望,以促进组织的活动适应这些期望。值得注意的是,桥梁和缓冲并不是相互排斥的。为了维持合法性,有的企业只强调其中的一种,有的企业两种都重视,而有的企业两种都不强调,这与企业的组织和环境特征有关。

通过缓冲和桥梁来考察中国过渡时期企业的非市场战略有三种优势:第一,缓冲和桥梁代表了企业和非市场环境打交道的一般战略,这与具体的策略是不同的。Berry 在政治战略和政治策略之间进行了区分,他把政治战略界定为"宽泛的进攻计划,或者一般的游说方法",政治策略被界定为"倡导某些政策立场的特定的行为"。由于本研究针对的是不同类型企业的非市场活动,集中于战略比关注策略更合适。第二,缓冲和桥梁是两种相互独立的活动。一个企业可以同时从事或者不从事两种战略。比如,一个企业可以使用缓冲战略坚决地阻止可能影响它的核心资源或者活动的政府行为,同时也积极地与其他影响其次要活动的政府规定保持一致。第三,对企业非市场行为的这种分类使我们可以考察企业可能完全不介入非

---

① Boddewyn, Jean J., and Thomas L. Brewer. "International-Business Political Behavior: New Theoretical Directions." Academy of Management Review, Vol. 19, 1994, pp. 119–143.

② Oliver, C, "Strategic Responses to Institutional Processes", Academy of Management Review, No. 16, 1991, pp. 145–179, pp. 163–180.

③ Thompson, J. D, Organizations in Action, New York: McGraw-Hill, 1967.

市场战略的假设。在现实中，企业选择不从事非市场战略是完全可能的。

二、企业应对非市场事务的结构

由于非市场战略和市场战略具有很大的不同，所以企业需要建立专门的组织结构来实施非市场战略。企业应对非市场事务的结构具有两个基本的维度：正式化和资源[①]。葛瑞宁（Greening）和格瑞把企业做了这样的区分，建立管理非市场事务职位或部门的企业和根据特定的规则来处理非市场事务的企业。他们的研究表明，建立一个专门的单元能够改善企业管理政治和社会事项的能力。

从事非市场活动需要投入经济资源，包括金钱和时间的支出。企业对非市场事项所投入的资源表明了企业高层对待非市场事项的重视程度。通过资源承诺，企业把本可以用于竞争活动的资源重新分配。对于资源的分配是有成本的，只有当把资源投入到非市场事项所获得的收益高于投入到经济领域的收益时，企业才会对非市场活动进行资源投入。

第二节 理论模型和研究假设

一、理论基础

资源依赖理论阐述了企业和环境之间的相互作用，因此本章把资源依赖理论作为企业非市场行为的基础。资源依赖理论认为，由于企业赖以生存和发展的资源存在于环境中，因此企业受到环境的制约[②]。能够生存的企业都是善于和控制这些资源的利益相关者打交道的组织。

---

① Greening, D. W and Gray, B, "Testing a Model of Organizational Response to Social and Political Issues", *Academy of Management Journal*, Vol. 37, No. 3, 1994, pp. 467–498.

② Pfeffer, J and Salancik, J. R, *The External Control of Organizations*, New York: Harper & Row, 1978.

依赖描述了一个企业出于对资源的需求而对某一个特定行动者的依靠程度。一个企业对环境中的某一行动者的依赖程度取决于该行动者所控制的资源对企业实现自身功能和目标的重要程度[①]。类似地，外部的行动者也出于资源的需求而依赖于企业，这导致了相互依赖。资源依赖理论对本书的含义是，企业和非市场环境中的利益相关者拥有的资源显著地影响着他们之间相互作用的结果。

除了对有价值资源的所有和控制效果之外，资源依赖理论也考虑了企业和环境相互作用过程中管理的作用。普费弗和塞勒申克强调，在与外部行动者相互作用的过程中，管理资源的方式和资源的所有权一样重要。相关方面的文献支持了资源所有权和管理方式都很重要的观点。如，有学者认为权力不仅仅是拥有资源的功能，因为对资源的拥有创造了潜在的权力，而且也具有在谈判的过程中把权力资源转换成实际影响力的功能[②]。

资源依赖理论为研究企业非市场行为的差异奠定了理论基础。资源依赖理论认为，企业的非市场行为至少受到两个因素的影响：企业的经济活动和资源以及企业所面临的环境。这些因素形成了资源依赖理论权力等式的两端。此外，该理论认为，企业资源管理的方式对于决定与外部行动者相互作用的结果是至关重要的。Blumentritt 利用这一框架研究了跨国公司的子公司是如何在东道国开展政府事项活动的。在中国从计划经济向市场经济的过渡时期，政府等非市场主体和企业之间也存在一种博弈关系[③]。根据这一框架，在后边的部分我们集中考察可能影响中国企业非市场行为的企业和环境特征。图 5.1 描述了本书的主要假设。

[①] Pfeffer, J and Salancik, J. R, *The External Control of Organizations*, New York: Harper & Row, 1978.

[②] Strange S, *The Retreat of the State: The Diffusion of Power in the World Economy*. New York: Cambridge University Press, 1996.

[③] 高明华：《权利博弈与政府对企业的行为》，载《天津社会科学》，1998 年第 1 期：第 27—33 页。

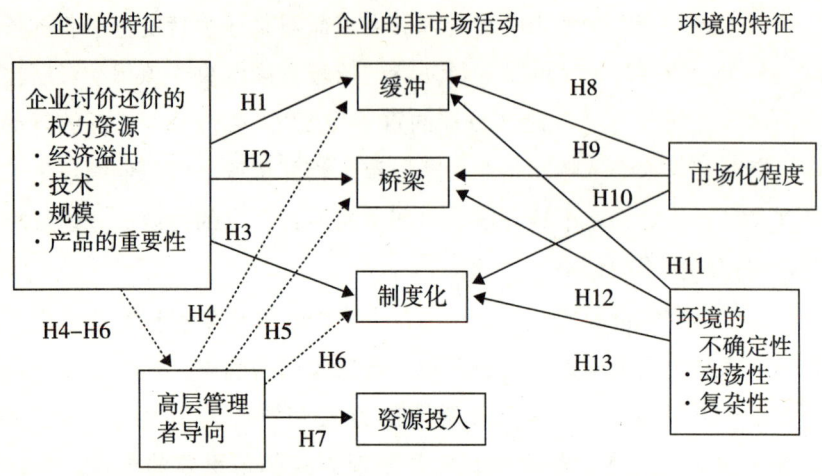

图 5.1　企业非市场行为影响因素假设模型

二、企业的特征

根据资源依赖理论,企业的两个特征会影响它和外部行动者相互作用的方式:企业的权力资源和经理们的行为。

(一) 讨价还价的权力

企业的经济资源和他们的非市场战略之间应该有一种直接的关系。本书所考虑的资源主要来自谈判权力框架,这一框架已经被应用到国际社会商业和政府之间的相互作用①。谈判权力方面的文献认为,企业和政府从对经济资源的所有权中获得权力。对资源的所有权或控制可以在谈判的过程中处于更有利的地位。

谈判权力方面的文献考察了能够产生企业讨价还价权力的一系列资

---

① Vachani S, "Enhancing the Obsolescing Bargain theory: A Longitudinal Study of Foreign Ownership of U. S. and European Multinationals", *Journal of International Business Studies*, Vol. 26, No. 11, 1995, pp. 59 – 180.

源，包括技术和企业的规模等①。技术通过企业的技术在本行业的先进程度来衡量，规模通过所雇用的员工数目来衡量。相关方面的文献认为，经济溢出也应该对企业讨价还价的权力有影响②。经济溢出被界定为企业对本地区经济发展所带来的拉动效应，比如，从当地的供应商购买原材料。另外，根据普费弗和塞勒申克的观点，企业权力的最重要的决定因素之一是企业所控制的资源对于环境成员的重要性。一个企业生产的产品或服务越重要，越不易于被替代，该企业相对于社会和政治利益相关者就越处于一种有利的地位。因此，企业的产品或服务的重要程度对企业讨价还价的权力也有影响。

如果企业拥有或者控制着对政府等非市场利益相关者有价值的资产或能力，企业就拥有了与他们讨价还价的权力，从而有更多的机会影响他们的经营环境。这意味着当一个企业讨价还价的权力增加，企业就越可能使用缓冲战略。相反，当企业拥有相对少的能够产生权力的资源，企业就越可能较多地采取桥梁战略，以对非市场利益相关者产生好的形象。

命题1：企业的（1）经济溢出，（2）规模，（3）技术，（4）产品越大/高/重要，它就越可能使用非市场缓冲战略。

命题2：企业的（1）经济溢出，（2）规模，（3）技术，（4）产品越小/低/不重要，它就越可能使用非市场桥梁战略。

为了更好地利用自身的经济资源和非市场环境中的利益相关者打交道，企业需要建立一个管理非市场事务的组织结构。资源依赖理论支持了这种论断，资源依赖理论认为，一个行动者的资源以及它如何管理与环境之间的相互依赖决定了它的影响③。然而，把组织的资源投入到非市场事

---

① Vachani S, "Enhancing the Obsolescing Bargain theory: A Longitudinal Study of Foreign Ownership of U. S. and European Multinationals", *Journal of International Business Studies*, Vol. 26, No. 11, 1995, pp. 59–180.

② Kogut, B., & Kulatilaka, N. "Operating flexibility, global manufacturing, and the Option Value of a Multinational Network", *Management Science*, Vol. 40, 1994, pp. 123–139.

③ Pfeffer, J and Salancik, J. R, *The External Control of Organizations*, New York: Harper & Row, 1978.

务有机会成本。把非市场事务正式化以及给非市场事务分配资源都会涉及企业内部的组织活动，而这些活动本来可以被分配到经济或竞争活动。因此，只有当这样做划算的时候，企业才会正式化它们的非市场事务功能。同样地，控制讨价还价权力资源的企业更可能通过实施它们的非市场事务来正式化它们的活动。

命题3：企业在（1）经济溢出，（2）规模，（3）技术，（4）产品方面讨价还价的权力越大，企业越可能把它的非市场战略正式化。

关于讨价还价的权力和投入非市场事务的资源之间的关系我们没有提出假设。从资源依赖理论的视角来看，这种关系背后的逻辑是混乱的。缺乏讨价还价权力的企业和具有讨价还价权力的企业相比，前者更多地依赖于他们的政治环境。在这种情况下，缺乏讨价还价权力的企业会投入更多的资源和政治环境发生作用，以弥补它相对弱小的地位。因此，在讨价还价的权力和投入到非市场事务的资源之间的关系是不明确的。

(二) 高层管理导向

麦乐（Miles）把企业的经理们分为企业导向型的和制度导向型的。企业导向型的是指那些很少留意非经济因素的经理。制度导向型的经理把商业作为更大的社会环境中的一部分来考虑。在本研究中，我们用企业高层对非市场事务的导向对企业高层进行分类。对非市场事务的功效持积极态度的高层管理团队更愿意对非市场事务做出组织承诺。

因此，企业高层对非市场事务的导向应该是讨价还价的权力资源和非市场事务之间关系的中介变量。根据这个观点，尽管对讨价还价权力资源的所有权提供了非市场领域的利益相关者讨价还价的基础，高层管理者的决策和行动驱动着这些权力资源的实际使用。资源依赖理论认为，"权力是由参与者以及他们对资源的控制这一社会现实所决定的"[1]，或者说管理者的注意力显著地影响着讨价还价的权力资源所产生的影响力。因此，管理的功能之一是积极地形成外部参与者对组织权力的感觉。我们认为，如

---

[1] Pfeffer, J and Salancik, J. R, *The External Control of Organizations*, New York: Harper & Row, 1978.

果企业的高层管理团队对非市场活动的态度比较积极,企业则更可能使用非市场战略,并把这些活动正式化。由于高层管理者的导向显著地影响着企业对非市场事务的介入,因此,高层管理导向效应影响着讨价还价的权力资源和非市场活动之间的关系。

命题4:高层管理者对待非市场事务的态度影响着企业讨价还价的权力资源和缓冲战略之间的关系。具体而言,只有当企业的高层管理者对非市场事务态度积极时,企业才会运用其讨价还价的权力资源从事缓冲战略。

命题5:高层管理者对待非市场事务的态度影响着企业讨价还价的权力资源和桥梁战略之间的关系。具体而言,只有当企业的高层管理者对非市场事务态度积极时,企业才会运用讨价还价的权力资源从事桥梁战略。

命题6:高层管理者对待非市场事务的态度影响着企业讨价还价的权力资源和非市场事项正式化之间的关系。具体而言,只有当企业的高层管理者对非市场事务具有正面的态度时,企业才会把非市场活动正式化。

高层管理者对待非市场事务的态度也影响着企业对非市场事项的资源投入。如果高层管理团队相信非市场活动对企业的竞争绩效会产生积极的贡献,企业就愿意分配必要的资源从事这样的活动。我们这里所说的资源包括金钱和高层管理人员的时间投入。

命题7:企业高层管理者对待非市场活动的导向和资源投入之间是正相关的。

三、环境因素

在考察企业和外部环境关系时,资源依赖理论也考虑了外部行动者的均等权力。谈判权力方面的文献在识别政府和其他利益相关者权力来源的因素方面也是很有用的。根据谈判权力框架,我们考察了构成环境特征的两个因素:市场化程度;环境的不确定性。市场化程度反映了一个国家或地区的经济自由化程度;环境的不确定性反映了企业所面临的社会政治环境动荡性和复杂性。

(一)市场化程度

中国正处于从计划经济向市场经济的转型时期,政府对企业经营活动的干预正在逐步减少。然而，由于中国不同省份经济发展程度的不同，经济活动的自由化程度是不同的。如果一个地方的政府对该地区的经济活动能够施加比较大的影响，该地区的企业就更容易受政府行为的影响，因此，具有更大的动机去从事非市场战略，包括缓冲战略和桥梁战略。企业使用缓冲战略来降低政府对企业经营活动的干预。当企业试图与政府建立比较好的关系时，桥梁战略也是很有用的。

命题8：一个地区的市场化程度越低，企业越可能使用非市场缓冲战略。

命题9：一个地区的市场化程度越低，企业越可能使用非市场桥梁战略。

一个地区的市场化程度也会影响企业非市场活动的正式化。与市场化程度比较高的地区相比，市场化程度比较低地区的企业更可能正式化他们的非市场活动。因为在这样的地区，企业的经营活动更多地受到政府的影响。

命题10：一个地区的市场化程度越低，企业越可能把非市场事项正式化。

2. 非市场环境的不确定性

汤普森（Thompson）注意到，所有企业的核心是用来把稀缺资源转化成产品的技术。在很大程度上，企业的经营活动重复着相同的活动，因此降低环境的不确定性是很重要的。企业需要对环境保持开放，至少是为了获得投入和输出产出，同时也需要对环境保持封闭，以维持它的技术核心不受影响。

这样的现象也会出现在企业的非市场领域。类似地，社会政治环境中不确定性的增加会导致企业公共事项功能对缓冲的强调，这至少有两方面的原因：第一，非市场环境的不确定性会对企业技术核心的正常运作产生威胁，企业则会通过缓冲保护技术核心的正常运作。第二，非市场环境的不确定性会导致企业维持合法性更大的不确定性。企业可以通过对即将发生的变化进行预测、控制、调整来降低环境的不确定性。当政府政策、管制和社会需要发生变化，适应新的形势日益变得困难和成本高昂。因此，我们认为，当非市场环境中的不确定性增加时，一个企业的公共事项功能也随之增加缓冲的努力，试图控制或者影响它所在环境的变化。

命题11：非市场环境的不确定性和非市场缓冲战略正相关。

然而，环境的不确定性也导致了各种类型的边界跨越活动的增加。当环境变得更加复杂和动荡，企业会使用各种方式来降低不断增加的不确定性。因此，不断增加的不确定性也促使企业采取多种方法来适应不确定性，从而更快地适应环境，与不断变化的期望维持一种平衡。

命题12：非市场环境的不确定性和非市场桥梁战略正相关。

环境的不确定性促使企业不断地搜寻关于环境的信息。通过把收集、传递社会政治环境方面信息的活动正式化，企业能够更准确地预测即将到来的影响他们经营能力的环境变化。这充分反映出了非市场活动边界跨越的本质。

命题13：非市场环境的不确定性和非市场事项的正式化正相关。

第三节 研究方法和数据收集

一、数据来源

为了验证上述分析框架和研究假设，我们通过以下两方面的途径收集数据：第一，通过对企业高层进行问卷调查收集关于自变量和因变量的数据；第二，从公开发表的第二手资料获取关于中国各个省、市、自治区市场化程度的数据。

我们的调查问卷尽量使用国外学者测试过的题项。只有当在现有的文献中找不到合适的题项时我们才考虑设计新的题项。我们把这些题项与两位本领域的资深教授、四位工商管理博士以及五位企业的高级经理（有两位来自江西，两位来自武汉，一位来自广东）进行了讨论。问卷首先通过中南财经政法大学武汉、广东两地的 EMBA 学员进行了预测试，然后根据填写的结果对问卷进行了修改。对于修改后的问卷再与七位企业高级经理进行深入讨论，从而确定调查问卷的最终形式。

第二手来源的数据用来衡量各个省、市、自治区的市场化程度。我们采用的是樊刚和王小鲁的中国市场化指数。该指数主要包括五个方面：政府与企业的关系；非国有经济的发展；产品市场的发育程度；要素市场的发育程度；市场中介组织的发育和法律制度环境。这五个方面指数各自反映了市场化的某一特定方面，共由23项基础指标构成。

由于企业的非市场行为主要涉及到企业的正（副）总经理、部门经理等高层管理人员，因此，我们的样本主要有两个来源：第一，华中科技大学湖北、河南、江西等地的EMBA学员以及少量在职MBA中担任企业高层的学员，问卷采取课余时间当面填写的方式；第二，通过与本课题有协作关系和关联的企业，通过实地调研或E-mail向企业高层发放问卷。本次调查从2005年11月到2005年12月，共发放问卷300份，回收209份，回收率69.7%，关于样本企业所在地、行业分布情况、企业的员工、销售收入和企业性质分布情况见表3.2和3.3。问卷回收后，剔除的标准主要有两个：问卷填写缺漏多于10个题项；问卷答案高度单一化。在剔除掉无效问卷之后，得到有效问卷175份，有效问卷的回收率为58%。

表5.2 样本企业所在地和行业分布情况

所在地分布			行业分布		
省份	样本数	比重（%）	省份	样本数	比重（%）
湖北	45	25.7	农林牧渔业	5	2.9
广东	14	8	采掘业	13	7.4
北京	1	.6	制造业	37	21.1
江西	17	9.7	电煤水生产供应业	9	3.4
上海	1	.6	建筑业	16	9.1
江苏	22	12.6	交通运输、仓储业	3	1.7
河南	25	14.3	信息技术业	25	14.3

陕西	15	8.6	批发和零售贸易	7	4
湖南	2	1.1	金融、保险业	26	14.9
海南	6	3.4	房地产业	15	8.6
重庆	6	3.4	社会服务业	8	4.6
安徽	1	.6	传播与文化产业	1	.6
广西	2	1.1	其他	10	5.7
山东	1	.6	总计	175	100%
福建	17	29.7			
总计	175	100%			

表 5.3 企业的员工、销售收入和企业性质分布情况

员工数			销售收入			企业性质		
人数（人）	样本数	比重（%）	金额（万元）	样本数	比重（%）	企业性质	样本数	比重（%）
100人以下	28	16	1000以内	19	10.9	国有及国有控股	82	46.9
100-400	36	20.6	1000-3000	25	14.3	集体及集体控股	8	4.6
400-1000	31	17.7	3000-15000	29	16.6	私营企业	49	28
1000-2000	24	13.7	15000-30000	26	14.9	三资企业	16	9.1
2000以上	56	32	30000以上	76	43.4	其他股份制企业	18	10.3
总计	175	100%	总计	175	100%	其他	2	1.1

二、变量的界定和测量

本研究需要衡量的变量有七个，分别是：企业讨价还价的权力资源、高层管理导向、缓冲战略、桥梁战略、正式化、资源投入、市场化程度、环境的不确定性。用来衡量这些变量的指标见附件2。

（一）企业讨价还价的权力资源

有四个指标用来衡量企业与外部的社会和政治参与者讨价还价的权力资源：经济溢出、技术、规模和年龄。经济溢出用企业提供的工作机会、上交的税收收入、进行的公益投资、为其他企业创造的就业机会来衡量。主要反映一个企业的经营活动所产生的经济拉动效应。经济溢出得分的范围从4到28。技术通过企业技术的先进程度、资本密集程度和发展新技术来衡量。技术的得分从3到21。规模用企业所拥有的员工数量来衡量。企业产品的重要性通过对企业产品在社会生活中的重要程度来衡量。对于以上变量通过7点李克特量表来衡量。

（二）高层管理导向

对于企业高层对待政治和社会事务的态度，我们用企业高层对在政治和社会事务上投入的态度以及对于制定和政府以及社会利益相关者打交道的战略态度来衡量。高层管理导向得分的范围从3到21。

（三）缓冲战略

缓冲战略反映了在企业影响社会及政治利益相关者的活动。有七个题项用来衡量企业在执行公共事项职能过程中缓冲活动的层次。其中三个衡量社会缓冲，四个衡量政治缓冲。这些项目包括了进行公关活动，进行广告宣传、采取各种措施影响所涉足行业的政府管制等。缓冲题项得分的范围从14到49。

（四）桥梁战略

桥梁战略通过企业与社会及政治利益相关者相联系的活动中反映出来。六个题项被用来评价公共事项功能所承担的桥梁活动的层次，三个题项被用来评价社会桥梁，另外三个被用来评价政治桥梁。这些活动包括了服从管制和立法，适应变化的社会期望等。桥梁战略得分的范围从9到35。

(五) 正式化

正式化反映了企业内部处理社会和政治事务的规范化程度。正式化通过4个题项来衡量。企业内部处理社会和政治事务规范化的程度包括具有正式的政策和规则、指派专人负责、高层管理委员会负责、高层会议上讨论。正式化得分从5到28。

(六) 资源投入

资源投入反映企业在社会和政府事项上的资源投入状况,包括经济资源和高层管理者的时间。资源投入得分的范围从3到14。

(七) 市场化程度

市场化指标从五个方面衡量各个省、市、自治区的市场化程度。该指标从五个方面、通过23个基础指标来度量各个领域市场化的进展。基础指标是以1999年为基期,在0~10之间取值。市场化指标得分从4.59到9.74。

(八) 环境的复杂性

有两指标被用来衡量环境的不确定性。第一个指标衡量感知到的环境的复杂性,它是由六个题项来衡量的。第二个指标用来评价环境的动荡性,由四个题项来衡量。这两个指标用来衡量企业高层管理者对环境不确定性的感知,而这种感知可能影响企业的公共事项活动。我们对环境不确定性的衡量集中在企业所面临的社会和政治环境。环境不确定得分从18到50。

三、问卷的信度、效度检验

一个好的量表应该具有良好的信度和效度。本研究采用SPSS12.0检验调查问卷的信度与效度,这是进一步分析的基础。

(一) 信度

信度 (reliability) 又叫可靠性,是指测量的可信程度。它主要体现测验结果的一致性与稳定性。一个好测量工具对同一事物反复多次测量,其结果应该始终保持不变才可信。一般常用的信度测量方法包括再测法 (retest method)、半折法 (split half method)、Cronbachs'a 等三种。本研究在问卷信度方面采取 Cronbachs'a 测量问卷的一致性。CuiefoRD 认为 Cronbach's α 系数大于 0.70 属高信度值,介于 0.7 和 0.35 间为尚可,若低于 0.35 时,才应拒绝使用之。李怀祖认为,Cronbach's α 值最小为 0.6。删减题项的标准是题项-总分相关值(item-total Correlation),题项-总分相关值高于 0.3 是合适的。剔除项目的标准有两个,并且它们一起成立才可以剔除此项目:1. 修正后项总相关系数小于 0.3;2. 剔除此项目可以增加 α 值,即可提升整体信度。根据这一标准,EU5、EU10 被剔除。表 5.4、表 5.5、表 5.6、表 5.7、表 5.8 是企业讨价还价的权力资源、高层管理导向、缓冲战略、桥梁战略、正式化、资源投入、市场化程度、环境的不确定性修正后的题项-总分相关系数 CITC 和信度。

表 5.4　讨价还价的权力资源题项的 CITC 值及信度

		题项代码	CITC	α 系数
讨价还价的资源经济	溢出(ES)	ES1:我们企业比其他企业创造了更多的工作机会	0.577	0.764
		ES2:相对于其他企业,我们企业创造了大量的税收收入	0.521	
		ES3:我们为当地进行了大量的公益投资(社区服务、捐款等)	0.599	
		ES4:我们为当地的其他企业创造了大量的就业机会	0.660	
	技术(T)	T1:我们企业在技术上很先进	0.562	0.629
		T2:我们企业是高度资本密集型	0.531	
		T3:我们正在发展更好的新技术	0.560	

表 5.5　高层管理导向题项的 CITC 值及信度

	题项代码	CITC	α 系数
高层管理导向(TMO)	TMO1:我们相信在政府事务活动上支出是划算的	0.699	0.862
	TMO2:我们相信花费时间制定与政府打交道的战略是值得的	0.779	
	TMO3:我们相信从事政府事务活动对本企业的成功很关键	0.738	

第五章 中国企业非市场行为影响因素的实证研究

表 5.6 正式化题项的 CITC 值及信度

	题项代码	CITC	α 系数
正式化 (F)	F1：我们企业具有正式的政策和规则来处理政府事务活动	0.589	0.756
	F2：我们企业指派专门的人员来负责处理政府的事务活动	0.608	
	F3：我们具有高层管理委员会致力于政府事务事项	0.597	
	F4：政府事务经常是高层会议的议题之一	0.530	

表 5.7 投入资源题项的 CITC 值及信度

	题项代码	CITC	α 系数
资源 (R)	R1：我们企业在社会、政府事务上花费了大量的财力	0.763	0.864
	R2：我们企业高层在处理社会、政治事务上花费了大量的时间	0.763	

表 5.8 缓冲题项的 CITC 值及信度

	题项代码	CITC	α 系数
缓冲战略 (BUS)	BUS1：积极宣传、倡导本企业在经济和社会事务中的基本观点和做法	0.588	0.855
	BUS2：进行广告宣传，以澄清与本企业有关的社会问题的真相	0.624	
	BUS3：通过公关活动（如记者招待会等）来宣传本企业处理社会问题的立场	0.683	
	BUS4：关注各种可能对本企业产生影响的政府政策和立法	0.593	
	BUS5：采取各种措施影响本企业所涉足行业的政府管制程度	0.613	
	BUS6：与其他企业或社会团体进行合作，联合进行公关活动	0.662	
	BUS7：通过行业协会等组织对政府政策和相关法规的制定和实施施加影响	0.661	

表 5.9 桥梁题项的 CITC 值及信度

	题项代码	CITC	α 系数
桥梁战略（BRS）	BRS1：预测政府政策和法规的变化，以确保本企业能尽快适应新的政策和法规	0.578	0.806
	BRS2：我们审视面临的社会环境，以促使企业顺应社会对我们企业提出的责任要求	0.737	
	BRS3：当社会对我们的责任要求发生变化，我们通常是最早采取行动适应变化的企业之一	0.611	
	BRS4：我们跟踪行业内相关政策和法规的变化，以便在新政策和法规出台时能够适应	0.577	
	BRS5：我们企业执行的安全、卫生等标准高出了行业内最低标准	0.516	

表 5.10 环境的不确定性题项的 CITC 值及信度

	题项代码	CITC	α 系数
环境的不确定（EU）	EU1：我们面临的政策和法规在不同地区的差异情况	0.678	0.697
	EU2：在过去 5 年内，我们面临的政策和法律环境的变化情况	0.635	
	EU3：在过去 5 年内，社会对我们企业要求的变化情况（环保、工资等）	0.582	
	EU4：在过去 5 年内，和我们打交道的代表社会利益的组织（如教育、福利、慈善等机构）变化情况	0.505	
	EU5：*我们所涉足行业政府管制的宽松程度	-0.295	
	EU6：我们打交道的政府职能部门（如主管行业准入、安全许可、卫生等政府部门）的数目	0.530	
	EU7：我们的经营领域受政府管制的范围	0.584	
	EU8：我们的经营活动受政府行政干预的程度	0.523	
	EU9：社会对我们经营活动的关注程度	0.575	
	EU10：与我们打交道的倡议性社会团体（如，慈善、教育等）的数目	0.218	

(二) 效度检验

效度（validity）是指一个测验能够测到该测验所欲测量的心理或行为特质的程度。根据研究目的的不同，效度分为内容效度、效标关联效度和建构效度等多种检验方法。

1. 内容效度与表面效度

本研究在问卷设计过程中，针对每一个概念的操作化，均引用文献中与各概念相关且具有良好效度与信度的量表。在问卷衡量题项上经与两位本领域的资深教授、四位工商管理系博士、及五位企业正（副）总经理共同讨论加以修改。经过严谨的问卷设计过程，本研究问卷的内容效度（content validity）和表面效度（face validity）具有较高的水准。

2. 概念效度

在实证研究中概念效度的衡量，最主要的是收敛效度（convergent validity）和区别效度（discriminant validity）的检测。我们采用因子分析方法来检验问卷的建构效度。根据马庆国的观点，在因子分析过程中，同一层面的因子负荷值越大（通常为 0.5 以上），表示收敛效度越高；每一个题项只能在其所属的层面中，出现一个大于 0.5 以上的因子负荷值，符合这个条件的题项越多，表示区别效度越高。此外，我们运用主成分分析法抽取因子，利用直交旋转法中的方差最大旋转法进行因子旋转，并将特征值大于 1 作为因子提取的标准。在做因子分析之前，我们使用 KMO（Kaiser-Meyer-Olkin）测度样本，来检验数据是否适合做因子分析，KMO 值越接近 1，越适合做因子分析，如果 KMO 的值小于 0.5 时，不太适合做因子分析。

（1）企业应对外部政治和社会环境的战略

缓冲和桥梁在理论上是两个独立的变量，但是在企业的实际活动中是否如此还需要检验。在提取因子之前，我们应该对是否适合做因子分析进行检验。分析的结果表明，KMO 值为 0.872，Bartlett 球形检验的近似卡方值为 639.707，自由度为 66，显著性水平 P 值为 0.000，这表明适合做因子分析。表 5.10 列出了对缓冲战略和桥梁战略做因子分析的结果，从表 3.11 可以看出，对因变量总共抽去出 2 个因子，其累积方差解释变异量达 55.543%。在同一层面中，所有的因子负荷值都在 0.5 以上，表示收敛效度高；每一个题项在其所属的层面中，只出现了一个大于 0.5 的因子负荷值，表示区别效度也高，这表明具有很好的建构效度。因子 1 由缓冲活动构成，因子 2 由桥梁活动构成。对用来衡量这两个变量的题项进行因子分析的结果证实了这两个变量的独立性。

表 5.10 企业的公共事项战略因子分析结果

题项	因子 1	因子 2
Q203：通过公关活动（如记者招待会等）来宣传本企业处理社会问题的立场	.778	.142
Q205：采取各种措施影响本企业所涉足行业的政府管制程度	.747	.046
Q206：与其他企业或社会团体进行合作，联合进行公关活动	.734	.208
Q202：进行广告宣传，以澄清与本企业有关的社会问题的真相；	.731	.159
Q207：通过行业协会等组织对政府政策和相关法规的制定和实施施加影响	.727	.242
Q201：积极宣传、倡导本企业在经济和社会事务中的基本观点和做法	.639	.308
Q204：关注各种可能对本企业产生影响的政府政策和立法	.518	.320
Q221：我们审视面临的社会环境，以促使企业顺应社会对我们企业提出的责任要求	.309	.793
Q223：我们跟踪行业内相关政策和法规的变化，以便在新政策和法规出台时能够适应	.207	.751
Q224：我们企业执行的安全、卫生等标准高出了行业内最低标准	.264	.721
Q222：当社会对我们的责任要求发生变化，我们通常是最早采取行动适应变化的企业之一	-.009	.696
Q212：预测政府政策和法规的变化，以确保本企业能尽快适应新的政策和法规	.460	.511
特征值	5.181	1.484
解释方差百分比（%）	43.176	12.367
累积解释方差百分比（%）	43.176	55.543
KMO 值 = .872 Bartlett 球形检验卡方值 = 639.707 自由度 df = 66 显著性水平 = .000		

(2) 企业讨价还价的权力资源

在提取因子之前,首先对经济溢出和技术取样的适当性进行检验。其 KMO 值为 0.762 和 0.592,Bartlett 球形检验的近似卡方值为 130.077 和 65.392,自由度为 6 和 3,显著性水平 P 值都为 0.000,这表明适合进行因子分析。表 5.11 和表 5.12 列出了对经济溢出和技术进行因子分析的结果。从表中可以看出,对经济溢出和技术都抽取出一个因子,其累积方差解释变异量达 58.631% 和 59.278%。在同一层面中,因子负荷值都在 0.5 以上,表示收敛效度高;每一个题项在其所属的层面中,只出现了一个大于 0.5 的因子负荷值,表示区别效度也高,这表明具有很好的建构效度。因子分析的结果和我们先前的理论分析是一致的。

表 5.11 经济溢出因此分析结果

题项	因子 1
Q164:我们为当地的其他企业创造了大量的工作机会	.838
Q161:我们企业比其他企业创造了更多的工作机会	.779
Q162:和其他企业相比,我们向国家上交了大量的税收	.730
Q163:我们在当地进行了大量的公益投资(社区服务、捐款等)	.709
特征值	2.345
解释方差百分比(%)	58.631
累积解释方差百分比(%)	58.631
KMO 值 =.762 Bartlett 球形检验卡方值 =130.077 自由度 df=6 显著性水平 =.000	

表 5.12 技术因子分析结果

题项	因子 1
Q151:我们企业在技术上很先进	.852
Q153:我们在研发更先进的新技术	.806
Q152:我们企业是高度资本密集型	.635

特征值	1.778
解释方差百分比（%）	59.278
累积解释方差百分比（%）	59.278
KMO 值 = .592 Bartlett 球形检验卡方值 = 65.392 自由度 df = 3 显著性水平 = .000	

（3）企业高层应对非市场环境的导向、正式化和资源投入

首先检验是否合适对高层管理导向、正式化和资源投入进行因子分析的适当性。这三个变量的 KMO 值分别为 0.725、0.761、0.500，Bartlett 球形检验的近似卡方值分别为 190.609、122.769 和 115.752，自由度分别为 1、6 和 1，显著性水平 P 值均为 0.000，这表明高层管理导向和资源投入可以做，正式化则比较适合做因子分析。表 5.13、表 5.14 和表 5.15 列出了对高层管理导向、正式化和资源投入进行因子分析的结果。从表中可以看出，这三个变量都只抽取出了一个因子，其累积方差解释变异量分别为 78.504%、57.892% 和 88.035%。在同一层面中，因子负荷值都在 0.5 以上，表示收敛效度高；每一个题项在其所属的层面中，只出现了一个大于 0.5 的因子负荷值，表示区别效度也高，这表明具有很好的建构效度。因子分析的结果和我们先前的理论分析是一致的。

表 5.13 高层管理导向因子分析结果

题项	因子 1
Q192：我们认为花费时间制定与政府打交道的战略是值得的	.908
Q193：我们认为进行政府事务活动对本企业的成功很关键	.887
Q191：我们认为在政府事务活动上支出是划算的	.962
特征值	2.355
解释方差百分比（%）	78.504
累积解释方差百分比（%）	78.504

KMO 值 = .725
Bartlett 球形检验卡方值 = 190.609
自由度 df = 3
显著性水平 = .000

表 5.14 正式化因子分析结果

题项	因子 1
Q172：我们指派专人负责处理社会政府事务	.805
Q173：企业有高层管理机构专门负责处理社会、政府事务	.793
Q174：政府事务经常是高层会议的议题之一	.738
Q171：我们有正式的政策和规则来处理社会、政府事务活动	.703
特征值	2.316
解释方差百分比（%）	57.892
累积解释方差百分比（%）	57.892

KMO 值 = .761
Bartlett 球形检验卡方值 = 122.769
自由度 df = 6
显著性水平 = .000

表 5.15 资源投入因子分析结果

题项	因子 1
Q182：我们企业高层在处理社会、政治事务上花费了大量的时间	.939
Q181：我们企业在社会、政府事务上花费了大量的财力	.939
特征值	1.761
解释方差百分比（%）	88.035
累积解释方差百分比（%）	88.035

KMO 值 = .500
Bartlett 球形检验卡方值 = 115.752
自由度 df = 1
显著性水平 = .000

（4）环境的不确定性

在提取因子之前，首先对环境的不确定性进行因子分析的适当性进行检验。其 KMO 值为 0.709，Bartlett 球形检验的近似卡方值为 220.349，自由度为 28，显著性水平 P 值为 0.000，这表明适合进行因子分析。表 5.16 列出了对环境的不确定进行因子分析的结果。从表中可以看出，对环境的不确定性抽取出二个因子，其累积方差解释变异量达 32.713% 和 51.338%。在同一层面中，因子负荷值都在 0.5 以上，表示收敛效度高。每一个题项在其所属的层面中，只出现了一个大于 0.5 的因子负荷值，表示区别效度也高，这表明具有很好的建构效度。因子 1 反映的是环境的动荡性，因子 2 反映的是环境的复杂性。因子分析的结果和我们先前的理论分析是一致的。

表 5.16 环境的不确定性因子分析结果

题项	因子 1	因子 2
Q122：在过去 5 年内，我们面临的政策和法律环境的变化情况	.811	.072
Q123：在过去 5 年内，社会对我们企业要求的变化情况（环保、工资等）	.808	-.011
Q121：我们面临的政策和法规在不同地区的差异情况	.756	.192
Q124：在过去 5 年内，和我们打交道的代表社会利益的组织（如教育、福利、慈善等机构）变化情况	.573	.081
Q133：我们的经营领域受政府管制的范围	.122	.812
Q134：我们的经营活动受政府行政干预的程度	.001	.700
Q135：社会对我们经营活动的关注程度	.104	.675
Q132：我们打交道的政府职能部门（主管行业准入、安全许可等）的数目	.089	.619
特征值	2.617	1.663
解释方差百分比（%）	32.713	20.787
累积解释方差百分比（%）	32.713	53.501
KMO 值 = .709 Bartlett 球形检验卡方值 = 220.349 自由度 df = 28 显著性水平 = .000		

四、数据分析

我们采用 SPSS12.0 对数据进行处理，假设 1~3 和 7~11 通过主效应对四个因变量进行检验。假设 4~6 采用 Blumentritt 2003 年与巴朗和肯尼（Kenny）1986 年所使用的程序进行检验。这个程序涉及到三个回归方程：中介变量（高层管理导向）对每一个自变量（企业讨价还价的权力资源）的回归（方程1），每一个因变量（缓冲/桥梁/正式化）对自变量的回归（方程2），因变量对自变量和中介变量的同时回归（方程3）。中介作用表现在，自变量在方程1中显著地影响调节变量，中介变量在方程2中显著地影响因变量，中介变量在方程3中显著地影响因变量而自变量变得不显著（完全中介）或不太显著（部分中介）。

第四节 结果分析和因变量之间关系的补充分析

一、结果分析

表 5.17 分别列出了每个因子得分的均值、标准差和 Pearson 相关系数。

表 5.17 变量的均值、标准差和 Pearson 相关系数

变量	N	M	S	D	1	2	3	4	5	6	7	8	9
ES	175	4.3	1.31										
T	175	4.2	1.3	.314**									
S	175	3.2	1.6	.421**	.359**								
I	175	4.7	1.7	.147	.007	-.01**							
TMO	175	4.7	1.4	.319**	.277**	.023	-.125						
BUS	175	4.4	1.2	.393**	.355**	.187*	.032	.377**					
BRS	175	4.3	.9	.330**	.284**	.190*	.136	.410**	.564**				

F	175	4.0	1.3	.309**	.382**	.188*	-.020	.513**	.493**	.411**
R	175	4.0	1.6	.291**	.284**	.174*	.014	.625**	.277**	.319**	.558**
DM	16	6.4	1.4	-.193*	-.067	-.092	-.018	.037	-.126	-.086	.057	-.111
E	175	5.0	1.1	.242**	.191*	.120	-.017	.313**	.322**	.290**	.275**	.346**	-.058

注：显著性水平 * p = <0.05；** p = <0.01。

表 5.18 是对企业因素统计分析结果的总结。回归分析的结果是混合的。假设 1 到假设 3 考察了讨价还价的权力资源和企业非市场活动之间的关系。假设 1 和 3 都只是部分得到了支持。经济溢出和技术与缓冲变量和正式化变量显著相关，而规模和产品的重要性与缓冲和正式化之间的关系是不显著的。假设 2 统计分析的结果没有得到支持，经济溢出和技术与桥梁之间并不是一种负相关的关系，而是一种正相关的关系，规模和产品的重要性与桥梁之间的关系是不显著的。假设 7 统计分析的结果得到了强有力的支持，高层管理导向和企业在非市场活动方面的资源投入之间的关系是正相关的关系，在统计上是显著的。这一结果表明，企业高层对待非市场事务的态度对企业的非市场活动具有显著的影响。

表 5.18 企业因素统计分析的结果

独立变量	因变量							
	假设	缓冲	假设	桥梁	假设	正式化	假设	资源
企业因素								
经济溢出	1a (+)	0.306***	2a (-)	0.199**	3a (+)	0.224*		
技术	1b (+)	0.273**	2b (-)	0.139*	3b (+)	0.318***		
规模	1c (+)	-0.048	2c (-)	0.007	3c (+)	-0.019		
产品的重要性	1d (+)	0.098	2d (-)	0.083	3d (+)	0.027		

管理的因素							
高层管理导向						7(+)	0.693***
F 值	17.973		11.197		15.057		85.438
R^2	0.214		0.145		0.186		0.391
调整后的 R^2	0.202		0.132		0.173		0.387

注：显著性水平 *p = <0.05；**p = <0.01；***p = <0.001.

表 5.19 是对环境因素统计分析结果的总结。假设 8 到假设 13 考察了环境因素的影响。假设 8 到假设 10 考察了市场化程度和企业的非市场活动之间的影响，这些假设都没有得到支持。假设 11 到假设 13 考察了环境的不确定性和企业的非市场活动之间的影响，这些假设都得到了支持。

表 5.19 环境因素统计分析的结果

	因变量							
自变量	假设	缓冲	假设	桥梁	假设	正式化	假设	资源
	环境因素							
市场化程度	8(−)	−.113	9(+)	−.058	10(−)	.056		
环境的不确定性	11(+)	.369***	12(+)	.251***	13(+)	.343***		
F 值		15.386		12.217		10.87		
R^2		.104		.084		.076		
调整后的 R^2		.097		.077		.069		

注：显著性水平 *p = <0.05；**p = <0.01；***p = <0.001.

假设 4、假设 5 和假设 6 考察了高层管理导向对企业讨价还价的权力资源和非市场活动之间的中介作用。表5.20表明了当所有的自变量都包括到回归方程中的中介作用。第一纵列是中介变量（高层管理导向）对讨价还价的权力资源的回归（方程1）。分析表明企业的经济溢出和技术与高层管理导向是显著相关的（因为这是三个独立变量的第一个方程，数字只展现一次。）

表 5.20　中介效应

	方程						
	1	2	3	2	3	2	3
	高层导向	缓冲	缓冲	桥梁	桥梁	正式化	正式化
经济溢出	.364***	.306***	.246**	.199**	.165**	.224*	.102
技术	.258**	.237**	.194**	.139*	.138	.318***	.261***
规模	−.181	−0.048	0.000	0.007	.110	−0.019	.097
产品的重要性	−.071	0.098	0.112	0.083	0.098	0.027	0.065
高层管理导向			.211**		.227***		.424***
F 值	8.834	17.973	15.612	11.197	17.83	15.057	31.901
R^2	.168	.214	.263	.145	.213	.186	.326
调整的 R^2	.149	.202	.246	.132	.201	.173	.316

注：在假设4、5、6中调节效应都是部分的。

显著性水平 *$p = <0.05$；**$p = <0.01$；***$p = <0.001$。

方程2和方程3说明了中介变量对因变量的影响。关于缓冲因变量，企业的经济溢出和技术在方程2中依旧是显著。当高层管理导向包括到方程中之后，企业的经济溢出和技术的重要性降低了，这不仅反映在方程系数的降低上，而且也反映在显著性程度上。关于桥梁变量，经济溢出和技术在方程2中是显著相关的，但是当高层管理导向变量包括到方程中后，经济溢出的重要性降低了，而且技术变量变得不显著了。关于正式化，经济溢出和技术在方程2中是显著的，当高层管理导向包含到方程3中之后，经济溢出变量的显著性就降低了。这些结果部分支持了假设4、假设5和假设6。值得注意的是,高层管理导向和企业非市场活动的每一个变量具有强烈的正相关关系。

二、因变量之间关系的补充分析

尽管本研究把企业的非市场战略和非市场事务结构作为因变量进行了考察,但是并没有假设这四个变量之间的关系。图5.3表明这四者之间的相关关系。简单的散点图使我们能够考察这些变量之间的相互影响(见图5.21)。

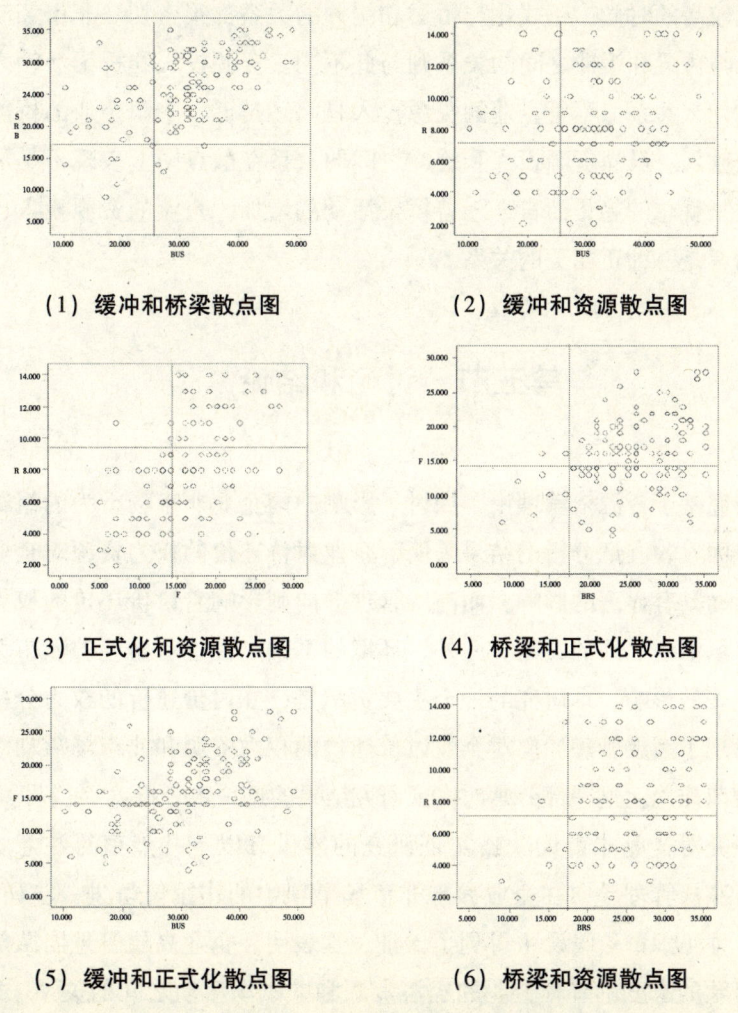

图5.21 四个因变量之间的相互影响

首先，大多数的样本企业表明他们积极地从事缓冲战略。有趣的是，那些很少使用桥梁战略的企业也很少使用缓冲战略。这一发现表明，在使用非市场战略上存在一个层级；从完全没有，到桥梁战略，到桥梁战略和缓冲战略并用。非市场战略和企业非市场事项结构之间的相互作用也很有趣。企业的正式化和资源投入呈现出一种正向关系。企业非市场事项正式化的程度越高，对非市场事项的资源投入也就越大。在正式化层次比较低的时候，企业的桥梁活动似乎比较频繁，而缓冲活动则不太明显。在正式化层次比较高的时候，正式化与桥梁和缓冲的关系都很密切。非市场活动资源投入与桥梁和缓冲之间的关系则与此不同。资源投入和桥梁活动之间似乎没有什么关系。不管企业的资源投入是高还是低，中国企业的桥梁活动都比较频繁。虽然资源投入和缓冲之间的关系在散点图上表现不是那么集中，但是就总的趋势而言，随着桥梁活动的增加，企业的资源投入也在增加，两者是一种正相关的关系。

第五节　讨论和结论

本研究基于资源依赖理论，探讨了影响中国企业非市场行为的组织因素和环境因素，实证分析的结果表明，企业讨价还价的权力资源对企业的非市场活动具有显著的影响，而高层管理导向则影响着讨价还价的权力资源和非市场活动之间的关系。此外，环境的不确定性也对企业的非市场活动具有显著的影响。本研究的一个主要贡献是，在讨价还价的权力分析框架下，发现了高层管理导向对企业讨价还价的权力资源和非市场活动之间关系的调节作用。这一部分是对实证研究结果的进一步分析。

本研究对企业非市场战略实证研究的结果有以下几点值得注意。第一，关于高层管理导向在企业参与非市场事项中的作用值得进一步研究。假设1a、假设1b和假设4得到了验证，这表明，企业高层管理团队对待非市场事项的态度调节着企业的经济资源和非市场活动之间的关系。Blumentritt运用权力分析框架对跨国公司子公司政府事项活动的研究发现：绝对的权力不是最重要的;管理导向要比拥有的资源更重要。因此,他得出了讨价还价权力模型实际上是无用的结论。而我们的研究表明,讨价还价的权力框架对于分析企业与政府等非市场利益相关者之间的博弈是有用的。导致这种差异的原因可能与中国的国情有关。Blumentritt所研究的跨国公司的子公司分布在30多个国家,这些国家大部分都是发达国家,都建立规范的市场经济,政府对企业的干预比较少。而中国是一个发展中国家,正处于经济体制转型时期,发展经济是各级政府的第一要务。在这种情况下,一个企业对区域经济发展所带来的拉动效应越明显,该企业也就越容易引起政府、媒体等非市场利益相关者的关注,政府往往会把这样的企业作为"明星"、"功臣"来对待,频繁地光顾和关心该企业的经营管理,从而会导致企业非市场活动的增加。因此,企业所拥有的经济资源对于企业的非市场活动是有影响的。

过去把权力作为一个基本分析框架的企业和政府关系方面的研究都没有包括管理的因素,Blumentritt把管理的因素引入了权力分析框架,但是他却得出了权力分析框架无用的结论。我们的研究表明把高层管理导向纳入到讨价还价权力分析框架是可行的,高层管理导向是企业的讨价还价的权力资源和非市场活动之间的中介变量,它影响着这两者之间的相互关系。在缓冲战略中,高层管理导向的中介效应在总效应中所占的比重 = $0.211*0.364/0.306 + 0.258*0.211/0.237 = 0.48$。由此,我们可以得出结论:为了形成对自己有利的环境,企业讨价还价的权力资源促使企业从事非市场缓冲活动,而高层管理导向影响着这两者之间的关系。

第二,假设2a和假设2b实证检验的结果与我们的假设是相反的。一个可能的解释是,经济资源多(经济溢出和技术)的企业都是规模比较大的企业,比较容易引起社会的关注,这促使它们开展了对社会的桥梁活动,而小企业由于社会关注不多,因而桥梁活动也比较少。这与我们日常的大企业比较关注自身的社会责任而小企业则很不规范的感觉是一致的。另一个可能的解释是,市场领域的竞争也会导致企业非市场桥梁活动的增加。加入WTO之后,中国市场日益融入国际市场,大量的国外跨国公司进入中国,市场竞争不断加剧。国外的跨国公司在社会责任领域已经进入了高级阶段，他们有成熟的企业文化和完善的参与公益事业的制度，这为他们带来很多的竞争优势。这无形中给国内企业产生了很大的压力，也促使国内的大企业关注自身的社会责任。假设5得到了验证，在企业的桥梁活动中，高层管理导向的中介效应在总效应中的比重 = 0.364 * 0.227 / 0.199 = 0.40。企业非市场行为和市场行为的相互影响需要在以后的研究中进一步关注。

第三，假设11和假设12都得到了验证，这表明，政府对企业的管制和干预导致了企业非市场缓冲活动的增加，企业普遍通过政治游说等措施来阻止或者隔离政府对企业正常运作的干预。而慈善、环保、教育等非政府组织的增加以及社会公众价值观的变化促使企业顺应社会的要求。

第四，应该指出的是，本书是把缓冲和桥梁用于中国企业非市场行为的一个尝试。尽管我们在理论上把企业的非市场行为区分为桥梁和缓冲为两个相互独立的变量，实证研究也验证了这种分类，缓冲和桥梁的这种分类还是略显粗糙，应该进一步进行精练。未来的研究应该对非市场事项进行进一步的分类，如在政治事项和社会事项之间进行区分，或者在进行缓冲和桥梁活动的不同利益相关者之间进行区分。本书的研究表明，桥梁和缓冲的分析框架对企业非市场行为的分类是有用的，这种分类能够使企业更好地了解在什么样的环境下，企业将强调哪一种活动。企业的合法性依赖于实施适用于特定背景下的非市场活动，理解如何在企业的特征、企业的环境和这些活动之间实现一种最佳的匹配对于企业的长期生存是非常重要的。

第五，市场化程度和企业的非市场战略（缓冲和桥梁）之间的关系没有得到证实。对此，一个可能的解释是，我们对企业经营环境的经济自由程度是根据企业的所在地来判断的，而很多企业的经营活动并不局限于一个地区，而是分布在多个地区。因此，企业所在地并不是反映企业经营自由程度的最佳指标，在以后的研究中，需要设计其他的指标来验证这一假设。

本书的主要局限主要来源于调查方法上的缺陷。第一，受样本量的局限，本书没有对行业进行区分。不同的行业由于政府管制程度的不同，企业的非市场行为会存在很大的差异，比如，政府管制比较高的钢铁行业和市场化程度比较高的电信行业，企业的非市场行为肯定存在很大的差异。在未来的研究中，要进一步收集不同行业的数据，对不同行业企业的非市场行为进行对比研究，这是未来的一个研究方向。第二，由于企业的非市场行为更多地是和企业的高层相联系，在问卷调查上受到很大的限制。我们的样本在地域分布上相对集中，而且很大一部分来源于EMBA学员，因此存在着以偏概全的可能。

综上所述，通过实证研究探讨了影响中国企业参与非市场事项的企业和环境因素，我们发现了企业的经济资源、高层管理导向和环境不确定性的影响，从而对中国企业投入大量的精力与政府和其他利益相关者打交道给出了比较好的解释。随着中国的市场化改革的深化和进一步融入国际市场，企业所面临的环境将更加动荡和复杂，企业的非市场行为将会进一步增加，需要加强对企业非市场行为的研究。

第六章 中国企业政治游说的伦理规范研究[①]

在影响企业经营运作的环境中,政府政策、法规、社会公共事项等非市场因素对企业的经营活动都有显著的影响。政府政策对企业竞争地位的影响是企业绩效的重要决定因素[②]。政府和政府的政策是企业面临的不确定性的主要来源[③],政府还控制着形成企业竞争环境的关键资源。企业的经济环境或者竞争环境与政府政策之间存在一种密切的关系[④][⑤][⑥]。政府决策者能够通过政府采购和规章制度来影响替代品和补偿品的数量,改变企业市场容量,通过各种法律(例如,劳工法和排污标准)改变企业的成本结构,通过设置进出口障碍和制定反托拉斯法影响整个市场结构[⑦];通过

[①] 本章内容发表于《管理学报》,2006 年第 5 期,题为《中国企业的游说行为及其伦理规范研究》。

[②] Shaffer B, "Firm-level Responses to Government Regulation: Theoretical and Research Approaches", *Journal of Management*, Vol. 21, 1995, pp. 495 – 514.

[③] Jacobson, C., Lenway, S., & Ring, P. "The political embeddedness of private economic transactions", *Journal of Management Studies*, Vol. 30, 1993, pp. 453 – 478.

[④] Baron, D. P. "Integrated Strategy: Market and Non-market Components" *California Management Review*, No. 37, 1995, pp. 47 – 65.

[⑤] Lenway, S., & Murtha, T. "The State as Atrategic in International Business Research." *Journal of International Business Studies*, Vol. 25, 1994, pp. 513 – 535.

[⑥] Murtha, T., & Lenway, S, "Country capabilities and the strategic state: How national political institutions affect multinational corporations' strategies?", *Strategic Management Journal*, No. 15, 1994, pp. 113 – 129.

[⑦] Gale, J., & Buchholz, R, "The Political Pursuit of Competitive Advantage: What Business Can Gain from Government", in A. Marcus, A. Kaufman, & D. Beam (Eds.), *Business strategy and public policy*, New York: Quorum, 1987, 231 – 252.

征收消费税以及制定规章制度影响产品和服务需求。

在市场经济较发达的国家,影响企业经营运作的公共政策与法规的出台一直是社会各种利益团体(企业是主要的参与者)权力斗争和利益平衡的结果①②③。随着改革的深入,中国政府经济政策制定时的操作背景已经由过去面向铁板一块的国有计划经济转变为面对各个利益集团的市场经济。而各个利益集团正在逐步由"自在"到"自为",独立的利益意识日益觉醒,试图通过各种方式影响公共政策。企业作为越来越强大的社会利益集团,对政府政策制定过程产生越来越大的影响。在很多情况下,企业通常会主动地影响政府的决策过程,从而形成对自己有利的竞争环境④。这种企业为了谋求对自己有利的外部环境而积极影响政府的政策和法规制定与实施过程的行为称作企业政治行为⑤。企业政治行为通常也被称为政治战略。企业的政治战略又可以细分为多种类型。盖茨基于代理理论把公司政治策略分为七类:游说、报告研究结果、报告调查结果、证词、合法行动、私人服务和选民培养。而希尔曼和黑特把企业的政治战略分为三类:信息战略、财务激励战略和选民培养战略。尽管存在各种各样的政治策略,政治捐款和游说被认为是利益集团用来获得政治通路最主要的策略⑥⑦。游说是大多数政治战略的主要特征。事实上,对很多企业来说,游

---

① Epstein, E. *The Corporation in American Politics*. Englewood Cliffs, NJ: Prentice Hall, 1969.

② Shaffer B, "Firm-level Responses to Government Regulation: Theoretical and Research Approaches", *Journal of Management*, Vol. 21, 1995, pp. 495 – 514.

③ Mahon, J. F. and McGowan, R. A, "Modeling Industry Political Dynamics", *Business & Society*, No. 37, 1998, pp. 390 – 413.

④ 张维迎:《企业寻求政府支持的收益、成本分析》,载《新西部》,2001年第8期,第55—56页。

⑤ 田志龙、高勇强、卫武:《中国企业政治策略与行为研究》,载《管理世界》,2003年第12期,第23—31页。

⑥ Smith R, "A. Interest Group Influence in the U. S Congress", Legislative *Studies Quarterly*, Vol. 20, No. 1, 1995, pp. 89 – 139.

⑦ Vogel, D. J, "The Study of Business and Politics", *California Management Review*, Vol. 38, No. 3, 1996, pp. 146 – 165.

说是他们政治战略最主要的形式①，因为他们并不进行政治捐款，只是偶尔地从事选民培养。"有越来越多的文献把信息而不是竞选捐款作为一个更有影响力的影响政策结果的工具"②。田志龙等把中国企业政治策略分为七类，分别称为直接参与策略、代言人策略、信息咨询策略、调动社会力量策略、政治关联策略、财务刺激策略、制度创新策略。由于中国不存在真正意义上的竞选，因而实际上中国企业影响政府决策的方法主要是游说。

关于游说，我们这里采用菲戈雷多（De Figueiredo）对游说的界定，游说是指所有努力与政治行动者交流信息的行为。这个定义包括了员工游说和雇用外部的第三方（游说家），以及通过媒体或者其他集团建立联盟进行间接游说。以上所列举的中国企业的直接参与策略、代言人策略、信息咨询策略和调动社会力量都是游说的表现形式。本章首先通过理论分析，提出了一个企业政治游说的分析框架，然后通过与企业高层深度访谈了解中国企业政治游说的途径及其潜规则。基于实证研究所发现的伦理问题，我们讨论了中国企业政治游说所应该遵循的伦理原则以及解决这些伦理问题的步骤。最后，我们通过跨国公司游说中国的收入所得税法的案例说明了这些伦理原则的应用。

第一节　企业的政治游说：一个分析框架

利益团体游说作为一种政治现象，是古今政治生活中一种普遍而重要的现象。但它在不同历史时期不同政治制度下，有着各自不同的具体表现形式。当今西方的游说活动（Lobbyism）以美国最为典型。在某种意义上

---

① Vining, Aidan R, Shapiro, Daniel M Borge, Bernhards, "Building the Firm's Political (lobbying) strategy", *Journal of Public Affairs*. London, Vol. 5, No. 2, May, 2005, pp. 150 – 176.

② De Figueiredo, John M. "Lobbying and Information in Politics", *Business and Politics*, Vol. 4, No. 2, 2002, pp. 125 – 129.

讲，美国政治实际上就是不同利益集团之间的利益互动。美国是一个典型的法治国家，实行"三权分立"的政治体制，立法、行政和司法彼此独立并相互制衡，因此美国企业的游说主要是围绕国会进行。为了各自的不同利益，美国的诸多社会领域、行业、企业、团体争相组织、配备或寻找自己的游说队伍或代言人，由此构成了围绕华盛顿国会山而兴起的生意兴隆的美国游说业。此外，美国实行的是政党竞选制度，为了扶植自己的代理人执政，各个利益集团也通过竞选捐款来影响政府政策的走向。由于游说政治的需要，美国政治制度中发展出一种特殊的机制——政治行动委员会（Political Action Committee，PAC）。这是由各行业团体、专业团体、商会、贸易商会、工会等组成的组织。他们向利益团体收取会费，统筹捐款给议员和政府官员候选人，以换取他们在当选后对回馈捐款团体的支持。

中国是一个一党执政、多党参政的国家，又处于从计划经济向市场经济转型的过程中。一方面，中央政府和各级地方政府依旧掌握着很多对企业发展至关重要的资源；另一方面，改革的过程是一个利益结构重新调整、权力重新分配的过程。因而在中国，企业无不花费大量的时间和精力与政府官员打交道。由于游说在中国是一个贬义词，因此中国企业影响政府决策的行为通常被称为政府公关。在中国，一个成功的企业，至少必须兼备两种能力，一种把企业内部运营做好的能力，另一种是政府公关的能力，成功的政府公关可以让企业的发展事半功倍。中国实行的是"议行合一"的政治体制，全国人民代表大会是我们国家的立法机构，也是中国最高的权力机关，"两院一府"（法院、检察院和政府）都对人大负责。然而，在现实中，政府却拥有很大的权力，高于其他机关之上。虽然宪法赋予了人大立法的权力，但是中国的立法却是行政部门主导的。即使是人大审议通过的不少经济社会监管法律，其实也是由行政部门主导起草、修订的。根据新华网公开的资料显示，在十届全国人大确定的76件立法规划中，由国务院提请审议或起草的达到38件，占到了50%。除了参与法律的起草，政府部门还出台了数倍于现有法律的大量行政法规和部门规章。在现实中，它们也具有类似于法律的约束力，而由于其数量众多，对民众和企业的影响更大、更广泛。这种部门主导立法的结果导致了"法律部门化"。部门立法使得强势利益集团能够对立法产生支配性影响。负责起草法律和行政法规、制定部门规章的主管部门和监管部门，通常与部分监管对象之间有比较密切的关系，甚至存在着直接利益关系，比如在国有垄断性企业与相应监管机构之间。这样，部门的立法过程就很容易被强势企业所控制。因此，在中国，企业游说活动的对象主要是各个层次的政府官员，包括中央政府、各部委、省、市、县的政府官员。

  企业的游说活动一般有两种方式，一是直接游说，即直接以各种方式影响政府官员的决策。二是间接游说，即通过第三方间接地对政府的决策施以影响。企业、第三方（游说者）和政府官员之间的关系如图6.1所示。企业是一个以盈利为目的的经济组织。只要当预期的收益超过预期的成本，企业就会通过游说影响政府官员的决策。公共选择理论认为，政府官员并不是大公无私的，他们也是追求自身利益最大化的"经济人"，在对各项政策进行取舍时，他们通常会选择那种能给自己带来更多利益的决策，这使得企业能够通过游说影响政府官员的决策。由于企业不一定具有接近政府官员的渠道或能力，所以企业通常也通过第三方进行间接游说。与西方国家具有专门的游说团体不同，在中国充当游说者的通常是那些具有接近政府官员的通路或对政府官员的决策能够产生影响的人，比如政府官员的亲属、朋友、同事等。企业和第三方（游说者）之间是一种委托代理关系，第三方（游说者）受企业的委托，为企业的利益而游说。

  企业政治游说的目的有两个，一是在政府的政策、法规等出台前对政府的决策施加影响，以形成对企业有利的竞争环境。比如，在《公司法》出台前各个利益团体对《公司法》的游说。二是在政府的政策法规出台后影响政府政策的执行。比如，在央行121号文件（《关于进一步加强房地产信贷业务管理的通知》）的出台后，部分房地产商和主管部门、地方政府认为房地产并未过热而积极游说，最终促成了国务院18号文件（《国务院关于促进房地产市场持续健康发展的通知》）的出台。

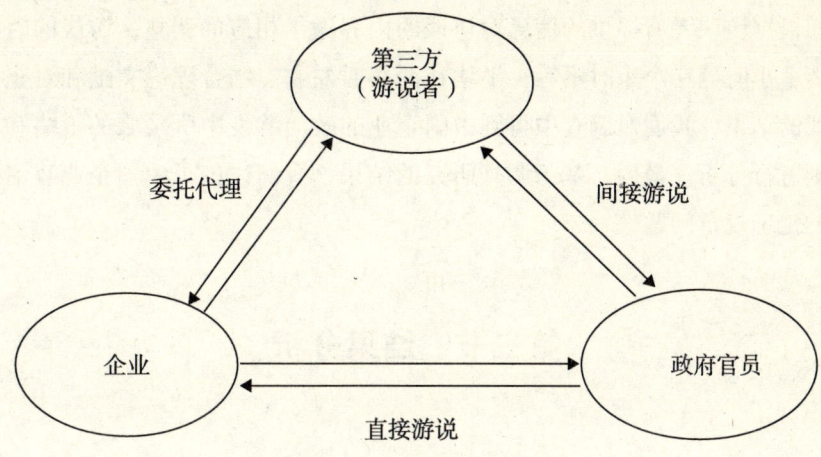

图 6.1　企业政治游说的模型

第二节　研究方法和资料来源

一、研究的核心问题

本章所研究的核心问题是：中国企业是通过什么样的方式游说政府，表达自身的利益诉求？在影响政府决策的过程中，存在一些什么样的潜规则？中国企业在影响政府决策的过程中，应该遵守什么样的伦理规则？

二、研究方法和资料来源

我们从华中科技大学的 EMBA 学员中选择了 10 位企业高层经理（五位总经理/董事长、四位副总经理和一位企业发展部部长，五位总经理/董事长分别来自深圳的一家合资企业（港资）、江西的一家民营企业、江苏一家合资企业（中德合资）、福建的一家国有企业和武汉的一家民营企业，四位副总经理分别来自河南的一家国有企业、武汉的一家国有企业、江西的一家私营企业、广东的一家国有企业，一位企业发展部部长来自江西的一家国有企业）进行深度访谈。在进行访谈之前，我们阅读了大量的相关文献和二手资料，设计了详细的访谈提纲（见附录3）。在访谈的过程中，我们根据访谈者所提供的信息对访谈的内容做了相应的调整。访谈的时间从半个小时到三个小时不等，平均在两小时左右。结合理论文献和对企业访谈的结果，我们对调查中得到中国企业的政治游说中所采取的策略和潜规则进行分析。最后，基于调查研究的结果，我们讨论了中国企业政治游说的伦理规范问题。

第三节　结果分析

一、中国企业政治游说所采取的方式和策略

成功的游说必须有接触重要决策者的机会，有一系列的关系网，精通政策制定程序。根据调查的结果，我们把中国企业政治游说的方式分为内部游说和外部游说，内部游说又可以进一步分为直接游说和间接游说，见表6.2。

表6.2　中国企业政治游说常用的策略

游说方式	所采取的策略	行为方式
内部游说	直接游说	企业高层直接向熟悉的政府官员反映情况； 举办一些活动（比如开业典礼、参观等），邀请重要的政府官员参加，借机向政府官员反映自己的利益要求； 聘用原政府官员，利用他们原有的关系进行游说； 通过企业的人大代表提出议案； 通过企业的政协委员提出提案； 企业有人作为各级政府决策咨询顾问或委员提出建议； 企业针对影响行业或本企业的政策、法规的制定、实施相关的问题站在自身的角度提出意见和建议，以正式或非正式的方式呈送给有关政府部门和行业组织等，以期产生影响； 企业有人参加政府部门的政策拟定与研讨等。

	间接游说	企业通过政府官员的家人、同乡、同学、朋友找到政府官员，希望他们为自己说话； 企业找到熟悉的参与决策的非政府官员（专家、学者），希望他们为企业说话； 通过工商联等半官方机构提出建议； 企业针对影响行业或本企业的政策、法规的制定、实施等相关的问题站在行业角度提出研究报告，以正式或非正式的方式呈送给有关政府部门和行业组织，以期产生影响； 企业参加行业协会，通过协会提出行业标准或规则。
外部游说	间接游说	通过新闻媒体进行呼吁，引起上级政府、社会公众对某一事项的关注，形成一定的舆论导向，间接影响政府及行业决策行为； 通过各种公开场合（如会议）进行呼吁，希望引起社会对某一事项的关注。

（一）内部游说

内部游说是一种比较传统的游说方式，一般是企业通过自己的员工或者外部的第三方（游说者）与政府官员进行私下的接触。内部游说有两种方式，一种是通过企业的员工进行游说，另一种是通过第三方（游说家）进行游说。我们首先看通过企业的员工进行游说。

1. 直接游说

（1）企业的高层直接向政府官员反映企业的利益要求。我们访谈的企业高级经理普遍表示，他们和当地的政府部门的主要领导都有良好的关系。比如，我们访谈的一位企业经理说，"和政府官员的关系做在平时，平时好得像哥们，常吃饭、旅游。在玩的时候，什么都谈。既向政府官员诉苦，也了解政府的各项政策。"来自江西的一位民营企业总经理谈到曾经给建设部部长写信，建议政府取消房地产企业资质等级管理的做法。

（2）通过企业内部的人大代表、政协委员等向政府提出议案或提案，影响政府的决策。我们国家的人大代表和政协委员是兼职的，企业界人士可以在从事本职工作的同时兼任人大代表或政协委员，因此有很多的私营企业主争相竞选人大代表和政协委员。人大代表和政协委员有很多权利，其中很重要的一点是向政府提出议案或提案。对于这些议案和提案，一经审议通过，政府必须督办。因此，企业可以利用人大代表或政协委员的身份提出自己的利益要求。比如，我们访谈的一位国有企业的总经理谈到，他们采用了一种"搭线"的方式来利用竞争对手的网络，这种方式虽然是违法的，但在行业内是普遍采用的。竞争对手采取各种方式来阻止，但没有效果。由于竞争对手有一位人大代表，他们通过该人大代表向政府提出议案。最后，在政府的压力下，该企业被迫中止这种行为。

（3）在一些重要的场合（比如开业典礼、周年纪念等）邀请政府官员参加，请政府官员参观企业，借此机会向政府官员反映自己的困难和要求。

2. 间接游说

内部游说的第二种方式是通过外部的第三方间接游说。在国外，中介组织非常发达，他们在企业与政府之间的沟通中扮演着重要的角色。在中国，中介组织还很落后，企业界和政府之间的沟通缺乏正规的渠道和途径，企业界和政府之间的沟通更多地是通过一种非正式的途径进行。

（1）利用亲戚、朋友、老乡、同学等关系与政府官员进行沟通，表达自己的利益诉求。我们访谈的企业高层都普遍谈到具有广泛的社会关系网络，当有事情找政府的时候，可以通过这些社会网络来进行。"当和政府官员不熟悉的时候，就通过朋友、同学等关系来找政府官员。"

（2）工商联是由各类工商业者、主要是非公有制经济代表人士参加的民间商会。通过工商联表达自身的意愿是企业参政议政的一条重要途径。比如，湖北的一位民营企业家在政协湖北省委员会九届一次会议上，通过工商联间接提出了"关于建立湖北'胃药生产基地'的建议"等五条提案。

（3）通过行业组织或企业间组织联合游说也越来越多。比如，我们访谈的一位企业总经理反映，针对"墙改办（墙体材料改革办公室）"乱收费，收来的钱不进入财政，自己乱花的现象，联合了三十多家开发公司联名上书，直指"墙改办"的弊端。上海多家民营快递商已联名向全国人大常委会和国务院递交了一封申诉报告，直陈《邮政法》第七稿中的行业垄断情况,以及一段时间来,邮政部门打压民营快递企业和国际快递企业的情况。

(二)外部游说

除了内部游说,企业通常也会采取外部游说的方法,所谓外部游说,是指企业通过新闻媒体以及在各种公开场合进行呼吁,从而引起社会对某一事项的关注,形成一定的舆论压力,间接影响政府及政府决策的行为。比如,吉利集团为了能生产轿车,李书福在公开场合多次呼吁,"请国家给我一次失败的机会"、"通用"、"福特迟早要关门"、"造老百姓买得起的好车"等。这些呼吁无疑为国家最后做出批准吉利生产轿车决策奠定了良好的舆论基础。此外,个别抗议事件通过媒体的参与而形成的舆论,构成了对公共政策的压力。尽管中国的政府官员并不是公开选举的,但是出于对社会稳定的考虑,政府也很重视这种来自民间的压力。比如,在城市拆迁过程中发生的抗议事件在媒体报道后,部分省市主动调整了城市拆迁制度(如广东),出台规范土地流转市场的政策。

二、中国企业政治游说中的潜规则

在中国,企业要影响政府的决策,必须和政府官员建立良好的关系。来自湖北的一位私营企业经理说,"常找政府官员了解国家的各种政策。中国的事情,弹性很大。只要是在政府官员的职权范围内,政府的政策能沾上边的,找一找熟人就可以往上靠。""平时常找政府诉苦",原因是"怕政府敲诈、要赞助。"

来自江西的一位民营企业老板通过一个例子说明了与政府官员建立关系的重要性。他谈到,他们父子是手艺人,不喜欢和政府官员打交道,"我们不和政府官员打交道","我们的学校都到这个规模了(私立职业技术学校,全国最大),我连教育厅在什么地方都不知道"。结果,已经掏钱买下的土地,迟迟不划拨。学校前边的一条路很差,要经过一片坟地,我们让政府修路,政府就是不修,最后不得已,我们自己掏钱修路,结果推土机已经开来了,政府挡着不让我们修,说"修路可以呀,拿钱来!"

推论1：与当地政府官员的关系对企业的发展非常重要，无论是维持企业正常的经营活动，还是试图利用或影响政府的政策。

在问到企业通过什么样的方式与政府官员建立关系时，我们所访谈的企业高层都普遍表示，利用各种关系，比如，同学、老乡、朋友等关系和政府官员建立联系。比如，来自江西的一个民营企业的总经理谈到，当从朋友那里得知某某县要建立一个步行街，而且该县的县长是他的老师以前的一个学生，就以同学身份拜访，最终拿下了该项目。

来自陕西一位国有企业高层经理谈到，"要影响政府的决策，主要靠关系，通过各种关系网，在利用关系网时，利益关系起的作用比较大。"

我们访谈的企业高层都普遍加入了各种行业性组织或各种协会。有几位企业高层向我们做自我介绍的时候都有好几个协会的头衔。当我们问到加入这些协会对企业有什么作用时，这些企业高层的普遍看法是，这些协会的政府色彩很浓，其中有很多的政府官员，加入这些协会，"可以混个人熟，好办事"，即可以和这些政府官员建立关系，从而给企业的发展带来好处。

来自福建的一家国有企业的总经理反映，企业和政府之间的沟通，"主要靠个人关系的积累，我们的老领导在那里待了几十年，他的关系要比我深得多，广得多。当然办事情也比我容易得多。"企业和政府之间正式的沟通渠道很少，主要靠人和人之间的沟通"。

推论2：企业和政府之间的沟通主要靠企业高层利用各种关系网络与政府官员建立的个人关系，企业通过这种关系网络影响政府的决策。

当问到企业向政府反映情况，提要求的结果时，武汉的一家私营企业的经理谈到，"只要是政府官员职权范围之内的，应该有用。"江西的一家私营企业的经理谈到，曾经给建设部部长写信，建议取消房地产企业资质等级管理的做法，或者把资质等级证书改为资信等级证书，落的是实名。但是没有反应。"类似这样的都有过。但是有效果的少，没有效果的多。""我们发现，和具体经营相关的反而有反应，越具有公共性的越无反应。"

推论3：企业向政府提出的利益要求，有些是与企业的经营活动密切相关的，有些是具有共性的普遍问题。越具有共性的问题越没有反应。

当问到企业如何与政府官员建立、加强关系时,来自陕西的一位企业的高级经理说,"这种关系靠的是平时的投资,投资在日常","主要是利用逢年过节、红白喜事、亲朋父母生日、孩子升学、结婚等机会进行送礼(精神、物质)"。除了利用这些机会之外,企业的高层平时也通过"打牌送钱、洗澡拉近感情、出资旅游"等方式来拉近与政府官员的关系,这样才能在有事情需要政府官员帮忙的时候,"直接去找高层"。

来自湖北的一家民营企业的经理说,"在企业改制之前,常在外边陪政府官员吃饭,打保龄球,唱歌……每周大约只有三顿饭是在家里吃"。

来自武汉的一家私营企业经理说,"快过年了,各方都得打点,给有关领导和实权人物拜年必不可少,这是一种'润物细无声'式的投资。"需要打点的对象是当地工商、税务、公安、质量检查部门、街道办事处等。具体的方法有4种:首先,预先给一些餐馆、饭店"埋单",然后把这些已经付过账的单子赠给关系户;其次,把重要的7个单位的头头们请到一个体面场所联谊。采取抽奖的方式,把价值1万元的奖品留给主要领导,其他最低的也得是价值2000元的奖品。再有,给一些遇上生孩子或结婚的关系单位的领导送礼。第四是请各部门的头头带家属旅游。据一位民营企业的经理透露,近几年送礼形式越来越隐蔽,比如字画、邮票、古玩等艺术品。

来自江西的一位国有企业经理谈到,"在我们这个行业,回扣是很普遍的现象。我们做项目,都要送礼金,有接待的礼品,有事后的礼品。行贿和礼品之间没有什么界限。""我们大小的事情都要请示领导,在千把块钱左右可以自己决定。"

来自河南的一家国有企业的副总经理谈到,"每到八月十五和过年的时候我们都会给上级领导、政府部门送礼,一般是由各个部门向上边汇报,需要给哪些单位送礼,再由上边决定是送购物卡、购物券还是要送现金,送多少。给消费者协会也要送礼。平时也送礼,但送得比较少,一般三个月就要给政府官员送一次。送礼还要看关系,不是说谁送礼都收。只有关系比较好,比较可靠的才收"。"我们一般是都事先送礼,请政府官员吃饭。比如说,马上有事情找政府官员,就请政府官员吃顿饭,在饭桌上向政府官员提要求。"

来自福建的一位国有企业的总经理谈到，"我们送礼主要送一些有纪念意义的能和企业沾上边的礼品，比如等值卡、充值卡之类的，但是这很模糊。"

来自陕西的一位公司经理说，压岁钱是一种"打点"各方关系的载体。每年春节，他都要给不少关键部门的关键人物的孩子们一个大红包——压岁钱。"给领导孩子送压岁钱，显得比较亲近和自然，容易被接受。"

推论4：企业普遍通过日常的请客吃饭、娱乐、旅游等方式加强和政府官员的关系，利用逢年过节、婚嫁葬丧等机会给政府官员送各种"礼物"，然后通过"日常投资"所建立的关系资源影响政府官员的决策。

推论5：企业用来和政府官员建立关系的这些"礼物"有些是合法的，有些是不合法的，还有大量的处于合法与不合法之间的灰色地带，这些礼品在形式上越来越隐蔽。

当我们问到企业对这些搞关系作法的看法时，我们访谈的经理都普遍认为不道德。但是却不得不这样做，来自湖北的一位经理指出，"别人在这样做，如果你不做，你就吃亏"。

来自江西的一家民营企业的总经理认为，之所以这么做，是政府官员的行为不规范的结果。"我们某分公司谈的一个项目，设计方案九稿未通过。最后我去找某主要领导，该领导让我直接和秘书谈。最后通过'打点'后才获得该领导给出具体修改意见，我们的项目才顺利通过。"

来自河南一家国有企业的副经理说，"给政府官员送礼得年年送，一年不送他们就不认账。我把这称作一年的'保护费'。这些当官的，平时连影儿都找不到，到逢年过节整天都待在办公室。"

推论6：导致企业普遍通过送礼的方式与政府官员建立关系的原因，既有竞争方面的原因，也有政府官员素质的原因。

当问到企业内部对于送礼品是否有相关规定，如何把送礼品和行贿区别开时，一位企业的高层经理说，"没有，国家规定的5000块钱的标准，我们平时早都超过一万了"。而另一位私营企业主则说，"主要是通过'细水长流'的方式,每次都不会超过国家法律规定的 5000 元的行贿标准"。一位国有企业的总经理说,"行贿这种方式在他们单位比较少,因为招待费要从收入中按照比例提取,上级对于财务是必须审查的。另外,我们企业有专门规范送礼品的文件,价值不得超过 5000 元以上。"

来自湖北的一家国有企业副经理谈到,"我们那里的私营企业和政府官员的关系比我们要好。因为我们是国有企业,受到的约束比较多,而私营企业则要灵活得多,他们可以给政府官员很多的好处。"

来自江西一个国有企业的经理说,"我们是国有企业受到的约束较多,不像私营企业,机制灵活,受经济利益驱使,只要划算,就会投入"。

推论 7:在给政府官员送礼品建立关系方面,国有企业相对比较规范,而民营企业则受到的约束较少。

总而言之,企业影响政府决策的方式是多种多样,例如,利用亲戚、同学、老乡等关系接触制定政策的上层决策者,从而影响政府的决策;采用拜访、书信、研究报告等形式来影响政策决策者的决定;利用与本利益团体有关的人大代表直接影响政策决策圈。企业影响政府官员的决策主要靠平时建立的关系,为了建立、维持这种关系,企业普遍给政府官员送礼,有些是合法的,有些是公然的行贿,还有大量的介乎两者之间,是一个灰色领域。

第四节 企业政治游说的伦理分析

一、企业政治游说:一种对社会负责任的行为

通过对企业高层访谈的分析,我们可以发现,中国企业的政治游说缺乏透明度,更多地是遮遮掩掩地进行。在游说的过程中,存在很多的灰色地带。但是我们不能由此认为,企业的政治游说就是邪恶的,不合伦理的。同样地,我们也不应该认为,企业应该完全被动地接受政府所制定的法律法规和政策。相反,我们认为,为了履行他们的社会责任,促进它们

的私人利益，企业应该进行游说。

尽管依旧有人认为，企业的社会责任是在不违反法律的情况下最大化自身的利益[1]，人们期待企业是一个向社会利益相关者负责的社会组织有越来越多的共识[2]。按照帕瓦（Pava）和科柔兹（Krausz）和伍德（Wood）对什么样的行为才是对社会负责的行为的界定，游说不仅是一项权利而且是一项义务。帕瓦和科柔兹提出了对社会负责的行为的三条准则：当公司或产业集团对某一问题拥有"局部知识（local knowledge）"；具有采取某种行动的"相应的责任"；能够"在公司的利益相关者中对参与达成一致同意"。当企业的行为符合这三条标准时，这些活动和企业的财务绩效具有某种关联。

按照帕瓦和科柔兹的标准，企业的政治游说是一种对社会负责的、合法的（legitimate）行为。企业或产业集团具有关于如何矫正某些社会问题的相关局部知识，在伦理上它们有义务参与政治过程。如果一个企业或产业集团对于某一社会问题具有一定的责任，而这些问题的解决又需要通过在地方或者国家层次制定公共政策解决的话，该企业或者行业就应该参与公共政策的制定和实施，发挥自己应有的作用。如果企业的利益相关者对于企业应该通过游说在政治舞台上促进某些价值或者政策的意见是一致的，企业或者行业集团应该对这些活动投入资源。

伍德的公共责任准则认为，企业应该对介入社会的首要和次要领域的结果负责。但是她也认为，社会赋予了企业合法性和权力，那些滥用这种合法性和权力的企业将会失去这些权力。因此，那些试图去影响公共政策制定的企业必须以一种合法的方式进行，否则社会可能会收回企业影响立法和监管过程的权力。比如，企业雇用政府官员来赢得政府合同是一种不

---

[1] Friedman, M, *Capitalism and Freedom*, Chicago: University of Chicago Press, 1962.

[2] Donaldson, T., & Preston, L. E. "The Stakeholder Theory of the Corporation: Concepts, Evidence, and Implications", *Academy of Management Review*, No. 20, 1993, pp. 65–91.

合法的（illegitimate）行为，美国的"旋转门"立法在联邦层次上禁止了这种行为。伍德的经理人员责任准则意味着那些相信他们事业正当性的企业界人士应该采取游说行动来支持他们的事业。

利益相关者理论也提供了企业政治游说合法性的理由。公司具有在政治舞台上代表他们的利益相关者的责任。人们通常把这种代表批评为自私的贪婪，但是它对企业的管理者促进它们自身以及利益相关者的利益也是合法的。企业政治游说在代表为顾客以合理的价格提供保证质量的商品和服务、工人有工作和收入的利益，社区获得税收的利益、股东试图获利的利益是必要的。企业的利益与其他重要利益冲突的事实并不能认为它们为自身和利益相关的利益服务是非法的。企业在促进它们的利益相关者的利益方面处于独一无二的位置，并且它们有义务这样去做。

政府的政策和立法活动本来就是一个多方博弈的过程，在利益多元化的社会结构下，只有让所有受到影响的利益在立法过程中都能得到充分反映，才能在相互竞争的利益之间达成一种妥协，形成一种共识，才能保证公众对最终立法结果的认同和支持。因此，我们应该改变对利益集团政治游说的消极看法，承认利益集团的游说在政府的公共政策和立法中的作用。

二、企业政治游说的目的：为公共利益还是私人利益

我们已经说明，企业可以为利益相关者的利益合法地进行游说。然而，这种观点与作为一个负责任的公民，企业应该把政治活动看作与追求私人利益的活动不同的观点是冲突的。韦伯认为公司的政治活动"应该而且可以被看做是受到不同的目标和标准支配的一种不同类型的活动"，这些目标和策略追求的是公共利益而不是私人利益。然而，汉密尔顿（Hamilton）和Hoch认为，可以通过把这些评价游说的标准理解为决定什么是合法的公共利益和私人利益得到解决，而不是简单地把他们区分为"公共利益和私人利益"。正如个人可以合法地作为消费者来促进他们的私人利益，

也可以作为公民来促进公共利益①，因此，企业也能够合法地促进它们的私人利益和公共利益。至于什么时候个人或企业的私人利益要服从公共利益，这是由伦理标准决定的。

汉密尔顿和 Hoch 根据企业追求的利益是否合法（legitimate），把企业政治游说所追求的利益区分为：为公共利益游说、为合法的自我利益游说以及为非法的或者自私的个人利益游说。通过这种区分，企业政治游说的伦理标准就变得很明确了。公共利益涉及到社会的整体利益，包括所有在利益上有关联或者具有内在价值的实体，比如，人（既包括当代人也包括未来几代人）、动植物和濒危物种，但是，对于那些是公共利益，它应该怎样在各种各样的利益载体中进行分配，并且哪一个实体具有内在价值和工具价值等，人们都会存在不同的理解。环境主义者可能将公共利益视为需要保护更多的野生生物、开采更少的不可再生能源等。另一方面，企业和它们的利益相关者可能将公共利益看作为社会提供更多的产品和服务，解决更多的就业机会。尽管这两者之间可能难以调和，但环境主义者和企业可以就什么是公共利益进行一场合法的争论，通过争论来更好地促进各方对什么是公共利益的理解。

对于什么是公共利益需要根据伦理准则以及什么更具有公共价值来认定，这些伦理准则通常表现为像效用、对人的尊敬和其他具有内在价值的实体、权利和正义这样的概念。因此，对那些就公共利益的构成进行争论的人而言，认可评价行为的伦理或价值主张是很重要的。这种对公共利益构成的对话使代议民主制富有创造性。

事实上，大多数的商业游说不是为了追求公共利益，而是试图为"特定的利益"进行游说，其目的是为某个企业或某个产业集团获得好处。尽管这种政治活动追求的是自我利益，但我们并不能说它本质上就是错误的。为某个企业或产业集团争取好处并不必然是以其他企业的利

---

① Sagoff, Mark, "At the Shrine of Our Lady of Fatima, or Why Political Questions Are Not All Economic", In VanDeVeer, Donald and Pierce, Christine (eds.), *People, Penguins, and Plastic Trees: Issues in Environmental Ethics*, Wadsworth Publishing Company, Belmont, CA, 1986.

益或者总的福利为代价，事实上，它可能促进了其他企业或社会整体的利益。

对于为了使财富从一个企业或产业集团转移到另一个企业或产业集团，或从公共利益转移到私人利益而进行的自利的游说，如果所有各方都表达了它们的真实情况，并且决策是通过最大化各方的利益、尊重各方的权利和确保利益分配公平的民主过程来实现的，那么这一游说就是合法的。也就是说，对游说的目标和策略应该进行伦理评价，看它们追求的自我利益是合法的还是非法的。如果一个企业或产业集团所追求的目标和策略是以其他方或者公共利益为代价的，没有适当地考虑对其他方利益、负担以及权利的影响，那么这种追求自我利益的游说就是非法的。换句话说，当追求自我利益的游说侵犯社会业已建立的商业伦理规范时，它就成为自私的游说。

值得重视的是，关于什么是公共利益的观点可能要么与追求自我利益的论点相混淆，要么难以与促进自我利益相区别开来。当环境主义者因为不喜欢看到当他们驾车经过砍伐过的林地而反对砍光树木时，他们是基于公共利益还是私人利益来争辩一个审美观的保存呢，或者两者兼有？当企业以管制的成本和创新的丧失为借口而反对限制它们利益的政府管制行为和公共利益相违背时，它们事实上是在追求私人利益还是公共利益呢？[1]在这两个例子中，最重要的问题不在于追求的是公共利益还是私人利益，而在于它们是不是合法的。

因此，要决定企业的行为是否合法，与其试图在追求自我利益的政治活动和追求公共利益的政治活动中进行区分，还不如对这两种类型的活动进行伦理审查。我们可以通过区分到底什么是公共利益来判断是否是为公共利益而游说，通过判断是否尊重他人合法的利益和大众利益来判断追求的是合法的自利的游说还是非法的自私的游说。

---

[1] Hamilton, J. Brooke, III., Hoch, David, "Ethical Standards for Business", Lobbying: Some Practical Suggestions, *Business Ethics Quarterly*, Vol. 7, 1997, pp. 117–129.

根据以上分析，当企业把政治看作一个追求自我利益的场所，而不考虑伦理约束的时候，企业政治行为的问题就产生了。就这个过程的单个参与方而言，对他们的行为进行限制是不适当的，这是因为：与没有受到限制的参与者相比，他们将处于一种竞争劣势；所有利益方参与政治过程会产生一种相互妥协的方案，这对于社会是有益的，这是合乎伦理的。政治被看做是超道德的行为相互冲突的过程，而其产生的结果是道德的。类似地，经济学家认为，市场这个看不见的手能使个人追求自利的行为产生对整个社会有利的结果。企业的行为受到法律和社会规范的制约，企业的经理们认为法律允许游说，而且政治伦理赋予任何人追逐他们自我利益的自由。

企业往往不仅在游说所试图实现的目标上缺乏伦理考虑，而且在实现这些目标的策略上缺乏伦理约束。在游说的过程中，积极影响政府政策的各方把是否成功被看做是这些策略是否有效的唯一的标准，很少考虑这些策略对制度民主以及最终对社会所造成的损害。我们国家因为政治现实状况，一直都在宣扬全民利益的一致性以及党是全民利益的总代表，不愿意承认不同的利益集团对政府政策和立法的影响。而事实上，对于中国这样一个"官商"历史悠久的国家，利益集团干预操纵政治的现象从来都没有断绝过。在计划经济向市场经济转轨的过程中，利益集团日益多元化，这样的现象越来越普遍。但是，与西方社会不同，我们国家利益集团干预政府立法是隐蔽的、不公开的，而且很多时候只是强势集团单方面的行为，其他的利益群体则被排斥在外。在这里，企业政治游说的伦理问题主要是"寻租"和"设租"。寻租是指企业利用政府部门及官员手中的权力，绕过各种法律法规和法定的监管环节，寻求自身经济利益的非生产性活动。寻租实际上是对法律法规的违背，而"设租"则是企业通过影响立法和正式规则而实现"非生产性盈利"的目的。后者比前者更安全、更隐蔽、利润更大、危害性也更大。这种遮遮掩掩的行为的最大受害者就是社会的弱势群体，因为他们的诉求无法得到伸张，并且他们的权益往往被强势集团以合法的形式通过公权力加以掠夺。

正义和社会利益不是政治非道德冲突的产物。只有当参与者受到对其他参与者命运和制度可靠性的伦理限制时，民主的制度才能顺利运转。博弈理论研究①和对追求自我利益最大化经济学的批评②表明，在一个利益不足和负担过剩的世界里，合作和合乎伦理的竞争对所有人而言将产生一个较好的结果。

第五节 中国企业政治游说的伦理规范

我们前边已经说明，企业的政治游说应该受到伦理原则的制约，那么道德约束如何才能有效地融入中国企业的政治游说呢？第一步是为游说提供能够促成与企业开展对话的伦理标准。第二步是把这些关于企业活动的标准和信息传递给外部受影响的利益相关者，使他们能够和企业的经理们对企业政治游说活动的伦理规范展开对话。这并不是解决问题方法的全部，这两个步骤为中国企业缺乏规范的游说活动提供了一个可行的矫正方案。

一、企业政治游说的伦理标准

把传统的伦理理论和原则应用到商业领域需要把这些理论转换成管理者能够接受的词汇，而不使他们感到尴尬。我们需要把艰涩难懂的伦理原则和词汇转变成一些容易记住的简短的伦理概念，使企业的经理们能够和诸如"投资收益"、"产品生命周期"这样的概念一起使用。汉密尔顿和 Hoch 1997 年提出了企业政治游说伦理的八个标准，这些标准可以作为把道德限制结合到政治活动的第一步。这些标准基于功利主义哲学、康德的关于权力和正义的三条标准、社会契约理论，以及角色伦理（见表6.3）。

---

① Dixit, Avinash & Nalebuff, Barry. *Thinking Strategically.* Norton, New York, 1991.
② Werhane Patricia, *Adam Smith and His Legacy for Modern Capitalism*, New York, Oxford University Pres, 1991.

表6.3 伦理原则向政治伦理转变

主要的伦理理论	内容	企业政治游说伦理规范
功利主义	如果一项行为能给大多数人带来最大的幸福，则该行为就是道德的，否则就是有问题的。	1. 使那些受到影响的各方利益最大化，同时最小化对他们的损害； 2. 不要对自己有例外； 3. 让他人做出自己的选择； 4. 进行公共检验； 5. 尊重人权； 6. 保证对利益和负担的公平分配； 7. 尊重社会契约； 8. 采取和你的企业特征以及企业的声誉相一致的行动。
康德的三个原则	原则一：要只按照你同时认为也能成为普遍规律的准则去行动。	
	原则二：总是将人当作目的，而决不仅仅将人当作手段而行动。	
	原则三：按仿佛你是目的王国中的一员而行动。	
社会公正理论	自由原则：在不影响他人行使同样权利的前提下，让社会每一成员尽可能多地享受自由。	
	差异原则：社会、经济的不平等应该如此安排：一方面这种安排应普遍适用社会每一成员，另一方面应使社会最底层获得最大的利益。	
社会契约理论	人们之所以通过订立契约建立国家，是为了寻求社会公共权力来保障人的天赋权利。	
角色伦理	伦理的行为要求对一个人在社会中的角色的理解，并且以一种对社会有利的方式扮演这个角色。	

在评价企业政治游说的目标和策略时，所有八项准则都必须考虑。没有一项准则能够甄别一项行为合乎伦理的所有方面[1][2]。每一条标准对复杂的情形提供了不同的睿见，这些标准强调：好结果的重要性，使每一个人遵守相同的准则，尊重每个人的选择或权利，证明不平等的正当性，认识

---

[1] Velasquez Manuel G, *Business Ethics: Concepts and Cases*, Englewood Cliffs, New Jersey, Third Edition. Prentice Hall, 1992.

[2] Boatright, John R. *Ethics and the Conduct of Business*, New Jersey: Prentice Hall, Englewood Cliffs, 1993.

到社会和角色的重要性。每一个规则都对别的规则进行矫正：为大多数人带来好的结果同时需要尊重个人的需要和权利，同样，尊重个人的权利需要考虑是否为大多数的人带来最好的结果。在大多数的情况下，这些规则产生了类似的结果。

然而，也存在准则相互冲突的例子。一项最大化大多数人的幸福的行动可能会否决某些人的选择或者导致某些人收益和负担分配的不公平。当这些准则之间冲突时，并没有一个更高级的准则来确定哪个准则优先。个人和组织必须认识到这种冲突并与那些受到影响的人持续地进行伦理对话[①]。最终，必须选择在特定情形下他们认为是最重要的价值和原则。

为了使这些准则在商业的讨论中具有可信度，仅仅表明他们是从西方的哲学和宗教传统中发展起来的传统伦理准则中转化而来的是不够的。尽管受到不道德行为的困扰，商业界人士可能会质疑在政治游说中引入伦理原则的实用性。因此有必要说明实现这种转换的有效性。当他们对在商业或者政治中"为什么应该最大化幸福"或者"尊重其他人的权利"进行质疑时，这些伦理约束应该能够对这些原则做出实用的、有利的解释。事实上，这些伦理原则和大多数商业界人士的价值观是一致的，尽管他们可能从来没有意识到他们与商业伦理准则的关系。例如，每个人都希望幸福和所有人都有平等价值的观念，这些看法使大多数人的最大化幸福和那些受到影响的人的不幸最小化是合法的。

二、鼓励伦理对话

不管我们设计的在商业环境下使用的伦理原则多么完善，希望企业在政治游说活动中遵循这些伦理标准似乎注定很天真。既然企业在过去的游说中很少考虑这些问题，为什么它们要发起关于游说伦理的讨论呢？一个使企业愿意在游说活动中考虑伦理的因素是，社会作为一个整体，尤其是

---

① Bowen, Michael & Power, F. "Clark. The Moral Manager: Communicative Ethics and the Exxon Valdez Disaster", *Business Ethics Quarterly*, Vol. 3 No. 2, 1993, pp. 97 – 115.

消费者和利益相关者对企业应该以一种合乎伦理的方式运作日益关注。社会不再单纯强调企业以更低的价格生产质量更好的产品和服务以及为它们的利益相关者提供利润来增进社会福利，而是日益期望企业以一种尊重基本伦理标准的方式来开展这些活动。最近政治家、媒体，甚至是商业媒体对企业不负责的行为日益增多的讨论就是明证。

另一个可见的进行自愿伦理限制的动机来自对商业游说方面信息可获得性的提高。由于信息技术的突飞猛进，电视、电话、网络等通讯方式利益得到普及。尤其值得一提的是互联网，互联网把远隔千里的人们联系在一起，人们就发生在身边的任何事情在网络上进行讨论。这些途径获得的信息加上从合法途径获得的上市公司的信息，可以促使对特定企业游说活动的伦理展开公共对话。新闻媒体对企业政治游说伦理问题的报道会导致股东在股票市场对企业不合伦理的行为做出反应。研究表明，投资者会对新闻媒体上报道的从事不合伦理行为的企业做出消极的反应[1]，因此新闻媒体对伦理上有问题的企业游说活动的报道应该会促使企业经理们在进行游说之前检查游说程序的伦理问题。那些在进行产品或服务选择时会受到企业伦理行为影响的消费者同样也会对这一信息感兴趣。大型的机构投资者持有很多的股份，代表着社会利益相关者的社会意识，他们会对单个股票的价格产生很大的影响，因而能够运用信息来鼓励负责任的游说活动。

用这些伦理原则可以对企业政治游说活动的伦理做出界定，减少企业追求自利的行为对其他利益方的损害，但不能保证对公共政策争论的各方达成最优的行为方案。具有不同感知和价值的个人可能在他们最优的行为选择和尊重的意愿上存在差异。然而，如果所有的各方都把伦理原则作为政治行为的指导，那么这将极大地促进对话进程。

仅仅为企业提供游说活动的伦理标准是不够的。从参与者角度来说，在外部和内部利益相关者中进行对话是一个更迫切的矫正措施。不对称的

---

[1] Rao, Spuma and Hamilton, J. Brooke Ⅲ., "The Effect of Published Reports of Unethical Conduct on Stock Price", *The Journal of Business Ethics*, No. 15, 1996, pp. 1321 – 1330.

权利和社会地位经常影响到对诸如"公正"、"尊重"和"社会契约"的理解。那些有特权的、强有力的利益方理解的是一套,而那些被边缘化的利益方理解的却是另一套。我们不能期望开展伦理对话能够解决一切问题。对企业政治游说伦理的争论不会停止,企业也不会完全接受环境保护主义者等利益团体的价值观。即使存在伦理约束,人们可能在什么是应该追逐的合乎伦理的行为上存在严重的和长久的冲突。对事实解释的不同,以及哪些伦理原则应该是主导的或哪些价值观应该是更为重要的选择有时可能妨碍共识的产生。通过持续的对话,各方对于问题产生的根源和结果会有更清楚的认识,这会促使这些问题的解决。

第六节 跨国公司游说中国企业所得税立法案例

下边我们以跨国公司游说中国的企业所得税立法为例,来说明这些规则如何具体应用到企业的政治游说活动中。

一、案例介绍

为了吸引外资,中国对外资企业实施《外商投资企业和外国企业所得税法》,对内资企业实施《中华人民共和国企业所得税暂行条例》,形成了被专家称为"全球罕见"的内外两套企业所得税制。无论是在所得税税前扣除项目方面、所得税优惠政策方面还是地方税方面,外资企业比内资企业都有很大的优惠,拥有"超国民待遇"。按照国税总局的测算,目前内资企业所得税的名义税负是33%,实际税负为23%左右,外资企业名义税负是15%,实际税负是11%。无论是名义税负,还是实际税负,内资企业的税负都是外资企业的一倍。这种差异性的企业所得税制严重违反了税负公平均衡的原则,抑制了中国民族工业和幼稚产业的发展,不利于国民经济整体素质的增强。同时,所得税的"内高外低"客观上助长了"假外资"现象的屡禁不绝。

"两税合一"问题近几年一直在政府部门和学术界中进行酝酿,围绕这一问题进行的利益博弈也就由此而展开。本着内外资企业平等的原则，中国政府拟将内外资企业所得税合并，让内资和外资在同一个起跑线上竞争。从阵营来看，可以看出，大体是管财的部门、内资企业和部分专家学者为一方，管商的部门、外资企业以及一些地方政府为另一方。2004年下半年，改革的条件日益成熟，财政部完成统一所得税方案的起草，并送交全国人大和国务院有关部门讨论。2005年1月5日，54家跨国公司向国务院法制办、财政部、商务部和国家税务总局提交了《在华投资的跨国公司对新企业所得税法的若干看法》的调查报告。这份报告由一家咨询公司受通用电气等在华投资时间较长的跨国公司委托，以问卷形式对京、沪54家跨国公司组织的一次关于新企业所得税法的调研而形成。报告要求"取消对外资企业优惠政策应有一个5到10年的过渡期"，并且希望中国政府能够在新企业所得税法中给出一个"合理的、具有竞争力"的企业所得税率。这些跨国公司还动用各种关系对政府官员进行游说。财政部部长金人庆曾感慨地说："现在为中资企业说话的人太少了，而为外资企业说话的人太多了。"54家跨国公司联合施压使商务部担心内外资企业所得税并轨后，对外商来华直接投资产生负面影响，因此建议推迟企业所得税税制的改革。由于各部门内部意见的不一致，草案在国务院法制办搁置，2005年3月的"两会"期间，"两税合一"的议案没能付诸表决。这意味着统一内外资企业所得税税率的努力再次遭到失败。《华尔街日报》对此报道说："这使外资企业暂时赢得了一场胜利。"

二、案例分析

从游说的目的来看，外资企业游说中国的企业所得税立法，显然是为了维护自身的利益。就行为本身而言是无可非议的。外资企业既然在中国拥有利益，当然有权利维护自己的利益。就其游说的方式来说，也是正当的。这些都是值得肯定的，也是内资企业应该学习的。下边我们运用以上所列举的八条伦理原则进行进一步的分析。

功利主义的方法基于对成本和收益的权衡，因而与企业做出决策的方法最为类似。它要求行为要最大化那些受影响的人的收益，最小化对他们的伤害。按照这一规则，考虑其他人、企业以及企业的内部利益相关者的利益是合法的。如果所有受到影响的各方具有平等的价值，他们也都渴望幸福，那么合乎伦理的选择就是能够最大化幸福的选择。

因此，跨国公司在对企业所得税法进行游说的时候，应该考虑如何才能为最大多数的人产生最大的好处，既应该考虑对受到企业所得税法影响的外部利益相关者（中国的内资企业、中国政府、中国民众等等）的利益，同时也应该考虑对企业的利益相关者（股东、员工、社区等）的利益。跨国企业通过游说企图延长外资企业税收优惠政策，这会导致中国财政收入的损失和利润的外流，而内资企业则会因为继续承担沉重的高税率在竞争处于不利的地位。为了股东利益的最大化而进行的导致总的福利水平降低（国家税收流失，内资企业受到伤害）的政策游说是不合伦理。

康德的第一个原则要求按照能够成为普遍规律的准则去行动，这可以被简单地概括为不要使自己例外。如果所有的道德行动者都是平等的，那么一个企业做某种对其他企业不道德的事情是否合理呢？按照 WTO 的基本原则，加入 WTO 后，中国应该对外资实行"国民待遇"，对内资企业和外资企业一视同仁。中国统一内外资企业的所得税是符合 WTO 的基本原则的。跨国公司要求延长税收优惠政策，反对中国政府实行企业收入所得税的改革是不符合"国民待遇"原则的。

康德的第三个原则是作为一个普遍的立法者行动。这一原则通常被转换成公开测试。跨国公司游说中国的企业所得税立法的事件被国内各大媒体曝光后，国内外媒体连篇累牍地报道了这件事，社会公众、新闻媒体、专家学者纷纷发表评论，对跨国公司联合对中国政府施加压力表示愤慨。毕马威会计师事务所的一位税务专家认为，"外资企业应该学会去接受这样一个调税政策，而不是为了利益去联合游说。"因为现在中国的投资环境已经和以前没法比了，以前是用税收优惠去吸引外资，现在有很多外资企业是主动在中国寻找投资机会。"四大"会计师事务所的另一位税务专家也认为，外资来中国投资，中国不限制其享受国民待遇已经够好了，再要享受超国民待遇就显得有些过分了。更何况以往国内对外资企业采取避税手段转移利润一直未有有效监管,导致很多外企通过各种避税手段转移利润①。

公正与收益和负担的公平分配有关。那些获得收益的人是否也承担了义务,以及那些承担了义务的人是否也获得了收益?我们的前提是,如果每个人是平等的,那么每个人应该获得平等的份额。当不同的利益相关者因为他们的贡献、牺牲、需要或努力应该获得不均等的份额,那么可以基于这些不平等的收益和成本进行不均等的分配。我们需要对为什么要进行不均等的分配做出合理的解释。延长跨国公司的税收优惠政策使跨国公司得到好处,而把所有的负担给予了中国的内资企业、中国政府以及中国的民众,这样的做法明显是不公平的。跨国企业虽然给中国创造了很多的就业机会,带来了先进的技术和管理经验,但是跨国企业在中国广阔的市场攫取了巨额的利润,按章交税是每一个企业的义务。事实上,很多跨国公司不但不依法纳税,而且利用非法手段避税,每年给中国造成税收损失达300亿元以上。

同样,也可以在隐含的社会契约的基础上提出其他关于企业政治游说的主旨和策略的伦理问题,这些隐含的社会契约是关于为了社会共同的善的必要条件,以及游说是如何符合或者影响企业及其董事长和管理者的道德特征。

综上,尽管外资企业游说中国企业所得税立法的行为和方式是正当的,但是通过对要求进行分析后我们发现,它们所提的要求损害了中国政府、中国的内资企业以及中国民众的利益,是不符合功利主义,也不符合康德的三个伦理原则以及社会契约和角色伦理,因而是不适当的。

---

① 洪其华、任绍敏:《跨国公司在华新战术:集体游说政府部门》,载《北京青年报》,2005年1月7日。

第七章 官员下海和商人参政的伦理问题研究

在上一章我们考察了中国企业政治游说活动的伦理规范问题。我们认为，企业的政治游说在本质上并不是邪恶的，而是对社会负责的行为。然而，企业政治游说的目的和手段需要受到伦理的约束。在这一章，我们重点考察两种特殊的企业政治游说方式的伦理问题。

中国从计划经济向市场经济的转型，从政府和企业关系的角度而言，就是由原来的政企不分、政府对企业干预过多，向政企分开、政府和企业各司其职转变①。在一个良好的政治经济环境下，官员和商人扮演着不同的社会角色，官员是社会利益的代表，追求的是公共利益，对国家和全体民众负责；商人是企业利益的代表，追求的是私人利益，对企业的股东负责。官和商各司其职、各尽其责，社会才能和谐运转。然而，近几年中国商政关系的变化却令人感到困惑，有两种现象尤其引人注目：一是越来越多的政府官员下海经商；二是越来越多的企业家争相参政。这两种现象与市场经济的要求是否一致？是否会导致"红顶商人化"和"商人红顶化"？本章拟对这些问题进行探讨。

本章的结构是这样安排的：首先，我们描述了官员下海和商人参政的现状，分析了这两种现象所带来的伦理问题以及现有规范的缺陷。其次，为了对这两种现象做出合理的评价，我们提出了一个评判企业政治行为伦

---

① 这里所说政府和企业的关系，是指政府职能部门同所有经济类型的企业（不区分所有制性质）之间的关系，是一种行政上的管理与被管理的关系。

理的分析框架。再次，在此基础上分析了官员下海和商人参政的伦理。文章最后对这两种现象的规范提出了相应的政策建议①。

第一节 官员下海和商人参政的调查与分析

一、官员下海

所谓官员下海，是指政府官员利用其政治身份或能力到私营、外资企业任职、入股或者自创企业②。自改革开放以来，官员下海的现象从未间断过，比较集中的分别是上世纪 80 年代中期、90 年代初期和本世纪初期，本书将其称之为"三次浪潮"。官员下海主要包括以下几种情况：一是政府官员在企业入股，从中分红③。以近几年频繁发生矿难事故的煤矿业为例，截至 10 月 20 日，全国有 4,578 名国家机关工作人员和国有企业领导人，共在煤矿入股 6.53 亿元（目前已撤资 4.73 亿元），而这只是一部分④。事实上，许多行业都有官员暗中插手，从中分红⑤。二是在机构改革过程中，一些地方出台多种形式的政策（如停薪留职、留薪留职等）鼓励甚至是强迫政府官员下海，这被称作"半下海"。比如，在吉林省通化市，大批官员下海与该市 1996 年、1998 年制定的鼓励干部下海的优惠政策密

---

① 本章的主要研究成果发表于《Journal of Business Ethics》2008，80 (3)，题为"A Study of the Ethical Issues of Private Entrepreneurs Participating in Politics in China"。

② 这里的官员下海不包括政府官员到国有企业挂职锻炼。在中国目前的情况下，一些政府官员会被委派到国有企业挂职锻炼，职位依旧保留在原来的单位。

③ 这种情况又可以分为分"显股"和"干股"两种。官员确实投了资，在工商部门登记过的，名为"显股"；官员不用出钱而以"影响力"帮忙的，名为"干股"。官员将煤矿的股份落实在白纸黑字上的少之又少，绝大多数官员都以"干股"的形式出现。

④ 薛惟中：《公务员入股煤矿 官商一体不破官煤腐败难止》，载《经济观察报》，2005 年 11 月 7 日。

⑤ 梅桑榆：《"官股"岂止在矿业》，载《南方周末》，2005 年 11 月 10 日。

切相关。截至 2003 年 7 月,在该市下海的 141 名科级以上干部中,享受优惠政策下海的有 91 人,占 64.6%,这被称作"通化现象"①。三是政府官员辞职或提前退休后到企业任职。

据新华社报道,从 2000 年 1 月到 2003 年 6 月,全国各地(不包括中央部委及所属单位)共有 10,304 名科级以上党政领导干部辞职"下海",并且辞职"下海"的干部呈逐年增加趋势②。以民营经济最为发达的浙江省为例,从 2000 年到 2003 年 3 月全省(省直机关和 11 个市)共有 125 名县(处)级以上党政干部辞职或提前退休,省直机关 22 人,市县级官员 103 人,包括 9 名厅级官员③。在这批下海官员中,从他们下海时的年龄来看,大致分两种类型,一种是提前退休下海的,年龄一般 50 岁左右,已满 30 年工龄,这类官员下海,工资、福利待遇保留不变。在浙江省 11 个市 103 名下海官员(省直机关除外)中,提前退休的有 74 名,比例为 72%。另一种是年轻官员(一般三四十岁左右)辞职下海,所占比例为 28%,虽然人数不多,但往往也是组织部门看好的后备干部。从下海官员所去企业的性质看,大部分下海官员都去了民营企业。在上述 125 名下海官员中,77 人进入当地的民企担任高层管理人员,占下海官员总人数的 62%。从他们下海前所在的部门来看,曾任职经济部门和综合部门者居多。在市、县级 103 名下海者中,前政府经济部门官员占 75 人。省级机关 22 人中,多数有从事经济工作或有过经济管理经历。

二、商人参政

在中国,商人参政始于 20 世纪 90 年代,但真正的参政则是在 2002 年中共十六大召开之后。在目前,商人参政的途径主要有:担任各级人大代表或政协委员、担任工商联领导职位、加入中国共产党等。我们这里所说

---

① 彭冰:《95 年至今通化 195 名官员辞职下海否认是红顶商人》,载《中国青年报》,2004 年 8 月 17 日。
② 郭媛丹、张丽锦:《遏制官员"期权腐败"浙江出台红头文件》,载《法制晚报》,2005 年 7 月 12 日。
③ 汪生科:《浙江规范官员下海潮》,载《21 世纪经济报道》,2003 年 6 月 9。

的商人参政主要是指民营企业家到各级人大和政协任职①。2002年十六大召开之后，越来越多的民营企业家当选为各级人大代表或政协委员。就全国人大代表而言，在1998年选出的九届全国人大代表中私营企业代表不过50人。而在2003年十届人大选出的2,900多名代表中，非公有制经济的代表逾200名，占代表总数近一成，其中来自经济发达地区的广东、浙江、江苏、湖南代表团的私企老板都在10人以上。十届的全国政协委员中非公有制经济代表的人数也远远超过了九届。相应地，各省、市、县的人大代表和政协委员也都有大幅度的提高。以湖北省为例，第九届、第十届各级人大和各级政协中非公有制经济人士所占的比例见表7.1，从表7.1中可以看出，在十六大之后，湖北省各级人大和政协中非公有制人士所占的比例有大幅提高。

表7.1 湖北省第九、第十届人大和政协中非公有经济人士所占比例

界别		省级		地市级（含武汉）		县级	
		人大	政协	人大	政协	人大	政协
代表总数	第九届	727	628	4,466	3,799	18,592	19,135
	第十届	729	630	5,193	4,314	24,099	20,143
非公有制经济人士	第九届	8	16	55	179	357	1,494
	第十届	56	44	263	316	809	1,914
所占比例	第九届	0.01%	0.03%	0.01%	0.05%	0.02%	0.08%
	第十届	0.08%	0.07%	0.05%	0.07%	0.03%	0.10%

资料来源：湖北省统战部

成功的民营企业家对政治的热情更是日益高涨（见表7.2）。从表7.2中可以看出，十六大之后，富豪榜中当选全国人大代表和全国政协委员的

---

① 部分地方还给利税达到一定规模的企业家一定的党政职务，但我们这里所说的商人参政不包括国有企业经理人被调遣到政府任职。在中国目前的情况下，国有企业的经理人享受着政府官员的待遇，政府会从国有企业提拔一些业绩比较优秀的经理到政府任职。

民营企业家呈稳步上升的趋势。表7.3是2003年中国百富榜中担任（曾经）公职的情况。如果从地市级的人大和政协算起，当选的民营企业家人数更多。"《新财富》500富人榜"2005年的统计表明，500位富人中共有236人在市级或市级以上的人大或政协任职，占富豪榜总人数近一半①。

表7.2 历届富豪榜中的全国人大代表和全国政协委员

时间	富豪排行榜	上榜全国人大代表	上榜全国政协委员	合计
2001	《福布斯》百富榜	6	16	22
2002	《福布斯》百富榜	9	12	21
2003	胡润版中国百富榜	23	11	34
2004	胡润版中国百富榜	14	24	38
2005	胡润版中国百富榜	9	16	25
2004	《新财富》500富人榜	43	42	85
2005	《新财富》500富人榜	51	38	89

来源：根据相关资料整理。

表7.3 2003年中国百富人榜现在（曾经）担任公职

2003排名	姓名	财富（亿元）	职务
2	荣智健	70	迄今为止，连续四届当选全国政协委员
3	许荣茂	68	第十届全国政协委员
4	鲁冠球	54	第九、第十届全国人大代表
5	陈丽华	48	第八、第九、第十届全国政协委员
5	刘永好	48	前任全国工商联副主席，同时也是第八、第九、第十届全国政协委员
13	郭广昌	32	第九届全国政协委员，第十届全国人大代表
14	刘汉元	30	第九、第十届全国政协委员
17	张茵	25	第十届政协委员
20	任运良	22	第九、第十届全国政协委员

① 严侃：《调控下的富人生存》，载《新财富》，2005年第5期。

20	沈雯	22	第十届全国政协委员
25	唐万里	19	第九届、第十届全国政协委员和全国工商联副主席
27	陈金飞	18	第九届、第十届全国政协委员
27	王玉锁	18	第九届全国人大代表,现在是第十届全国政协委员、全国工商联副主席
27	祝义才	18	第十届全国人大代表
36	翦英海	17	第九、第十届全国政协委员
38	米恩华	16	乌鲁木齐工商联主席
38	缪寿良	16	第十届全国政协委员
43	梁亮胜	15	第十届全国政协委员
43	卢志强	15	第九、第十届全国政协委员
43	夏朝嘉	15	第十届全国人大代表
55	韩真发	13	第十届全国政协委员
55	沈文荣	13	曾任张家港市委副书记,十六大代表,也是第九、第十届全国人大代表
55	张荣坤	13	第十届全国政协委员
61	刘忠田	12	第十届全国人大代表
61	苏志刚	12	第九、第十届全国人大代表,也是广州工商联主席
61	宗庆后	12	第十届全国人大代表
76	胡成中	11	第十届全国政协委员
76	黄宏生	11	第十届全国政协委员
76	楼忠福	11	第十届全国人大代表
76	石山麟	11	第九届全国政协委员
82	张志祥	10.5	第十届人大代表
83	郭家学	10	第十届全国人大代表
91	尹明善	9.5	第九、第十届全国政协委员
100	张宏伟	9	第八、第九、第十届全国政协委员,同时连任了全国工商联副主席

资料来源:根据相关资料整理。

三、官员下海和商人参政的本质及伦理问题

从以上两方面的统计资料可以看出，官员下海和商人参政在中国已经成为一种非常普遍的现象。这种现象是中国经济转型期所特有的，西方国家不存在这种现象。虽然西方国家官员辞职或退休以后也可以去经商，但是对官员辞职或退休后经商有着严格的从业限制。对于商人参政，西方国家普遍是严格禁止的。企业家可以竞选行政职务，可以竞选国会议员，但是一旦当选就必须辞去企业里的所有职务，专心从政。虽然西方国家不允许企业界人士参政，但对于利益集团参政是允许的。美国自1971年《联邦选举法》通过以来，政治行动委员会便成为利益集团合法运用选举资金、介入选举最为显著的事例①。因此，在西方国家企业通过游说影响政府决策是一种非常普遍的现象。这种企业为了谋求对自己有利的外部环境而积极影响政府政策与法规制定和实施过程的行为称作企业政治行为②。浙江省的调研资料表明，绝大多数的官员下海后都是到与其以前工作密切相关的民营企业担任高级职位，只有极少数政府官员是自创企业。因此，官员下海实质上是民营企业通过高薪高职聘用政府官员或者给予他们股份，利用他们的关系在政府内部建立自己的"关系网"，从而影响政府政策与法规的制定和实施，因而属于中国企业政治行为中的代言人策略。民营企业家当选人大代表或政协委员属于企业政治行为中的直接参与策略③，目的是进入能够影响政府决策的部门，影响政府政策与法规的制定和实施。这两种现象的产生与中国转型期市场环境的特点密切相关。与西方国

---

① 美国在1970年制定《联邦选举法》，准许工会和公司成立"分离基金"来从事政治活动，而此分离基金的统筹管理机构就是政治行动委员会。政治行动委员会的主要工作是在向工会、个人或公司的所属员工募集资源性的小额捐款，再将此捐款给他们所支持的政党或候选人。

② Getz, Kathken A, "Selecting Corporate Political Tactics", in Barry M. Mitnick (ed.), *Corporate Political Agency: The Construction of Competition in Public Affairs*, Newbury Park, CA: Sage, 1993, pp. 242–273.

③ 田志龙、高勇强、卫武：《中国企业政治策略与行为研究》，载《管理世界》，2003年第12期，第23—31页。

家的市场不同,中国的市场是由政府主导的,从而导致中国企业家的行为是面向政府而不是面向市场①。民营企业要发展就必须获得政府的支持,官员下海和商人参政都是中国民营企业为了获得政府支持而主动采取的影响政府决策的策略性行为。

在中国现阶段,官员下海和商人参政具有积极的意义。官员下海,是社会价值取向多元化的一种表现,预示着官本位向财富本位的转移,对于精简机构,缩减财政供养有很好的示范作用,有利于经济的发展。商人参政,是市场经济发展的必然产物,随着民营经济的日益强大,他们必然会提出自己的政治要求。企业界人士进入人大和政协,对于建设民主政治是有利的。

但是,从调查资料中我们也发现很多问题:第一,政府官员在企业入股,会造成严重的政企不分,滋生了大量的腐败现象,破坏市场竞争的公平性。企业可以利用其官员身份和权力获得"保护伞",排挤和打击竞争对手,获取不正当利益,而政府官员以入股的手段进行权力出租,大发横财。这种现象助长了腐败的蔓延,破坏了市场经济秩序。第二,由于官员辞职下海在制度上缺乏必要的强制性限制,政府官员辞职后可以直接进入与原机关有隶属关系的企业或营利组织,因而存在着"公权私用"的现象。例如,浙江省的统计结果表明,下海的官员很多都曾在经济部门和综合部门任职,在位时掌握着各种项目、工程资金使用的审批权、决策权。辞职后,他们绝大多数都到和以前业务密切相关的企业担任高级职位,原有的行政关系网、官场人情链、原有的职务影响、政府内部信息等会继续发挥影响力,对市场竞争会产生消极的影响。第三,对下海以后的政府官员缺乏必要的监督,因而存在"权力期权"和"洗钱"的现象。一些官员在位时利用权力为某些企业牟取不当利益,下海后再求兑付;一些官员贪污腐败,借下海经商把权力寻租得来的黑钱洗白。第四,企业界人士当选人大代表和政协委员,会面临角色转换的冲突。人大是我们国家的立法机

---

① 张维迎:《企业寻求政府支持的收益、成本分析》,载《新西部》,2001年第8期,第55—56页。

关，同时也是一个权力机关，政协是中国共产党领导的多党合作和政治协商的重要机构。人大代表和政协委员是代表着选民和所在的阶层参政议政的，但这些企业家在当选之后依然在本企业任职。作为企业利益的代言人，他们比其他人拥有更多的信息、资源和话语权，具有影响政府决策与立法过程的便利①。从他们历届所提的议案来看，他们的经济诉求非常突出，大多集中在财经层面，或者关注企业和相关产业的发展前景，或者讨论非公有经济的外部环境，只有一小部分民营企业家以更广阔的视野，从社会发展和居民生活水平改善等层面提出了一些具有可操作性的建议。还有一小部分民营企业家在就任各级人大代表、政协委员后，利用其政治身份，在地方上为非作歹，有些还和黑社会势力勾结，出现严重的"干政"现象，这已经引起社会的关注②。第五，资料还表明，有越来越多的企业界人士进入了各级最高权力机关，这有可能导致资本转化为政治权力，导致"金钱政治"、"黑金政治"。这些问题如果任其发展，对中国的经济体制改革会产生极其严重的后果。中国著名经济学家吴敬琏就多次警告，中国的市场经济要"防止陷入权贵资本主义（crony capitalism）的泥坑。"

四、现有规范及执行情况

在现有的政策法规中，与官员下海相关的文件有：《国家公务员暂行条例》（以下简称《条例》）、《中国共产党党员领导干部廉洁参政若干准则（试行）》（以下简称《准则》）、《中国共产党纪律处分条例》（以下简称《处分条例》），以及中共中央纪律检查委员会、中共中央组织部、国务院等自上世纪八十年代以来颁布的关于党政干部经商、兼职或辞职后经商

---

① 张维迎：《企业寻求政府支持的收益、成本分析》，载《新西部》，2001年第8期，第55—56页。

② 王云帆、席罗曦：《"徐冠巨现象"解读》，载《21世纪经济报道》，2003年1月29日。

等一系列的规定①。2004年初中共中央又颁布了《关于党政领导干部辞职从事经营活动有关问题的意见》（以下简称《意见》）对日益突出的官员下海问题做出了进一步的规范。上述文件在官员下海方面的主要规定如下：

第一、关于党政官员从事营利性活动的规定。《条例》规定国家公务员不得从事盈利性活动②。《准则》也规定党政领导干部禁止私自从事五类盈利活动③，《处分条例》相应地根据行为情节轻重规定了警告、严重警告、撤销党内职务、留党察看和开除党籍的处分④。

第二、关于公务员辞职的相关规定。《条例》对公务员辞职的程序做出了明确的规定⑤。公务员辞职应提出申请，由任免机关进行审批，必要时要进行财务审计。

第三、关于党政干部辞职或提前退休经商的规定。《条例》规定，公务员辞职后，两年内到与原机关有隶属关系的营利性机构任职要经过批准⑥。《意见》规定，领导干部辞职后三年内不得到原业务管辖范围内的企

---

① 这些规定包括：《中共中央、国务院关于严禁党政机关和党政干部经商、办企业的决定》（1984.12.03），《中共中央办公厅、国务院办公厅关于党政机关干部不兼任经济实体职务的补充通知》（1985.07.09），《中共中央、国务院关于进一步制止党政机关和党政干部经商、办企业的规定》（1986.02.04），《中共中央办公厅、国务院办公厅关于县以上党和国家机关退（离）休干部经商办企业问题的若干规定》（1988.10.03），《中共中央办公厅、国务院办公厅关于清理党和国家机关干部在公司（企业）兼职有关问题的通知》（1989.02.05），《中共中央办公厅、国务院办公厅关于党政机关兴办经济实体和党政机关干部从事经营活动问题的通知》（1992.06.26），《中共中央纪律检查委员会、中共中央组织部、监察部关于党政机关县（处）级以上领导干部廉洁自律"五条规定"的实施意见》（1993.10.08），《国家公务员暂行条例》（1993.08.14），《关于党政领导干部辞职从事经营活动有关问题的意见》（2004.01.13）。
② 见《国家公务员暂行条例》第三十一条。
③ 见《中国共产党党员领导干部廉洁参政若干准则（试行）》第二条。
④ 见《中国共产党纪律处分条例》第八十五条、第八十八条、第八十九条。
⑤ 见《国家公务员暂行条例》第七十一条、七十七条。
⑥ 见《国家公务员暂行条例》第七十三条。

事业单位任职①。

现有的法规中涉及商人参政的相关规范则较少。对于民营企业家当选人大代表或政协委员,人大的《组织法》、《代表法》、《选举法》以及政协的《组织法》等文件对此都没有专门规定。只有《意见》针对一些地方企业负责人兼任党政领导职务的现象,要求按照干部管理权限,免去其党政领导职务,但是对于经选举担任人大、政协领导职务不驻会的企业负责人并不在清理范围。

总的来说,上述关于官员下海和商人参政的规定对于政企分开、对于减少腐败,创造公平竞争的市场环境都具有积极的意义,但仅靠这些规定是不够的。对于官员下海,现有规范的缺陷是很明显的。首先,关于官员在企业入股,《条例》中没有明确规定②。《准则》明确禁止党政领导干部在企业入股。《处分条例》规定了相应的处罚措施。但在实际中往往很少执行。其次,对公务员退出国家机关到营利性机构任职缺乏约束手段。《条例》规定辞职后到与原任职单位有密切关系的营利性机构任职要得到批准,但由于缺乏具体的约束手段而流于形式。而且,除了辞职之外,公务员还会因为开除、辞退、退休等原因而离职,《条例》对这几种情况并没有相应的规定。第三、对官员辞职后经商,法律上没有相应的规定。从性质上看,《意见》是党的重要文件,主要约束对象是党的领导干部,但是,领导干部一旦辞去公职后,他的身份就发生了变化,作为普通公民应该遵守的是法律,但是法律上并没有相应的规定。第四,对于民营企业家当选人大代表和政协委员,现有的规范基本上没有涉及。

官员下海和商人参政是中国转型期政治和经济环境的特征决定的。这种体制环境使民营企业也面临着如何处理和政府关系的困惑③。很多民营企业发展中的问题都与没有处理好与政府的关系有关。"企业家离政治多

---

① 见《关于党政领导干部辞职从事经营活动有关问题的意见》。
② 《国家公务员暂行条例》第三十一条中第七条仅规定,公务员不得"经商、办企业以及参与其他营利性的经营活动"。
③ 张维迎:《企业寻求政府支持的收益、成本分析》,载《新西部》,2001年第8期,第55—56页。

远才安全？"成为企业界和学术界关注的话题①。在这种情况下，民营企业对自身行为的规范具有重要的意义。由于官员下海和商人参政都属于企业的政治行为，而企业政治行为最大的危险是行使了过多的权力，如果企业为了自身的利益而和整个社会的利益相对立，企业和社会都会成为输家②。因此，本书余下的部分先通过一个案例进一步说明商人参政的伦理冲突，然后侧重从企业政治行为伦理的角度探讨官员下海和商人参政应遵循的规范。这一方面的研究，同样也有助于说明对官员下海和商人参政进行规范，需要在制度和体制方面做出那些变革和创新。

第二节 力帆集团董事长尹明善当选重庆市政协副主席案例

2003年1月11日，重庆力帆集团董事长尹明善以私营企业主的政治身份，令人瞩目地当选为中国第四大直辖市重庆市的政协副主席，跻身于重庆市新一届领导班底，成为中国改革开放后首位进入省级领导岗位的私营企业家。

1992年，尹明善投资20万元创立力帆集团。历经11载艰苦奋斗，力帆集团迅速发展成为融科研开发、发动机和摩托车整车生产、销售（包括出口）为主业并集汽车制造、足球产业、金融证券、文化广告、房地产于一体的大型民营企业集团。力帆实业（集团）有限公司是中国最大的民营摩托车制造企业。已进入世界摩托车制造业500强和中国大企业集团500强。

对于当选政协副主席，尹明善认为并不是个人有什么超人本领，而是当今中国需要非公有制经济人士在更高的层次、更广的范围参政议政。改

---

① 中国企业家杂志社：《企业家离政治多远才安全》，载《中国企业家》，2000年第1期。
② Frederick, William C., Post, James E. and Davis, Keith, Business and Society: Corporate Strategy, Public Policy, Ethics. Seventh Edition. New York: McGraw Hill, 1992.

革开放后出现的各新兴社会阶层中，个体私营企业主最引人注目，队伍庞大，经济实力雄厚，这一新兴阶层在政治上如何定位是个亟须解决的问题。党的十六大报告中把民营科技企业的创业人员和技术人员、受聘于外资企业的管理技术人员、个体户、私营企业主、中介组织从业人员、自由职业者等社会阶层都纳入了"中国特色社会主义事业的建设者"。这一定位扩大了党的群众基础，增强了党的阶级基础。

在当选重庆市政协副主席以后，尹明善曾向重庆市政府提出，变卖所有家产，专职从政。但重庆市政府对他说，如果卖掉力帆实业集团，他就失去了代表性。因此，不仅不能卖，"还要把力帆做强做大"。但尹明善依旧很感激："我以前连科长都没有当过一个，现在一步登天做了重庆市政协副主席，做了全国政协委员，所以我很感激党和政府，有一种士为知己者死的感觉。"

尹明善认为，"懂政治的企业家才是成功的企业家，不关心政治、研究政治和熟悉政治的企业家难成大器。"在重庆不少私营企业主对政治还敬而远之的时候，尹明善就加入了"中国民主促进会"，此后又担任重庆市政协常委、九届全国政协委员。在"重庆摩帮"的三个巨头中，他是第一个主动投身政界的。2002年尹明善又被选为重庆市工商业联合会（总商会）会长，成为了重庆市非公有制经济的最重要的人物之一。

从企业家到高级干部，尹明善也感到压力和责任："我现在是一个人担任三个角色，每一个都必须演好。作为一名企业家要把企业办好，创造财富，增加就业机会；作为工商联会长要继续在党和政府与非公有制经济之间发挥'桥梁'和'纽带'作用，团结广大个体私营企业主创造财富、服务社会，引导非公有制经济人士健康成长；作为政协副主席，要把工商联和社会其他群体的意见带入政协，参政议政，倾听民声，反映民意，体察民情。"对于非公有制经济人士参政议政所面临角色之间的冲突，尹明善认为，"对我们来说，千万要警惕不要以权谋私。我们欢迎对我们为官从政的过程中进行监督、关注。怎么保证不以权谋私，我觉得还是要从制度着手。要有一种好的制度，当然还要靠自己的自觉。所以我们要牢记两个'务必'：务必保持不骄不躁的作风，务必保持艰苦奋斗的作风。""但是有一点我必须向媒体说明。"尹明善说,"官商不分对我来说确实是很大的考验。所以我们要有一种制度,要限制我们这种又有钱、又有权的人不能够以权谋私,欢迎媒体监督我们。我们经常说,当官的没有人监督就会腐败,老板们没有人监督就会堕落。"

第三节 一个分析中国企业政治行为伦理的框架

在西方,企业参政是受到法律甚至是宪法保护的。企业的政治活动通常是根据他们参与政治的"权利"进行解释的。多元主义的政治观和利益相关者理论提供了企业参政的理由。多元主义的政治观认为,政治过程就是各种利益集团在政治舞台上讨价还价的过程。如果企业不能清楚有力地表达它们的利益,对企业具有深刻影响的公共政策就可能过多地被其他利益集团所左右,比如工会、消费者、环境保护主义者。也就是说,企业之所以参与政治是因为其他利益方积极地参与政治。利益相关者理论认为,企业具有在政治舞台上代表利益相关者的责任,负有以合理的价格为顾客提供质优价廉的商品和服务、使工人有工作和收入、为社区提供税收、使股东获得回报的责任。

相对于其他利益集团,企业由于拥有巨大的资源和强大的社会影响力,从而处于一种强势地位。因而,在西方,商业的权力,尤其是大公司的权力,很久以来就被看做是民主的威胁。早在20世纪60年代,爱波斯坦在他书的一章名为"公司的政治权力:对民主的一个威胁?"中提到,"借用安德森·海克(Andrew Hacker)的有趣的语言——'当通用电气、美国电报电话公司、新泽西标准石油公司进入多元化的舞台,就好像大象在小鸡中跳舞一般'"。查尔斯·林德布鲁姆在他的《政治和市场》一书中总结道,"大型私有企业与民主理论很古怪地结合在一起,但事实上它们并不适合。"[①] 很多学者赞同 Lindblom 的观点,他们认为企业利

---

① Lindblom, C. E. Politics and Markets. New York: Basic Books, 1977.

用自己的影响力控制了政策议程和公众意识,阻碍着民主的发展[1][2]。大企业是民主的威胁这个主题在西方不断得到响应和放大。因此,西方国家普遍通过立法对企业参与政治的过程进行规范[3],但是还是常常出现大企业左右公共政策,破坏民主的事例。近年来,西方学者开始从企业伦理的角度探讨企业政治行为的规范问题[4][5][6][7][8]。比如,韦伯1997年认为,对企业政治行为伦理的全面理解至少应该包括以下方面的问题:企业政治行为目标的合理性;实现这些政治目标的适当途径;在一个竞争环境中企业政治行为的自我限制问题。

西方学者的研究对于分析中国企业政治行为的伦理提供了很好的分析

---

[1] Bachrach P. and Baratz, M. "Two Faces of Power", *American Political Science Review*, No. 57, 1962, pp. 947 – 952.

[2] Lukes, S. *Power: A Radical View*, London: Macmillan, 1974.

[3] 为了防止选举成少数有钱人或大企业的游戏,美国在1907年就通过了《提尔门法案》(*Tillman Act*)禁止大企业在联邦选举活动捐款。1910年的《联邦防腐法案》(*Federal Corrupt Practice Act*)对众议员的参选人提出了公布财政资料的要求。1939年和1940年的《海弛法案》(*Hatch Act*)禁止普通联邦政府工作人员利用职务影响选举。1947年的《塔伏特—哈特力法案》(*Taft-Hatley Act*)永久性地禁止了工会、商业公司和银行向联邦竞选捐款。1971年的《联邦选举运动法》(*Federal Election Campaign Act*, FECA)与同年的《税收法案》(*Revenue Act*)一起,为美国选举财政的现代体系奠定了基础。《联选法》的主要内容有:限制候选人个人及其家庭的捐款,限制竞选运动中的广告费用,对候选人及政治组织规定了严格的公布财政资料的程序,允许工会和商业集团成立"政治行动委员会"(PAC)等。

[4] Markowitz, Steven., "Ethical Rules for Corporate PAC-Men", *Business and Society Review*. New York: Summer, 1984, pp. 21 – 25.

[5] Weber Leonard J, "Citizenship and Democracy: the Ethic of Corporate Lobbying", *Business Ethics Quarterly*, Vol. 6, No. 2, 1996, pp. 0253 – 0259.

[6] Weber Leonard J, "Ethics and the Political Activity of Business: Reviewing the Agenda", *Business Ethics Quarterly*, Vol. 7, No. 3, 1997, pp. 71 – 79.

[7] Keffer, Jane M and Hill, Ronald Paul. "An Ethical Approach to Lobbying Activities of Businesses in the United States", *Journal of Business Ethics. Dordrecht*, Vol. 16,, No1. 2/13, 1997, pp. 1371 – 1380.

[8] Oberman, W. D, "A Framework for the Ethical Analysis of Corporate Political Activity", *Business & Society Review*, Vol. 109, No. 2, 2004, pp. 245 – 263.

思路，具有重要的借鉴意义，但是由于中国的政治制度与西方发达国家存在很大的差异，这些方法对于分析中国企业政治行为的伦理是有局限性的。西方国家普遍实行"三权分立"的政治体制，而中国实行的是"议行合一"的政治体制。在西方国家，立法、行政和司法彼此独立并相互制衡。议会作为国家的立法机构，具有绝对的权威。议员由竞选产生，任何人一旦当选为国会议员，就必须放弃原来的职位。而我们国家实行的是议行合一制，全国人民代表大会是最高国家权力机关和立法机关，"一府两院"（政府、法院和检察院）都对人大负责。事实上，政府拥有很大的权力，政府官员的意志往往左右着国家的政策。人民政协是中国共产党领导的多党合作和政治协商的重要机构。中国的人大代表和政协委员是兼职的，在休会期间仍从事本职工作。因此，在分析中国企业政治行为的伦理时，必须充分考虑中国的国情。

与经济体制改革相比，中国的政治体制改革明显滞后。在计划经济体制下，公有制经济处于绝对的主导地位，私营经济处于边缘地位。这种公有制经济"一统天下"的状况和高度集权的政治体制是相适应的。改革开放以来，私营经济获得迅猛发展，据统计，1979—2002年，个体、私营经济年均增速达20%以上。个体、私营等非公有制经济在国内生产总值中所占比重已从1979年的不足1%提高到目前的1/3左右。随着私营经济的日益壮大，私营主阶层的政治意识也在觉醒和成长，他们必然会提出一些政治上的要求。在中国现有的政治体制下，企业和政府沟通的途径还不是很通畅，企业影响政府决策和立法的行为还没有被正式认可。由于中国的人大代表和政协委员是兼职的，人大代表在人大闭会期间仍从事本职工作。因此在中国出现企业家从事本职工作的同时兼任人大代表或政协委员的现象，而且这种现象呈现越来越普遍的趋势。民营企业参与政治，对发展民主政治是有利的，但西方国家的经验表明，没有严格的制度约束，资本必然会操纵民主，因此我们必须为企业的政治行为界定一个合理的范围，使其不会妨碍我们的民主政治建设。

判断一种行为是否合理，人们通常要么单纯从行为的动机，要么单纯从行为的结果出发进行分析。事实上，任何一种行为都涉及三个要素：意图是什么？怎样实现该意图？结果是什么？因而，单纯根据动机或结果评判行为的合理性是片面的。有鉴于此，加勒特（Thomas Garrett）提出相称理论（Principle of Proportionality）。该理论认为，判断一项行为是否道德，应从目的、手段和后果三个方面加以综合考察。加勒特的相称原则认为，"我对我的任何手段和结果负责，如果我的目的和手段本身是好的，只要我具有这样做的相称理由，即使出现了我们不愿看到的负面结果，那么最终结果是合乎伦理的。"① 因此，对于官员下海和商人参政现象，我们可以分别从他们行为的目的、所使用的手段和导致的结果来分析这两种行为的合理性。

代议制民主是目前最普遍的民主形式，然而理想的代议民主制在现实中是很难实现的。如果我们严格按照公正性的原则产生代表，那么将会使具有不同资源禀赋的参与者进行不公平的竞争。因此我们应该顺应当前的体制，探索改善当前政治体制民主性的方法，寻找一个现实的、合理的代议民主标准。这个标准可能存在于"政治的可竞争性（political contestability）"的观点中。"政治可竞争性"是对经济学文献中的"市场的可竞争性"的类比。政治竞争和市场竞争具有很大的相似性。市场行为是被市场竞争调节的，政治行为是被利益集团的竞争性联盟调节的。与市场的可竞争性相类似，政治的可竞争性是指，"集体性的政治参与者或者政治体制本身对资源、地位等因素的拥有程度，这些因素能够促进他们在政治过程中竞争的能力。"其含义是，即使是"非原子式的"结构也可以对实际的垄断力量施加限制。一个可竞争的政治体制并不反映理想的民主体制，但是"依旧允许为了影响和控制而竞争"。检验一个体制是不是民主的，"不是看它的规则是不是公正的，而是看它的体制是不是可以竞争的"。

从罗尔斯的"无知之幕"进行推理，米特尼克（Mitnick）把可竞争的政治体制描绘为：尊重民众的意志（也就是说，具有代表性），具有中立的偏好，符合普遍的民主价值观。在过程方面，这样的体制具有这样的特

---

① Garrett. Thomas, *Business Ethics*, Prentice Hall. Inc., N. J: Englewood Cliffs, 1966.

点：允许为不同的立场进行动员，存在宽广的通路，符合正当的程序、公开和及时地考虑事项，为可能的变革做准备，被普遍认为是合法的等。尽管米特尼克把可竞争性看做是政治体制结构的属性，这个概念可以作为分析企业合乎伦理地参与政治规则的基础[①]。根据这些规则，判断一个特定行为伦理的主要标准将是它对体制可竞争性的影响。可竞争性的假定如何才能转换成政治参与者的一套伦理义务呢？一个开始的逻辑起点是三种基本的伦理理论：后果论（目的论）、道义论（包括康德的伦理理论和权利理论）和正义理论。这些理论都是广为人知的，并且经常被应用于商业伦理问题的分析中，卡瓦诺（Cavanaugh）等和奥伯曼都曾把这三种基本的伦理理论结合到伦理决策框架中。政治过程中的具有优势的利益方有义务关注他们的行为对体制可竞争性的影响，自觉地约束可能破坏体制可竞争性的行为。

自从改革开放以来，中国社会结构已经发生了变化，出现了许多新的社会阶层。尽管这些社会阶层在根本利益上是一致的，但也存在一定的冲突和竞争。民营企业作为越来越强大的社会利益集团，有义务关注他们的政治行为对整个体制所带来的影响，促进并维护一种可竞争的体制。而且，这样做也是企业健康、持续发展的要求。

我们提出了一个在可竞争的体制中评价企业政治行为伦理的分析框架（表7.5）。这个分析框架建立在加勒特的相称理论和三种传统的伦理理论的基础之上。后果的分析关注政治行为对可竞争性的政治体制中代表的程度和有效性的影响。权利的分析关注政治行为是否符合普遍的民主价值观，政治权利是这些民主价值观中最基本的组成部分，正是这些民主价值观支撑着代议民主体制。正义导向的分析关注政治行为更长期的效果，他们是否剥夺了其他利益方的合法权利，使他们处于更加不利的地位。

---

① Oberman, W. D, "A Framework for the Ethical Analysis of Corporate Political Activity", *Business & Society Review*, Vol. 109, No. 2, 2004, pp. 245 – 263.

表 7.5　一个分析中国企业政治行为伦理的框架

标准＼步骤	对体制可竞争性的影响		
	后果（维持代表的广泛性和有效性）	权利和义务（维持普遍的民主价值观）	正义（维持体制的合法性和可能的变革）
政治行为的目的	是否企图利用公共权力为本企业谋取私利，降低政治过程的代表性？	是否违反普遍的民主价值观？	是否企图侵犯其他弱势利益团体的合法权利？
政治行为的手段	是否把政治决策过程中的代表性和合理性降低到可竞争的水平之下？	是否试图否决其他利益团体参与的权利？	是否违反程序公正？是否长久地排除了一些利益团体参与政治决策过程？
政治行为的结果	是否会增加其他利益团体参与的进入障碍，降低可竞争性的水平？	是否忽视了公众和其他利益团体的权利？	是否利用公共权力获取不正当利益？是否会永久地导致政策的利益和负担分配的不公平？

第四节　官员下海和商人参政的伦理分析

根据前边提出的分析框架，对于中国的官员下海和商人参政现象，我们分别从他们行为的目的是否纯正、手段是否适当、结果是否合理进行分析。

一、目的是否纯正

目的是指行为背后的动机与意图，行为背后的意图直接决定行为的性质，意图纯正与否应作为判断行为是否道德的一个重要因素。

（一）官员下海的目的

据新华社调查，民营企业家从党政机关挖"领导干部"主要有三个原因：一是他们有领导才能，有的长期担任部门"一把手"，具备管理能力；二是这些干部政策性强，大都懂法守法，能够帮助企业把握发展方向和机遇；三是这些干部有比较熟悉的社会关系，他们到一些政府部门办事相对容易。也就是说，也就是说，民营企业家们选择官员的标准，是官员们做官时积累的无形资产。民营企业给政府官员股份，其主要目的是利用政府官员的权力，为企业的利益服务①。

从后果来看，政府官员代表着全民的最高利益，在决策的过程中起着协调各方利益的作用。如果企业企图通过聘用、给予股份等拉拢政府官员，利用政府官员手中掌握的公共权力来为本企业谋取私利，这会使政府官员成为一小部分利益团体的代言人，从而降低政治过程的代表性，这是不合理的。

从权利和义务的角度来看，民营企业具有参与政治决策，表达自身利益要求的权利。同时，负有维护和促进政治体制民主性的义务。企图通过聘用或给予股份等方式腐蚀政府官员，会侵蚀政治体制的合理性和代表性，这是不符合民主价值观的。

从正义的角度来看，民营企业参政应该尊重弱势利益团体的合法权利。企图利用官员的权力侵犯其他弱势利益团体的合法权益也是不符合正义要求的。

（二）商人参政的目的

当前民营企业家参政议政的心态主要有以下三种：一是恢复型的补偿性政治参与。民营企业家阶层在较长时期内受到来自政治环境的各种挤压，但随着其本身经济实力的不断强大，同时中国的政治环境也正日渐理性和健康，民营企业的经济地位逐步得到社会的认可，他们很大程度上希望获得相应的政治地位。二是功利型的经济性政治参与。民营企业的政治参与带有很强的经济功利目的，在经济和政治等多方面的"国民待遇"尚未真正到位的情况下，他们希望通过主动参政使政府注意到其利益和要求、为其创设公平竞争的环境，并进而提高自身社会地位和企业知名度。

---

① 高东海：《"官员下海"应有制度规范》，载《南方都市报》，2003年3月17日。

三是民主型的发展性政治参与。经济发展的结果催生了民营企业家作为社会人的政治自觉,参政议政成为一种自觉的社会责任①。此外,还有一些民营企业家之所以想进入人大是出于对人大代表"特权"的觊觎。根据《代表法》,县级以上各级人大代表非经本级人大主席团或常委会许可,不受逮捕或者刑事审判,也不适用于其他法律规定的限制人身自由的措施。②

从后果来看,民营企业家希望通过当选人大代表或政协委员获得应有的政治地位、争取合法的利益、履行自身的社会职责是合理的,有利于增强现有体制的代表性。然而,如果民营企业家企图通过人大代表或政协委员的权力为企业利益服务,这会降低人大代表和政协委员的代表性,其动机是不合理的。

从权利和义务的角度来看,民营企业家作为合法的公民,具有参政的权利,但是作为人大代表或政协委员,他们是代表选民和所属的阶层参政的。如果民营企业家试图通过当选人大代表谋取不正当的特权和利益,那么这是和人们选举他们进入人大和政协的初衷相违背的,因而是不合理的。

从正义的角度来看,民营企业家应尊重弱势利益团体的利益,如果其目的是通过当选人大代表或政协委员来获取不正当的利益,企图利用代表的特权从事非法行为,必然侵犯弱势利益团体的利益,这是不符合正义原则的。

因此,如果民营企业企图利用政府官员的权力为企业谋取私利是不合理的;如果试图通过原政府官员的关系来反映本企业的合理要求,这是合理的。民营企业家参政,如果其动机是代表选民和所在的阶层表达他们的意愿,那么动机是合理的,如果是试图利用代表的特权,为本企业牟取不正当的利益,那么动机便是不合理的。

---

① 王云帆、席罗曦:《"徐冠巨现象"解读》,载《21世纪经济报道》,2003年1月29日。

② 见《中华人民共和国全国人民代表大会和地方各级人民代表大会代表法》第三十条。

二、手段是否适当

手段是指目的得以实现的过程以及在此过程中所援用的方式和方法。手段是联系目的和结果的中间环节。如果目的是合理的，是否可以不择手段呢？美国著名社会活动家马丁·路德·金（M. L. King）认为，善的目的并不能在道德上证明破坏性手段的正当，因为"手段代表了在形成之中的理想和进行之中的目的，人们无法通过邪恶的手段来达到美好的目的。因为手段是种子，目的是树。"

（一）官员下海的手段

从后果的角度来看，如果民营企业家通过行贿等不正当的手段来游说政府官员，就会降低政治决策过程的代表性和民主性。聘用现任政府官员兼职，以及给政府官员股份，在手段上都是不正当的。在离职的政府官员经过必要的"冷冻期"后，聘用政府官员在手段上是合理的。

从权利和义务的角度来看，所有的利益团体都应该具有接近政府官员，反映自身利益要求的机会。通过行贿等不正当的手段拉拢政府官员必然会排斥其他利益团体参与政治过程的权利。

从正义的角度看，当这些利益团体的政治权利被否决，他们会被长久地排除在政治过程之外。这不仅仅对这些利益团体和个人造成直接的伤害，同时也破坏了程序公正，降低了体制的合法性。

（二）商人参政的手段

从后果的角度来看，民营企业家参政，应当维护政治体制的公正性。民营企业家参政的渠道一般是，由各个民主党派推荐和政府组织考察，然后再履行形式上的表决程序，进入政府决策层，因此，民营企业家参政的路径选择上，还没有考虑到充分的科学选举。由于县级以上的人大代表是由民主党派推荐和政府考察任命的，所以存在为了当选而贿赂政府官员的现象。比如，在浙江台州市黄岩区就发生了三位资产过千万的企业家为了当选人大代表而以80元一张的"平均价格"向选民"争购"选票的现象。通过贿选等不公平的方式当选人大代表或政协委员，破坏了选举过程的民主性。

从权利和义务的角度来看，民营企业家当选人大代表或政协委员是对其作为一个公民合法政治权利的确认，但民营企业家同时也应该尊重其他阶层的政治权利。中国的选举法对代表的构成没有明确的规定。在实践中，中国的人大代表通常是根据行业来划分的，把人大代表分为工人代表、农民代表、知识分子代表、解放军代表、民主党派和无党派代表人士，尚没有专门针对企业界的类别，因此民营企业家出身的人大代表都是以其他身份当选的。民营企业家争相进入人大和政协，必然会排斥其他利益团体的政治参与，使得一些社会弱势群体有进一步被边缘化的危险。当民营企业家意图排斥其他利益方参政的权利，这显然是不合理的。当这种排斥并不是有意图的，但是结果却否决了其他利益方参政的权利，这种行为在道德上依旧是可疑的。

从正义的角度看，当一些利益团体被排除在政治决策过程之外，不仅仅会对这些利益团体产生直接的伤害，而且也危害了普遍的民主价值。这些利益团体会把现有体制看做是不合理的、不公平的，从而影响体制的稳定。

因此，民营企业通过行贿等不正当的手段来游说政府官员是不适当的，在经过必要的"冷冻期"聘用前政府官员在手段上是适当的。民营企业家当选人大代表或政协参政，有利于增强人大的代表性，但是民营企业家的参政如果排斥了其他弱势利益团体的合法权利，违反了程序公正，否决了其他利益团体参政的权利，那么手段上是不适当的。

三、结果是否合理

结果是指行为引起的后果，它包括两个方面，一是行为人意欲达到的结果；二是虽不为行为所期望，但能被行为人预见的结果。结果是判断行为是否合理的重要方面。

（一）官员下海的结果

从后果的角度来看，如果民营企业通过原政府官员的关系控制了政府的政治决策过程，增加了其他利益团体参与政治过程的障碍，把政治体制降低到可竞争的水平以下，那么结果是不合理的。

从权利和义务的角度来看，作为政治过程的参与者之一，民营企业和其他方拥有平等的权利。民营企业参政应该尊重社会公众和其他利益团体的合法权利。滥用政府官员的权力打击竞争对手，压制其他利益方必然侵犯社会公众和其他利益团体的合法权利，其结果违反了普遍的民主价值观，是不合理。如一些企业利用政府官员的权力违法占有耕地，以野蛮手段强迫百姓拆迁。

从正义的角度看，民营企业参政，不能利用公共权力获取不正当的利益，不能在公共政策制定过程中施加过多的影响。目前很多的官员下海都没有履行适当的程序，民营企业利用官员的"公共资源"获取不当利益，在公共政策制定中过多地考虑少数企业利益的现象很普遍，其结果是不合理的。

(二) 商人参政的结果

从后果来看，民营企业家参政不应该影响其他利益团体的参与。民营企业家通过竞选当选人大代表或政协委员改变了传统的极为抽象的利益代言人决策机制，有利于发展中国的民主政治。工人、农民、知识分子等阶层在人大都有他们的代表，民营企业家进入人大和政协，使得代议机构中出现了代表不同利益的声音，增加了政治决策过程的代表性和合理性，因而是一种进步。由于民营企业具有雄厚的财力和广泛的社会影响力，在全国以及地方各级人大中，"非党政机构出身"的人大代表在很大程度上被民营企业家所垄断。这使其他利益团体难以通过进入人大和政协参与政治决策，因而在结果上是不合理的。

从权利和义务的角度来看，民营企业家是代表选民或所在阶层参政的，应该反映选民和所在阶层的利益要求，而且还要和其他利益方共同促进公共利益。就目前的情况来看，民营企业家当选人大代表或政协委员更多的是考虑企业的发展空间问题，但如何为当地的选民服务，特别是如何为当地的企业员工服务，往往考虑的很少。比如，浙江台州劳动局干部到一家企业去为农民工讨工资。这个企业的老板是人大代表。他振振有词地教训劳动局干部说："你们贯不贯彻'三个代表'的精神？是我代表先进生产力，还是民工代表先进生产力？"

从正义的角度来看，民营企业家参政应该维护体制的正义。宪法和法律赋予人大代表很多的权利，包括选举权、审议工作权、建议权、表决权、执法检查权，等等，如果当选的民营企业家合法地利用自身的职权为百姓和自身谋福利，那么结果是合理的。比如，在浙江台州某区人大代表们联合起来，罢免了区人大常委会一位主任。原因是人民代表大会通过的一项关系到当地群众和企业家们的切身利益决议，却被人大常委会的一纸决议推翻了。如果当选的民营企业家把人大代表作为保护伞，利用代表的权利在贷款、税收等方面捞取好处，那么结果是不合理的。比如，某老板是人大代表，他厂里的职工因为暂住证过期被派出所拘留了。他凭人大代表的身份连夜到派出所去要人。政治决策是一个各种利益团体表达其利益需求的过程，政府的公共政策不过是他们之间周旋的一种平衡机制。当民营企业家们垄断了参政议政的通道后，在制定公共政策时就会仅反映他们自己所关心的问题，从而使公共政策偏向他们的利益，导致公共政策的好处和负担分配的不公平。

因此，对于官员下海，如果民营企业利用政府官员的公共权力牟取不正当利益，或者在公共政策形成中施加了过多的影响，那么结果是不合理的。对于商人参政，如果当选的民营企业家利用代表的特权从事不法行为，或者由于民营企业家的大量进入阻塞了其他利益团体参与政治决策，造成公共政策的好处和负担分配的不公平，那么在结果上是不适当的。

第五节　结论和建议

本研究对于规范中国的商政关系具有重要的理论和实践意义。在理论上，本研究分析了中国官员下海和商人参政的本质及其所产生的伦理问题，建立了一个分析中国政治行为伦理的框架，为中国目前普遍存在的官员下海和商人参政现象界定了一个合理的标准，有助于人们正确认识官员下海和商人参政现象，从而减少不规范的官员下海和商人参政行为。

对于官员下海和商人参政伦理问题的治理，民营企业对自身行为的约束固然重要，但从根本上讲，需要在体制上为民营企业参政提供通畅的渠道，同时在制度上对民营企业的参政行为进行约束。为此，就需要从法律制度和政治体制上进行相应的变革。和我们前边的分析框架相一致，我们建议在制度上对他们参政的动机、参政的途径以及参政的结果进行规范和管理。

首先，在规范民营企业参政的目的方面，要尽快弥补现有法规和体制的缺陷，从源头上杜绝民营企业"寻租"的冲动。中共中央和国务院已经就官员下海现象出台了许多规定，但这些规定存在很多缺陷，从而给民营企业提供了"寻租"的可乘机会。值得欣喜的是，《国家公务员法》已经通过并即将实施。《国家公务员法》明文禁止公务员经商，而且对公务员辞职或退休后的从业限制以及应该履行的程序做出了明确规定，但是在具体条款上依旧有很多值得改进的地方，比如在限制内容上，《国家公务员法》规定，领导干部辞职后三年内不能到"与原业务直接相关"的营利组织任职，而台湾的《公务员服务法》的限制内容包括了"离职前五年的职务"①，并且已经由"职务限制"改为"行为限制"②。对于离职，《国家公务员法》仅包括了辞职和退休两种，而台湾的《公务员服务法》则包括所有退休（职）、辞职、资遣、免职、停职、休职等离开原职者。这些条款是有一定借鉴意义的。此外，还应借鉴西方国家的行政检察专员制度，弥补纪检部门对下海官员的监督空白③。对于民营企业家争相进入人大，要逐步推行人大代表的专职化。任何人在当选人大代表后必须辞去原有的职务，专心参政。

其次，在规范民营企业参政的手段方面，应完善人民代表大会制度，设立专门针对私营企业主的界别，为民营企业参政建立通畅的渠道。改革

---

① 台湾《公务员服务法》第十四条规定，"公务员离职后三年，不得就与离职前五年内原掌理业务有直接利益关系之事项，与原任职机关或所属机关接洽或处理相关业务。"

② 1994年台湾的《公务员服务法》进行了修改，将"职务限制"改为"行为限制"，不再规定不能从事特定的职务，改为规范不能从事特定的游说行为。

③ 汪生科：《浙江规范官员下海潮》，载《21世纪经济报道》，2003年6月9。

开放的不断深化和社会经济的急剧变迁,使中国的社会阶层结构发生了深刻变化。中国社会阶层结构已不再是简单的工人阶级、农民阶级和知识分子阶层,中间阶层、企业家阶层和私营企业主阶层正在兴起和壮大①。而当前中国的政治体制尚没有为私营企业主阶层参政保留充分的空间,因此,应该根据中国目前实际的阶层和行业状况,对人大代表的比例进行重新配置,设立专门针对私营企业主的界别,以便反映他们的声音,使他们能够和其他阶层一样平等地参与政治事务。

最后,在规范民营企业政治行为的结果方面,要尽快完善选举法,防止资本对选举的扭曲。民营企业家参政使真正的利益主体进入权力核心,因此中国应该尽快完善选举法,出台竞选制度,扩大直选的范围,对竞选过程中资金的来源、使用等做出严格的规范,从根本上防止资本对选举的扭曲,确保选举过程的公开、公正和公平,遏止目前竞选中存在的贿选现象。

总之,随着民营经济的日益壮大,他们的政治意识也会随之觉醒和成长,必然通过参政表达自己的利益要求,这是正常的,对于我们发展民主政治是有利的。我们应该积极、稳妥地推进政治体制改革,在制度上对企业参政设计合理的途径和渠道,同时要尽快完善政府管理体制,防止下海官员和参政民营企业家利用现有法规的漏洞,实现政治和资本的兑换。

---

① "当代中国社会结构变迁研究"课题组以职业分类为基础,以组织资源、经济资源和文化资源的占有状况为标准,把中国的社会阶层划分十种。这十个社会阶层是:国家与社会管理者阶层、经理人员阶层、私营企业主阶层、专业技术人员阶层、办事人员阶层、个体工商户阶层、商业服务业员工阶层、产业工人阶层、农业劳动者阶层和城乡无业失业半失业者阶层。陆学艺主编,《当代中国社会阶层研究报告》,社会科学文献出版社,2002年。

第八章 中国企业非市场行为的治理

在上一章,我们通过实证研究探讨了中国企业非市场行为(桥梁和缓冲)的影响因素。研究发现,企业的经济资源和非市场活动(桥梁和缓冲)之间具有一种正相关的关系,高层管理导向在这两者之间起着一种中介作用。政府政策的变化以及政府对企业的管制和干预促使了企业非市场缓冲活动的增加,而媒体的信息披露、非政府组织的增加和社会价值观的变化促使了企业顺应社会的要求。这些结论为我们本章探讨中国企业大量存在且缺乏规范的非市场行为的治理问题奠定了基础。

第一节 中国企业非市场缓冲活动的分类

一、缓冲和桥梁活动

企业的非市场活动管理着企业与社会、政治环境之间的界面,负责维持企业的外部合法性,这一功能通常也被称为公共事项[①]。Meznar 和乃把企业的公共事项活动分为缓冲和桥梁,这两个术语基于边界跨越文献[②]。根据 Meznar and 乃的定义,桥梁是指企业为了与外部的期望保持一致,试图适应环境的行为。桥梁意味着企业积极地试图达到或超过它所在行业的管制要求,或者试图快速地识别不断变化的社会期望,以促进企业的活动

---

① Post. J. E., Murray, E., Dickie, R., & Mahon, J. F, "The Public Affairs Function in American Corporations: Development and Relations with Corporate Planning", *Long Range Planning*, Vol. 15, No. 2, 1982, pp. 12–21.

② Thompson, J. D, *Organizations in Action*, New York: McGraw-Hill, 1967.

适应这些期望。企业桥梁活动的一些例子见表8.1。因此，企业的非市场桥梁活动是一种规范的活动。缓冲是指企业试图影响外部的环境，阻止外部环境干预企业内部运作的活动。缓冲意味企业把自身从外部环境的干扰中隔离出来，或者试图通过对政治行动委员会捐款、游说、宣传性广告等手段来影响环境。企业缓冲活动的一些例子见表8.2。企业的非市场缓冲活动有些是合法的，有些是非法的，还有一些是介于两者之间。因此，我们下边具体考察企业的缓冲活动。

表8.1 企业的非市场桥梁活动

类型		具体表现
桥梁活动	社会桥梁	1. 按照社会要求不断调整本企业的行为，如环境保护；
		2. 通过慈善捐款资助教育、赈灾救济等各项公益活动；
		3. 参与、支持社会公共事业；
	政治桥梁	4. 预测政府政策和法规的变化，以确保本企业能尽快适应新的政策和法规；
		5. 顺应政府的要求，成立党支部、工会、职代会，进行政治学习；
		6. 做政府鼓励的事情（如雇佣下岗职工、兼并亏损企业）；
		7. 企业执行的安全、卫生、环保等标准高出了行业内最低标准。

表8.2 企业的非市场缓冲活动

类型		具体表现
缓冲活动	社会缓冲	1. 进行广告宣传等活动，促使社会对企业产生好的印象；
		2. 通过新闻媒体和公开场合宣扬本企业在经济和社会事务中的基本观点；
		3. 通过公关活动（如记者招待会等）来宣传本企业处理社会问题的立场；
	政治缓冲	4. 针对影响影响行业或本企业的政策法规中的问题，提出意见和建议，以正式或非正式的方式呈送有关政府部门和行业组织，以期产生影响；
		5. 通过不正当的手段影响政府官员以获得优惠政策、银行贷款和合同等等；
		6. 通过亲戚、朋友、同学等关系找到政府官员，希望他们能为企业说话；
		7. 为政府官员的子女、亲戚安排工作；
		8. 对政府组织的各种活动提供赞助，如政府组团去国外考察；
		9. 给政府官员各种好处，以获得对企业的支持。

资料来源：根据访谈的内容整理。

二、缓冲活动与直接非生产性寻利活动（DUP）

企业的非市场缓冲活动是一种非生产性活动，在经济学中被称为"直接的非生产性寻利"（DUP）。根据巴格瓦蒂为定义，直接非生产性寻利活动（DUP）是指通过从事直接非生产性活动而获得利润的方法。非生产性活动的含义是，这些活动产生金钱收益，但并不生产包括在正常效用函数中的产品与劳务，也不生产投入这些产品与劳务的投入品。这就是说，寻求直接非生产性利润的活动可以产生收入或利润，但不直接或间接生产货物或服务。他们是消耗实际资源而没有任何产出的经济活动。直接非生产性寻利（DUP）的概念比寻租所包含的范围要广，它不仅包括在政府干预条件下的寻租活动，而且还包括寻求政府干预的活动，包括以直接的非生产性活动取得利润的各种途径。公共选择理论的代表人物布坎南则把寻租定义为："指那些本当可以用于生产活动的资源，被用于只不过是为了决定分配结果的竞争。"主要是通过政府影响收入和财富分配，竭力改变法律规定的权利来实现某些个人或集团的利益。在中国，寻租主要表现为非法的权钱交易，或者以行贿的方式从政府官员处获取垄断特权，或者以回扣的方式从政府官员处获得平价生产要素和商品，以及向国有部门以市价推销劣质产品等。寻求直接非生产性利润包括了寻租收益，还包括了将资源用于鼓励创造额外收益的政策干预，例如，为了实行进口配额制度或者关税保护而进行的疏通活动；还包括为了赚钱而逃避政策限制的活动，如，利用合法进口（缴纳关税）和非法进口（偷漏关税）的差额来获取特殊收入的逃税活动。

三、缓冲活动的分类

巴格瓦蒂（Jagdish Bhagwati）在分析外贸中的关税问题的时候，把这种直接非生产性的活动概括为以下几类：寻求关税好处的院外游说活动，这种活动的目的是改变关税以及要素收入来获得金钱收入；寻求收入好处的院外游说活动，这种活动要把政府收入引向自己，使自己成为收入的接受者；寻求垄断利益的院外游说活动，这种活动的目标是创立一种人为的、产生租金性质的垄断；逃避关税或者走私，这种活动实际上是减少或取消了关税（或限额），并通过利用交纳关税的合法进口品与不缴纳关税的非法进口品之间的价格差异而获得利润。他根据企业的非生产性活动所采用的方式以及所产生的结果，把直接的非生产性寻利活动分为三类，见图8.3。巴格瓦蒂的分析主要限于外贸中的关税问题，但他关于DUP活动性质判定的方法是有借鉴意义的。我们在判断企业缓冲活动的性质时，也考虑这两个方面，一是寻租过程中采用的手段是什么，二是这种寻租的后果是什么。

1. 不合理、不合法的缓冲活动。非法的缓冲活动如行贿受贿，走私贩毒等。其特征主要表现为：1. 企业为了自身收益最大化，进行有目的、有意识的寻租活动。2. 企业在寻租的交易过程中，采用不合理、不合法的手段（如行贿、受贿等）。3. 缓冲的结果是社会资源的浪费。尽管企业的收益增加了，但从整个社会来看，社会福利水平不仅没有增加，反而下降。

表8.3 DUP活动的类型、例子和后果

直接非生产性活动的类型				
	开始时扭曲最后仍然扭曲的情况		开始时扭曲但最后不再扭曲的情况	
	合法的	非法的	合法的	非法的（4）
这种活动的例子	1. 寻求额外收益的活动；2. 寻求收入的活动	逃避关税或走私活动	破坏关税的游说活动	使用贿赂的游说活动
这种活动的后果	次优的结果		次优的结果	
	开始时没有扭曲，但最后产生扭曲的情况		开始时没有扭曲，最后也没有扭曲的情况	
	合法的	非法的	合法的	非法的
这种活动的例子	1. 寻求垄断的活动；2. 寻求关税的	逃避最适度的关税活动	零关税结果的游说活动	偷窃活动

这种活动的后果	总的结果变糟了，但出现悖论：通过 DUP 活动导致的扭曲却可能比不是 DUP 导致的扭曲带来相对多的福利水平	总的结果变糟了，但没有悖论存在

资料来源：巴格瓦蒂：《直接非生产性寻利活动》，（美）《政治经济学杂志》，1982 年第 90 卷，第 5 期，第 992 页。转引自张军《特权与优惠的经济学分析》，立信会计出版社，1995 年版。

（二）灰色的缓冲活动。灰色的缓冲活动是介于不合理、不合法的缓冲活动与合理、合法的缓冲活动之间的一种活动。中国社会经济生活中企业的不少缓冲活动大都可以归于灰色的缓冲活动范畴之中。灰色的缓冲活动有几个特点，第一，性质不易界定。它处于合理与不合理、合法与不合法之间。第二，隐蔽性。与合法和非法的缓冲活动相比，灰色的缓冲活动更具隐蔽性。何清涟认为，中国现阶段存在着一个既不同于计划体制又不同于规范化市场的资源配置系统，在承担着现阶段的资源配置功能。寻租活动的展开，主要是通过一种非正式的社会关系网络进行，包括同乡、血亲、姻亲、朋友和同学等关系。这种非正式社会关系网络由于能够牵动诸多资源的流动，影响其流向，因而成为一种具有资源配置功能的资源，并进而成为寻租者逃脱法律制裁的依仗和凭借。她把关系网称为寻租活动的神经网络[①]。划分合法与非法的缓冲活动的标准都是相对的，相对于这个活动本身来讲，它可能是合理、合法的，但是相对于整个社会来看，它又是不合理、不合法的。

（三）合理、合法的缓冲活动。合法的缓冲活动如企业向政府争取优惠待遇，利用特殊政策维护本身的独家垄断地位。尽管国内的学者在讨论企业寻租活动的时候大都建立在这样一个价值判断之上，即既使抛开寻租关系是否合理、是否合法不论，寻租交易最终也是社会资源的一种浪费或损耗。但是，现实经济活动中，尤其在一个国家经济体制不健全、制度不

[①] 何清涟：《现代化的陷阱》，今日中国出版社 1998 年出版。

规范的情况下,并非所有寻租交易都是不合理的。马丁·里基茨在"寻租、企业家精神、主观主义和产权"一文中对这个问题进行了分析①。他指出,寻租这个词总是给人一种感觉,它使你要接受一种关于什么是理想结果的规范命题,它也会使你去相信我们有把握鉴别对社会来说是理想的那种状态的效率。而大量的经验事实却可以说明,如果寻租活动的目的是要改变无效率的产权结构,去促使产权的现有分配发生改变,这种改变的结果可能对社会来说是一种有意义的或理想的结果。例如,西斯克讨论过这种有理想结果的寻租活动,他举的例子是,通过寻租活动来促使公共产权向私人产权的转变。对于西斯克而言,寻租可能是不理想的,也可能是理想的一种活动,不可贸然判断。

第二节 中国企业大量的缓冲活动的产生原因

由于中国正处于经济体制转型时期,中国企业无不花费大量的时间去处理影响企业发展的"环境问题"。在田志龙教授主持的一项自然科学基金研究中,对38家知名企业(国有、民营、外资)网站有关企业活动的栏目中,2001—2003年报道的约15000篇文献的统计分析表明,约40%是与非市场因素打交道的。一些企业家也坦承,他们30%~50%的时间用于处理与政府及利益相关者有关的事项②③④⑤。产生这种状况的原因主要有:

---

① 张军:《特权与优惠的经济学分析》,立信会计出版社1995年版。
② 张维迎:《企业寻求政府支持的收益、成本分析》,载《新西部》,2001年第8期,第55—56页。
③ 中国企业家调查系统:《中国企业经营者队伍制度建设的现状与发展》,载《管理世界》,2000年第4期:第92—102页。
④ 吴宝仁,刘永行:《华西对话》,载《中国企业家》,1999年第8期:第22—23页。
⑤ 李新春:《企业家过程与国有企业的准企业家模型》,载《经济研究》,2000年第6期,第51—57页。

一、中国的渐进式改革政策

中国的经济体制改革是一种渐进式的改革，其特征可以概括为以下几个方面：先试点后推广；选择双轨制改革方案；是一种自上而下的强制性制度变迁的过程；是一种倾斜式改革；一种增量改革、边际改革[①]。渐进式改革的这些特征都为企业提供了寻租的外部诱因。我们下边以"双轨制"和"先试点后推广"来说明这种情况。

企业的目的是追求利益的最大化。一旦政府制造出一种人为的稀缺性，寻租便会发生。如果获取租金的权利既不是在所有人中平等的或随机的分配，也不是公开拍卖，那么潜在的进入者将通过游说政府给他们以优惠的差别待遇来进行寻租。制度租金是指由于制度供给不足而造成的制度性盈余，它是扭曲产品和要素价格这一宏观政策的必然产物。在计划经济体制时期，为了推行重工业优先发展战略，政府政策的核心就是压低产品和要素的价格，实行价格管制。在这种情况下，任何企业只要争取到计划配置的资金、外汇、紧缺物资，在生产开始以前，就意味着已经获得了一个盈余，如图 8.4 所示。当某种要素或者产品的价格由市场决定时，形成的市场均衡价格为 P，相对应的供应量和需求量为 B。当价格由计划人为地压低到均衡水平之下 P1 时，由市场决定的供给量仅为 OA，在这个供给量上，既定的需求量可以将市场或黑市的价格抬到 P2，可见，企业若能以 P1 的价格获得计划配置的资源，一旦能以市场价来衡量就意味着产生了一个盈余，如图中的阴影所示。

中国渐进式改革的另一个特点是不少制度的变迁采用了"先试点后推广"的渐进式变迁模式。政府让试点企业在不同于非试点企业的制度环境中活动，这种方式为试点企业带来双重利益：一是由优惠的信贷、税收、外贸等政策带来的额外收益；二是由新制度规则的引入所带来的潜在收益，如更大的自主权等。显然，这种双重的潜在收益并不完全取决于试点企业的自身努力，而是在很大程度上取决于委托人授予的特许权，这些特

---

① 卢现祥：《寻租经济学导论》，中国财政经济出版社 2000 年版。

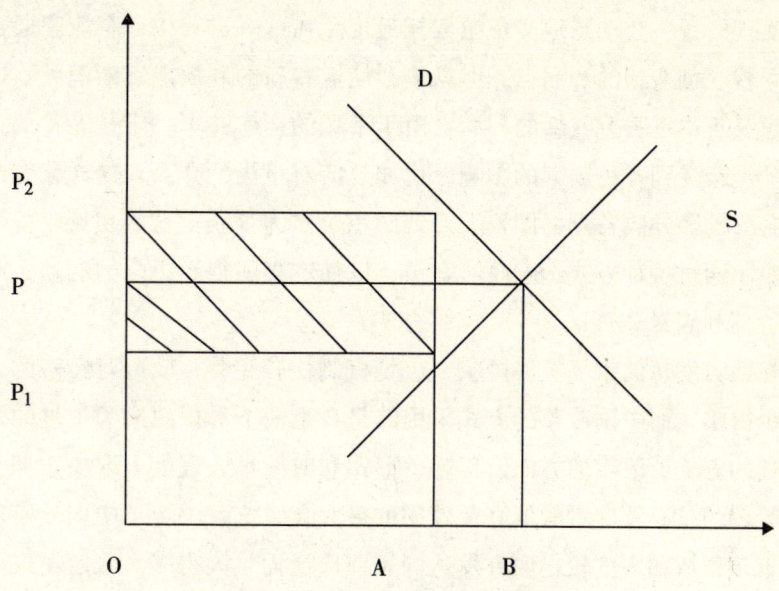

图 8.4 由于双轨制引起的制度租金

许权对试点企业来讲就有很高的含金量。由于人为地设置"进入壁垒",使非试点企业无法享受试点企业的优惠条件,这样试点企业获得的收益就与垄断租金相似。只要不撤除壁垒,租金就会长期存在。于是,为了争夺或瓜分这一政策双轨的租金收益,各利益集团不惜走后门,找关系,甚至进行权钱交易,对拥有试点审批权的政府决策部门或官员施加影响。

中国尚处于市场经济初级阶段,由市场配置资源的功能目前还不具备。拥有庞大国有经济的政府以及政府掌握的各种资源,成为各利益群体寻租的猎物;由于政府在配置资源中起着举足轻重的作用,就使得政府成了各利益集团寻租的猎物。何清涟认为,当前寻租活动主要集中在几个"点"上:权力的集中点,体制转换的交会点,监督系统的乏力点,法律政策的滞后点,人、财、物需求的关节点。

二、政府对经济活动过多的管制和干预

以塔洛克、布坎南为首的公共选择学派认为,租金是政府干预的结果,寻租基本上是通过政府活动进行的。在市场竞争条件下,资源由市场

竞争实现配置，会动态地实现帕累托最优。在这一进程中，企业家通过创新来寻找、创造新的利润点，但竞争会使这些新的利润点逐渐消失，这时企业家又不得不去寻找新的利润。由于市场的运作并不一定是完备的，市场的功能会受到各种因素的影响，比如政府对市场的介入，这样就会产生各种各样的额外收益点，即权力导致的租金。为了获得这些超额收益，各利益集团通过各种方式影响政府官员，以使本集团得到更多的利益，或避免各种不利因素。

在西方发达的市场经济国家，市场机制比较完善，政府对经济的介入相对少得多。而中国改革的方式采用的是自上而下的以政府为主导的强制性变迁的方式，改革的方向、程度、形式和时间很大程度上取决于拥有最高决策权的核心领导者的偏好及效用的最大化，这就决定了中国政府对经济的干预领域和力度较之西方发达国家要广泛而且大得多。政府不仅可以通过各种法令、规章来影响企业和个人的经济决策，政府本身还拥有相当大的资产，拥有直接的经济决策权，政府的干预深入到国民经济的各个层面。政府机关的每一个部门机构本身都是理性的个体，其利益可能与最高决策层的利益不完全吻合，政府机构在执行政策的过程中会出于自利性而偏离国家和社会的目标，导致权力寻租。权力寻租包含着"政治创租"与"抽租"。前者是指政府官员以利益集团向他们提供某种好处为条件，利用政策为该利益集团创造经济租金。后者是指政府官员故意提出某些会使企业利益受损的政策作为威胁（如，重新进行试点资格审查），迫使企业割舍一部分既得利益与政府分享，实际上是一种权钱交易。这种以权力寻租为特征的腐败在中国现阶段是相当严重的。

当然，并非所有的政府活动都会导致寻租活动。布坎南认为，政府通过特殊的制度安排来配置资源，可以使寻租活动难以发生。这种制度安排允许社会全体成员享有获得由政府分配造成的租金价值的等同份额的权利，但是要做到这一点是非常困难的。布坎南的寻租理论的逻辑结论是，只要政府行动超出保护财产权、人身和个人权利、保护合同履行等范围，政府分配不管在多大程度上介入经济活动，就会导致寻租活动，就会有一部分社会资源用于追逐政府活动所产生的租金，从而导致非生产性的浪费。

第三节　中国企业不规范的非市场活动的消极作用

企业的非市场缓冲活动是一种非生产性获利活动。在中国的经济体制转轨过程中，企业不规范的非市场缓冲活动通常是与腐败联系在一起的，各种利益集团或个人通过贿赂等不正当手段影响政府官员的决策，以实现个人利益的最大化。其消极作用主要表现在以下几个方面：

首先是对政府机能的侵蚀。企业的寻租活动导致了大量的腐败，造成了政府机构的低效率。权钱交易进一步刺激了官本位意识在新的社会条件下的畸形发展。事实表明，权力垄断社会生产要素对市场经济的发展，特别是对收入分配的危害，比市场经济体制下的经济性垄断所造成的分配缺陷危害更大。这种体制衍生出大量官商、官倒及依附于权力阶层的"中介人"。

其次，企业大量的非市场缓冲活动造成了社会资源的大量浪费。企业寻租活动必然花费大量的时间和精力，支出礼品与金钱，同时又使资源人为紧张，流通环节增加，物价层层加码，生产成本上升；主动创租者为使企业寻租活动达到自己满意的水平以及为掩人耳目而付出时间和精力；政府有关部门公务员为对付企业寻租活动而进行的反游说、反贿赂也要耗费许多时间、精力与资源。这些资源都是非生产性，都不是创造新的财富，而是影响分配的结果。因而是一种资源的浪费。

再次，企业的寻租造成财富产出的减少。企业通过收买拉拢公职人员获得大量的国家资金，令国家资金流失；通过行贿进行逃税，将创造财富领域的资源非生产性用于分配财富的领域，减少了财政收入；公务员收受贿赂和回扣后为假冒伪劣产品的推销和收购开了绿灯；获得政府特许的垄断企业往往没有强烈的激励去完善管理，改进技术，提高产品质量，降低成本，改善服务，造成生产效率的低下；非生产性投入增加，生产性投入减少，财富供给萎缩等。

最后，企业的寻租也给社会造成种种危害。寻租滋生了社会上的既得利益集团，使国家计划受阻，经济管理失衡，经济政策走样；寻租毒化了社会风气，腐蚀了人们的思想领域，腐蚀了干部队伍，造成了部门与行业的不正之风。寻租瓦解了社会的规范体系。因为一个建立在权力、靠山、金钱、关系等因素之上的利益分配机制违反了对诚实努力工作的人进行奖励的社会道德标准，破坏了社会公正、公平和公开竞争的原则，扩大了社会的不平等，破坏了社会正当的价值观念。

第四节 中国企业非市场行为的治理

对于中国企业非市场行为进行治理，就是要减少企业不规范的缓冲活动，增加对社会有益的桥梁活动。进一步讲，就是要减少影响企业从事不规范的非市场活动的因素，促使影响企业从事桥梁活动的因素。企业内部的自觉、自律、自控固然重要，但更重要的是依靠外部的力量进行规范。

一、建立和完善政府在企业非市场行为治理中的制度安排

建立企业约束和监督机制的基础环节和基础层次在于政府，表现为政府从维护社会利益和保证社会运转的目的出发，以社会公众利益代表和社会公共管理者的身份，以国家立法的形式和行使政府权力的形式，建立规范企业行为的法律、法规，并强化执法的力度。这是形成企业非市场行为约束机制的基本前提和保证，也是形成企业监督的基础性制度。

第一，完善政府行政管理体制，强化政府官员的行政伦理。权力导致腐败，绝对的权力导致绝对的腐败，权力本身就有一种寻租的倾向。所以需要对权力进行制约和监督，才能保证权力不会被滥用。导致中国企业产生大量不规范的非市场行为一个重要原因是政府行政管理体系的漏洞和政府官员行政伦理的缺失。因此，首先要从源头上加强对权力尤其是"一把手"权力的监督和制约。在重要工作任务的部署，干部任免、调动和奖惩，大额资金的安排和使用，重大工程项目的确定以及其他重大问题上，均实行无记名票决制或电子票决制，杜绝"一把手"一个人说了算。同时

对一些容易产生腐败的领导岗位实行轮岗或异地交流制度，从源头上遏制此类边缘腐败的滋生蔓延。其次，要盯好"尾"。不仅要从法律和制度上规范在职官员的公权私用行为，加强对领导干部任期经济责任审计、离任审计和事后审计，最大限度地堵塞现行各种制度的漏洞，也要对离职尤其是对那些下海经商或离退休后经商办企业的领导干部严加约束，实行跟踪监督。近年来，大批的政府官员之所以下海经商与政府行政管理体制的漏洞有很大的关系。针对这种情况，浙江省委出台规定，从辞职程序、辞职后从业行为限制和辞职后行为的监督三方面做了新探索，明确提出领导干部辞职"下海"后，三年内不得到原管辖范围内经商，并按干部管理权限，于每年年底向其原所在单位党委（党组）报告离职后的从业情况。这一措施应进一步深化，并在全国范围进行推广。

第二，弥补反商业贿赂立法的缺陷。商业贿赂在中国已经成为商场上的"潜规则"，贿赂成为影响经济运转的"毒瘤"。1993年9月2日公布的《中华人民共和国反不正当竞争法》中就有针对商业贿赂的法条，而在《刑法》中对于贿赂行为也有着相当严厉的处罚规定，但对照美国《海外反腐败法》，当前中国有关商业贿赂的法律仍存在很大的不足：一是，从行贿角度而言，未对商业贿赂行为专门界定。同时受贿主体范围局限，导致违法难究。中国的刑法理论中，与受贿有关的罪名可分为两部分，一是国家工作人员受贿罪，二是妨害公司、企业的管理秩序罪和破坏金融管理秩序罪，受贿主体局限于国家工作人员，公司、企业的工作人员，银行及其他金融机构的工作人员。而美国《海外反腐败法》中受贿主体包括：外国官员、外国政党、政党官员或外国政府机构的候选人。任何等级的公务人员都包括在内。同时，《海外反腐败法》所规定的受贿人，并不按照其行政身份确定，而是看其是否实际行使政府公共权力。实际上，在公有制为主体的国家，国有独资公司、控股公司和各事业单位中的广大工作人员都有可能成为受贿对象，但正是由于中国刑法上对受贿主体身份的苛刻要求，使得大量受贿严重的非国家工作人员仍得以钻法律的漏洞，逍遥法外。二是，取消行贿罪必须以"谋取不正当利益"为目的的主观条件，凡为谋取个人利益而行贿的，不论其利益正当与否，一律追究刑事责任。因为只要向公职人员行贿，就同样损害了公务活动的廉洁性与公正性，不应以"为谋取不正当利益"为要件。从有利于打击受贿出发，只要是行为人收受了他人财物，并且证实其具有利用职务之便为他人谋取利益的意图，就应当认定为受贿罪既遂。三是，将"贿赂"的范围由现行刑法中的财物扩展为一切不正当利益，刑法将"贿赂"规定为财物，为犯罪分子规避法律提供了机会。面对形形色色的"非财产性"贿赂犯罪，中国的刑法仍固守"贿赂"只能是财物。虽然这种规定明确、具体、易于把握认定，但其负面效应则是网开多面，漏洞过多。四是，反商业贿赂法律体系缺乏会计制度方面法规的有力支持。目前中国反商业腐败的相关法律中对会计方面的责任没有十分具体的规定。五是，对控股人应负的责任，法律规定尚存空白。而目前中国的反腐败法律体系中，并未明确规定控股人负有的责任，对共谋或被视为共谋的行为更无界定，这直接导致了控股人对其控制的企业实施的商业腐败行为，采取纵容、遮掩或默认的态度，使其得不到应有的法律制裁。鉴于商业贿赂在中国的泛滥程度，有必要出台专门的反商业贿赂法。

第三，加强全国人大及地方各级人大在立法中的作用，防止政府立法中的部门垄断倾向。虽然宪法赋予了人大立法的权力，但是中国的立法却是行政部门主导的。即使是人大审议通过的不少经济社会监管法律，其实也是由行政部门主导起草、修订的。部门主导立法的结果就是"法律部门化"。因为主导立法的部门通常就是未来行使监管权力的部门，因而，在这些法律、行政法规和部门规章中，起草者为监管部门设立了过多的管制权力，约束机制也非常薄弱；相反，对于被监管对象，则规定了太多义务，对于权利和利益遭到损害、尤其是遭到监管机构损害的个人和企业，也没有提供有效而及时的救济手段。部门立法的另一个重大弊端是，强势利益集团能够非常方便地对立法产生支配性影响。负责起草法律和行政法规、制定部门规章的主管部门和监管部门，通常与部分监管对象之间有比较密切的关系，甚至存在着直接利益关系，比如在国有垄断性企业与相应监管机构之间。这样，部门的立法过程就很容易被强势企业所控制。由此产生的法规和规章，很难说有利于创造和维护一个公平的市场竞争环境，反而在一定程度上成了维持垄断、限制竞争、制造市场机会不公平的工具。

部门立法的现状已经开始发生改变，制定行政程序法已列入十届全国人大常委会的立法规划。人大作为中国宪法规定的立法机构，人大制度创新才是立法公正之本。首先，对于现行人民代表大会代表的组成可以做适当调整，要让人民代表大会真正具有广泛的代表性，让各个阶层都能有他们的立法代言人，以平衡各方利益。其次，在人大制度创新与改革中还需要考虑，如何让利害相关者及公益团体更方便地接近人大、参与人大立法。目前存在的问题是，一方面，人们可以方便地接触到人大代表，但大多数人大代表不具有立法技巧，其所提议案通常进入不了立法程序；另一方面，人大常委会、尤其是各专门委员会或专门小组对立法有较大影响，但人们通常较难接触到他们。与此同时，人大代表及常委委员的"立法意识"和"立法代表意识"比较淡漠。这些问题的改变需要一个长期的过程，就短期而言，可以在立法过程中考虑采用新型的方式，弱化利益群体的影响。比如，重庆市人大与重庆索通律师事务所签约，委托后者代为起草《重庆市物业管理条例（草案）》。这些方式的实行在很大程度上消除了政府、部门立法中的部门保护倾向，有利于多方利益的协调，调动了各方参政、议政的积极性。

第四，端正政府的行政价值取向，转变政府职能。"立法寻租"现象的出现和蔓延，无论是部门"打架"、争权夺利，还是强势集团"合法"掠夺弱势群体，归根结蒂还是一个利益驱动的问题。人们一般都会认为，政府是公共利益或者是全社会利益的代表，政府是由人民代表大会选举产生的，是代表广大人民直接行使国家行政权，理应为人民服务，而不会有个人利益、部门利益的问题。但是中国的实际情况是：在新旧体制转轨过程中，许多政府机关事实上默认了自身特殊经济利益的存在，并在实践中强化了这种默认，使政府内部的不同部门收入差距迅速拉开。这便使得各个部门千方百计要将各种可能获取的权利攥在手里，并且不断试图通过立法的形式保障或者扩大部门权力。因此出现比如电信部门制定的"霸王条款"，医疗卫生部门单方面公布的所谓《医疗事故鉴定处理的规定》，以及部门之间互相的争权等都不足为怪。

从西方国家成熟的法治经验看，市场经济发展在一定程度上会加速利益群体的分化，导致多元利益主体格局的形成，政府在社会利益分配中承担的重要职责，就是通过政策制定实行价值的权威性分配，使社会利益在不同的利益主体之间保持相对平衡。在各种利益集团都努力发挥作用的前提下，虽然各个成员都不可避免地带有利益立场，但政府作为一个整体，应该尽量置身于外，使自己保持一个相对中立的地位。因此，要加快行政机构改革的步伐，转变政府的职能，限制政府的权力膨胀，强化事前监督机制。首先要合理界定政府的职责，哪些事情政府该管，哪些不能管，哪些是合法的，哪些是非法的，都应该以立法的形式确立下来，使之制度化，细则化，减少制度的空隙和漏洞。

二、建立和完善社会在企业非市场行为治理中的制度安排

第一，大力发展各种非政府组织，发挥非政府组织对企业的监督作用。在一般情况下，那些强势利益集团的组织化程度相对较高，而没有组织起来的或无法组织起来的群体中，往往包含着一些重要的利益群体，如消费者、纳税人、妇女、老人和许多其他群体，他们构成了人口中的大多数，但他们的松散、无组织性导致他们始终处于那些强大的有组织的利益集团的剥削之下。为了促进社会最大限度的公平，政府应加强弱势利益群体的组织化，并赋予代表其利益的中介性团体组织以法律上更高的地位和决策中更大的发言权。

从西方国家的企业社会责任发展历史来看，人权组织、劳工组织、环保组织、绿色和平组织、地球之友或者一些动物权利组织等非政府组织对企业形成制衡，这些组织对企业承担社会责任产生了很大的作用。大部分企业对于承担社会责任是被动的，是非自愿的，虽然有少数先知先觉的企业有这种认识，但是绝大部分还是一个被动的过程。并且有时候企业会跟政府合谋，特别是跟一些基层政府合谋。在这种情况下，很难指望政府承担责任。从西方的历程来看，非政府组织可以起到以下两个方面的作用：一个是扮演"增加压力"的角色，成为对企业社会责任的压力集团。比如

说消费者协会和环保组织在西方企业社会责任发展过程中起到的作用非常大。这类组织在企业履行环保责任、劳工责任，督促自律等方面，扮演了"增加压力"的角色。另一方面，是扮演了"增强吸引力"的角色。企业要尽社会责任，需要通过一些慈善机构或者志愿者组织，为企业提供一个平台，所以，非政府组织在推动企业履行责任方面作用会很大。但现在的情况是，中国的非政府组织在这两方面做得还很不够。从现在的发展状况来看，环保组织发挥的作用比较大，消协、劳工组织，包括一些行业协会做得都不尽人意。这主要是因为中国的行业性中介组织的政府色彩太浓，很多的行业性中介组织的领导职务都由党政机关干部兼任，发挥不了行业性中介组织应有的作用。因此，需要把这些半政府性的行业组织、社会社团转变成完全的民间组织。

另外，非政府组织之所以能发挥作用，关键在于非政府组织形成了网络，不仅要在国内建立广泛的网络，而且跟国际上已有的组织形成网络。另外一个重要的策略是与消费者建立结盟，消费者购买企业的产品，消费者投票，这才会使企业感到威慑力。

第二，保护新闻自由，发挥媒体对企业的外部监督作用。在西方国家，媒体被看做是独立于立法、行政和司法之外的"第四权"。媒体对公司治理的外部效应主要表现为：通过传递信息和发表评论，引导舆论，推动有关公司法律的制定和实施。例如，媒体在揭露了安然、世界通讯等公司的一系列丑闻后，美国的公司治理原则受到质疑。在此情况下，2002年6月美国证券交易所就公布了关于改进公司治理标准的建议书，以完善原来的公司治理原则。在国内，深交所和中国证监会在《财经》杂志披露了银广厦的欺诈丑闻后暂停了它的交易，并启动了调查；通过影响经理人和董事会成员的声誉来规范他们的行为。媒体可以给经理人和董事会成员带来莫大的荣誉，从而使他们得到金钱和社会地位，也可以夺走这一切。这样的惩罚机制足够使经理人和董事会成员对媒体足够重视从而对媒体的压力及时做出反应。一方面可以降低他们利用手中的权力为自己牟私利的动机，从而部分保护了股东的利益和提高公司的价值。另一方面也可以使他们为了维护自己的公众形象而在从事经营的时候考虑对社会整体福利的影响。

中国目前法律对新闻媒体自由的保护力度还很不够。尽管中国宪法第35条规定了公司的出版自由、言论自由。但在现实中，新闻自由常常受到政治的干预，严格的新闻审查制度已经严重限制了新闻媒体作用的发挥。这些问题的解决有赖于中国政治体制改革的推进。

三、企业自身的自律

自身监督又称自律。鉴于自律有法律意义上的制度性自律与伦理意义上的道德性自律之别，强化企业社会责任的自身监督也要体现"两手抓"的精神，既要重视企业内部监督机制的制度设计工作；又要重视企业的道德建设。从制度设计上讲，为了能够使企业有效地承担起应当承担的责任，一是企业要具备有效的法人治理结构，二是企业要建立一套有效的治理机制。

第一，规范公司治理结构，推动治理转型。治理结构是一种对公司进行管理和控制的体系。它不仅规定了公司的各个参与者，例如，董事会、经理层、股东和其他利害相关者的责任和权利分布，而且明确了公司事务决策时所应遵循的规则和程序。有效的法人治理结构能够根据环境的具体情况，做出科学的公司决策，这一决策符合公司利益相关者价值最大化原则，符合公司的长远整体利益，因而使得企业的行为是可以预期和控制的。从整个社会来看，具备有效法人治理结构的企业才能够形成实现社会责任分担的微观基础。在此基础上，政府才可能运用宏观调控手段，制定相应的规则和制度，以企业的利益为纽带引导企业承担相应的社会责任。

公司治理理论存在传统的公司治理理论和利益相关者理论的区别。传统的公司治理理论基于资本雇佣劳动的逻辑，认为企业是资本家的企业，只有资本家有权力控制企业，而企业的经营自然也应该以股东利益最大化为目标。与传统的公司治理理论不同，利益相关者治理理论将股东的利益与其他利益相关者的利益放在同等重要的位置上，强调公司治理应当保障全体利益相关者的利益。公司的目标应该是为所有要素提供者创造财富，增加价值，而不仅仅是为股东利益最大化服务。近几年中国不断披露出来的上市公司黑幕、福布斯富豪人物涉嫌经济犯罪等公司治理问题所反映的是公司作为所有者聚敛财富的工具出现，是企业所有者的道德问题，往往是对财富的掠夺，赤裸裸的腐败和犯罪。我们所面临的现实已经说明，需要尽快推动公司的治理转型，从"股东利益之上"向"相关者利益共同至上"转型。为了达到这个目的，应鼓励公司董事会更加具有广泛的代表性。董事会应包括公司的职工、主要供应商和客户、贷款银行和社区代表，保证他们在董事会中的发言权，进而加强对职业经理人的监督。除了强化董事会在公司治理中的职能和角色，还应继续推广国外的独立董事制度。

第二，重视公司的道德建设，提升企业的道德素养。除了从体制上加强对企业高层管理者的约束外，道德自律在企业的经营活动中也发挥着越来越重要的作用。企业的目的不仅仅是营利，承担社会责任已经成为社会的共识。目前引用最广的企业责任模型是卡罗尔（Carroll）提出来的，他把企业的社会责任为四种类型：营利的经济责任；遵守社会法律的法律责任；做正确的、公正的、公平的事情的伦理责任；对各种各样的社会、教育、医疗或者文化目的博爱责任。在国际企业界，越来越多优秀的跨国企业纷纷做出要成为负责任的"企业公民"的承诺。企业公民是指一个公司将社会基本价值与日常商业实践、运作和政策相整合的行为方式。一个企业公民认为公司的成功与社会的健康和福利密切相关，因此，它会全面考虑公司对所有利益相关人的影响，包括雇员、客户、社区、供应商和自然环境。鸠瑞森（Jeurissen）概括出了企业公民的四个特征：遵守商业的社会契约；履行社会组织的义务；积极预防各种社会风险；自觉遵守公正的国际制度。这些标准可以作为中国企业自律的准则。

企业的道德自律不能仅仅是一种口号，更重要的是要落实在企业的经营活动中。为此，需要在企业内部建立一套道德规范体系或行为准则，从道德的角度对企业自身的经营思路、营销行为等进行规范。同时，在企业内部强化伦理道德教育，提升企业运作的道德素质。在西方国家，从20世纪80年代末90年代初开始，许多企业已经把伦理管理融入到日常管理中，其主要措施有制定企业伦理守则，设置专门的机构，设置伦理主管，进行伦理培训等。到90年代中期，《幸福》（FORTUNE）杂志排名前500家企业中，90%以上的企业有成文的伦理守则，用来规范员工的行为。美国制造业和服务业前1000家企业中有20%聘有伦理主管，其主要任务是训练员工遵守正确的行为准则，并处理员工对可能发生的不正当经营行为提出质疑①。在这一方面，国外的一些优秀的公司的经验可供中国企业借鉴。

本章小结：

在本章我们基于以前各章的研究，分析了中国企业非市场行为的治理问题。由于企业的非市场桥梁活动是一种规范的活动，而非市场缓冲活动是规范的和不规范的交织在一起。所以，我们首先对企业的非市场活动进行了分类，然后探讨了中国企业大量的非市场缓冲活动产生的原因，以及不规范的非市场缓冲活动给社会所带来的负面效应。最后，我们分析了对中国企业非市场行为进行治理的措施。

---

① 周祖成：《管理与伦理结合：管理思想的深刻变革》，载《南开学报》，1999年3月。

第九章 研究结论及展望

第一节 研究结论

针对中国企业大量存在但缺乏规范的非市场行为，本书基于企业的经营合法性理论，探讨了中国企业非市场行为的规范和治理问题。首先，在文献研究的基础上，建立了一个分析企业政治游说的框架，然后通过与企业高层的深度访谈，分析了中国企业政治游说常用的方式以及政治游说中的潜规则。针对实证研究发现的伦理问题，我们探讨了企业政治游说的伦理规范。企业的政治游说本质上并不是邪恶的，而是一项对社会负责的活动。对企业通过游说来促进公共利益和私人利益的行为，需要制订相应的伦理标准。然后需要就企业政治游说的目标和所采用的策略在企业内部和外部展开伦理对话，通过讨论达成共识，真正地发挥伦理标准的作用。

其次，针对越来越普遍的官员下海和商人参政现象，我们分析了这两种现象的本质和所隐藏的伦理问题。为了对这两类行为界定一个合理的范围，提出了一个分析企业政治行为伦理的框架，企业的政治行为要从动机、手段和结果三个方面考察对政治体制可竞争性的影响。在此基础上我们分析了官员下海和商人参政的伦理规范，并对这两类现象的规范提出了相应的政策建议。

第三，基于资源依赖理论，我们建立了关于中国企业非市场行为的13个假设，然后通过175位企业高层的问卷调查验证了这些假设。研究结果表明，企业的经济资源与企业非市场活动之间（缓冲和桥梁）存在一种正相关的关系，而高层管理导向调节着企业的经济资源和非市场活动之间的关系。此外，政府的管制和干预促使了企业非市场缓冲活动的增加，而非政府组织的兴起以及社会公众价值观念的变化促使了企业对社会要求的顺应。

第四，本章基于以前各章的研究，分析了中国企业非市场行为的治理问题。由于企业的非市场桥梁活动是一种规范的活动，而非市场缓冲活动是规范的和不规范的交织在一起。所以，我们首先对企业的非市场活动进行了分类，然后探讨了中国企业大量的非市场缓冲活动产生的原因，以及不规范的非市场缓冲活动给社会所带来的负面效应。最后，我们分析了对中国企业非市场行为的治理措施。

第二节 研究的局限性

本书对中国企业非市场行为的影响因素及其规范进行了进行了初步探讨，尽管在资料收集方面和理论分析方面做了大量的工作，然而，由于时间和精力的限制，以及作者本人的学术水平和研究能力的局限，本书的不足是显而易见的：

一、受篇幅限制，我们没有对中国企业所有的非市场策略进行全面地伦理审视。我们只研究了中国企业政治游说的伦理规范问题，以及两类特殊的企业政治行为（官员下海和商人参政）的伦理规范，探讨了它们的伦理问题以及所应该遵循的伦理规范。在下一步的研究中，需要进一步分析其他的非市场行为，如制度创新、经营活动中的政治关联等不同的政治策略所存在的伦理问题。

二、对于中国大量存在的官员下海和商人参政伦理问题的研究，尽管我们进行了大量的调研，但是受客观条件的限制，我们没有对这些下海的政府官员和参政的民营企业家进行深入访谈，因而，我们对官员下海和商人参政的伦理分析更多地是基于二手资料的理论研究，缺乏第一手访谈资料的支持。

三、由于企业的非市场活动主要涉及到企业的高层,因此在样本的获取上受到很大的限制。受样本量的限制,我们仅调查了两百多家企业,因此我们没有进行行业之间的对比研究,也没有对国有企业、民营企业以及外资企业的非市场活动进行对比研究。尽管企业的非市场行为都是由经济动机和制度压力驱使的,但由于不同的行业在市场结构、政府管制、竞争强度等方面存在明显的差异,因此,在这些行业中影响企业从事非市场行为的驱动因素是不同的。

四、我们的样本在地域分布上相对集中,而且很大一部分来源于EMBA学员,因此存在着以偏概全的可能。

第三节 进一步的研究方向

一、对不同行业企业政治行为影响因素的对比研究

企业的政治行为是非市场行为中最主要的组成部分,对于企业政治行为进行研究的一个逻辑起点是,什么因素促使企业参与政治活动?西方学者在这个领域进行了大量的研究,得出了很多有价值的结论。中国企业的政治行为行为远远多于西方企业,企业高层对此投入了大量的时间和精力,然而,国内对于企业政治行为影响因素的研究却很少。不同行业的企业在政治活动上存在什么差异?导致这种差异的原因是什么?不同性质的企业(国有企业、民营企业和外资企业)在政治活动上存在什么差异?导致这种差异的原因是什么?对于这些问题的解答,需要重点选择几个行业,通过大样本调查来比较分析不同行业企业或不同性质的企业从事非市场活动的影响因素的差异。这一方面的研究有助于对中国企业大量的政治行为做出理论解释,这对于促进中国政府职能的转变,对于了解企业非市场战略的制定过程都具有重要的意义。

二、对于中国企业的非市场事项活动值得深入研究

非市场活动通常也称作公共事项活动，它起着管理企业与社会和政治环境的界面，维持企业合法性的职能。加入 WTO，中国经济融入了世界经济的一体化进程，中国社会日益步入正轨，企业非理性增长的时代结束了，人们越来越重视企业的社会责任。中国社会已经进入了矛盾多发期，建设和谐社会成为社会各界的共识。企业不能仅仅考虑如何才能营利的问题，而且还要向社会证明自己的存在是合法的。在此形势下，加强对中国企业公共事项的现状、功能和战略的研究，探讨把公共事项战略融入企业市场战略的途径和方法，对于中国企业更好地融入社会，化解所面临的合法性危机具有重要的指导作用。中国企业在国际化的过程中，频频遭遇非市场障碍已经说明了这个问题的紧迫性。

参考文献

1. Ackerman, R. W. *The Social Challenge to Business*. Cambridge, MA: Harvard University Press, 1975.

2. Aplin, J. C. and Hegarty, H. "Political Influence: Strategies Employed by Organizations to Impact Legislation in Business and Economic Matters", *Academy of Management Journal*, Vol. 23, 1980, pp. 438 – 450.

3. Astley WG and Sachdeva, PS "Structural sources of intraorganizational power: a theoretical synthesis", Academy of Management Review, Vol. 9, 1984, pp. 104 – 113.

4. Bachrach P. and Baratz, M. "Two Faces of Power", *American Political Science Review*, No. 57, 1962, pp. 947 – 952.

5. Barney, Jay. "Firm Resources and Sustained Competitive Advantage", *Journal of Management*. Bloomington, Vol. 17, No. 1, 1991, pp. 99 – 121.

6. Baron, D. P. "Integrated Strategy, Trade Policy, and Global Competition", *California Management Review*, No. 39, 1997, pp. 145 – 169.

7. Baron, D. P. "Integrated Strategy: Market and Non-market Components" *California Management Review*, No. 37, 1995, pp. 47 – 65.

8. Baron, David P, "The Nonmarket Strategy System, *Sloan Management Review*", Vol. 37, No. 1, 1995, pp. 73 – 86.

9. Baron R. M. and Kenny, D. A. "The Moderator-mediator Variable Distinction in Social Psychological Research: Conceptual, Strategic and Statistical Considerations", *Journal of Personality and Social Psychology*, Vol. 51, 1986,

pp. 1173 – 1182.

10. Baysinger, B. "Domain Maintenance as an objective of Business Political Activity: An expand Typology", *Academy of Management Review*, Vol. 9, No. 2, 1984, pp. 248 – 258.

11. Besley, Timothy and Stephen Coate, "Lobbying and Welfare in a Representative Democracy", *The Review of Economic Studies*, Vol. 68, 2001, pp. 67 – 82.

12. Bhuyan, S. "Corporate Political Activities and Oligopoly Welfare Loss", *Review of Industrial Organization*, No. 17, 2000, pp. 411 – 426.

13. Blumentritt, T. "Foreign Subsidiaries' Government Affairs Activities: The Influence of Managers and Resources", *Business & Society*, No. 42, 2003, pp. 202 – 233.

14. Boatright, John R. *Ethics and the Conduct of Business*, New Jersey: Prentice Hall, Englewood Cliffs, 1993.

15. Boddewyn, Jean J. "Understanding and Advancing the Concept of "nonmarket", *Business and Society*, Vol. 42, No. 3, 2003, pp. 297 – 327.

16. Boddewyn, Jean J., and Thomas L. Brewer. "International-Business Political Behavior: New Theoretical Directions." *Academy of Management Review*, Vol. 19, 1994, pp. 119 – 143.

17. Bowen, Michael & Power, F. "Clark. The Moral Manager: Communicative Ethics and the Exxon Valdez Disaster", *Business Ethics Quarterly*, Vol. 3 No. 2, 1993, pp. 97 – 115.

18. Brown, N. and C. Deegan. "The Pubic Disclosure of Environmental Performance Information-A Dual Test of Media Agenda Setting Theory and Legitimacy Theory", *Accounting and Business Research*, Vol. 29, No. 1, 1988, pp. 24 – 41.

19. Burris, V. "The Two Faces of Capital: Corporations and Individual Capitalists as Political Actors", *American Sociological Review*, No. 66, 2001, pp. 361 – 381.

20. Caldeira, G. A., Jojnacki, M., & Wright, J. R. "The Lobbying

Activities of Organized Interests in Federal Judicial Nominations", *Journal of Politics*, Vol. 62, No. 1, 2000, pp. 51 – 69.

21. Carroll, Archie B. "The Pyramid of Corporate Social Responsibility: Toward the Moral Management of Organizational Stakeholders", *Business Horizons*, Vol. 34, No. 4, 1991.

22. Cavanagh, Gerald F., Moberg, Dennis J. and Velasquez, Manucl, "The Ethics of Organizational politics", *Academy of Management Review*, Vol. 6, No. 3, 1981, pp. 363 – 374.

23. Christensen, Sandra L. "The New Federalism: Implications for the Legitimacy of Corporate Political Activity", Business Ethics Quarterly, Vol. 7, No. 3, 1997, pp. 81 – 91.

24. Coen, David. The Impact of U. S. Lobbying Practice on the European Business-Government Relationship. California Management Review, Vol. 41, No. 4, 1999, pp. 27 – 45.

25. Cook, R., & Barry, D. "Shaping the External Environment: A Study of Small firms' Attempts to Influence Public Policy", *Business & Society*, No. 34, 1995, pp. 317 – 344.

26. Cook, R., & Barry, D. "Shaping the External Environment: A Study of Small Firms' Attempts to Influence Public Policy", *Business & Society*, No. 34, 1995, pp. 317 – 344.

27. Davenport, Kim, "Corporate Citizenship: A Stakeholder Approach for Defining Corporate Social Performance and Identifying Measures for Assessing It", *Business and Society*, Chicago, 2000, 39 (2), pp. 210 – 220.

28. Davis, K.. In T. L. Beauchamy and N. E. Bowie (Eds.), Englewood Cliffs *An Expanded View of the Social Responsibility of Business*, *Ethical theory and business*, N. L: Prentice Hall, 1983 (Second edition), pp. 94 – 97.

29. De Figueiredo, John M. "Lobbying and Information in Politics", *Business and Politics*, Vol. 4, No. 2, 2002, pp. 125 – 129.

30. De George, Richard T. *Business Ethics*. Third Edition, Macmillan,

New York, 1990.

31. Dean, Thomas J. and Vryza, Maria and Fryxell, Gerald E. "Do Corporate PACs Restrict Competition?" *Business and Society*, No. 37, 1998, pp. 135 – 156.

32. Deephouse, David L. and Carter, Suzanne M. "An Examination of Differences Between Organizational Legitimacy and Organisational Reputation", *Journal of Management Studies*, Vol. 42, No. 2, 2005, pp. 329 – 361.

33. Deephouse, David. "Does Isomorphism Legitimate?" *Academy of Management Journal*, No. 39, 1996, pp. 1024 – 1039.

34. Destler, I. M., John S. Odell, and Kimberly A. Elliott, *Anti-Protection: Changing Forces in United States Trade Politics*. Washington, DC: Institute for International Economics, 1987.

35. Dixit, Avinash & Nalebuff, Barry. *Thinking Strategically*. Norton, New York, 1991.

36. Donaldson, T., & Preston, L. E. "The Stakeholder Theory of the Corporation: Concepts, Evidence, and Implications", *Academy of Management Review*, No. 20, 1993, pp. 65 – 91.

37. Dowling, J., & Pfeffer, J. "Organizational legitimacy: Social Values and Organizational Behavior", *Pacific Sociological Review*, No. 18, 1975, pp. 122 – 136.

38. Dunlap, J. T. (ed.), *Business and Public Policy*. Boston, MA: Harvard Business School, 1980.

39. Ellison, S. F. and Mullins, W. P. "Economics and Politics: The Case of Sugar Tariff Reform", *Journal of Law & Economics*, Vol. 38, No, 2, 1995, pp. 335 – 367.

40. Elsbach, K. D. "Managing Organizational Legitimacy in the California Cattle", *Administrative Science Quarterly*. Ithaca, Vol. 39, No. 1, 1994, pp. 57 – 89.

41. Elsbach, Kimberly D. and Sutton, Robert I. "Acquiring Organization-

al Legitimacy Through Illegitimate Actions: A Marriage of Institutional and Impression Management Theories", *Academy of Management Journal*. Briarcliff Manor, 1992, 35 (4), pp. 699 – 738.

42. Epstein, E. *The Corporation in American Politics*. Englewood Cliffs, NJ: Prentice Hall, 1969.

43. Epstein, Edwin M. "The Corporate Social Policy Process: Beyond Business Ethics, Corporate Social Responsibility, and Corporate Social Responsiveness", *California Management Review*, Vol. 29, No. 3, 1987, pp. 99 – 115.

44. Epstein, Edwin M. "The Historical Enigma of Corporate Legitimacy", *California Law Review*, No. 60, 1972, pp. 1701 – 1718.

45. Epstein, Edwin M. "Dimensions of Corporate Power, Pt. 2", *California Management Review*, Vol. XVI, No. 4, 1973, pp. 32 – 47.

46. Epstein, Edwin M.. "Dimensions of Corporate Power, Pt. 1", *California Management Review*, Vol. XVI, No. 2, 1973, pp. 9 – 23.

47. Esty, D. C., & Caves, R. E. Market structure and political influence: *New data on Political Expenditures, Activity and Success*. Economic Inquiry, 1983 (21), pp. 24 – 38.

48. Fennell, M., & Alexander, J. A. *Organizational Boundary Spanning in Institutionalized Environments*. Academy of Management Journal, No. 30, 1987, pp. 456 – 476.

49. Franca, P. The Effects of the North American Free Trade Agreement on Corporate and Labor PAC Contributions. *American Politics Research*, Vol. 29, No. 1, 2001, pp. 98 – 109.

50. Frederick, William C., Post, James E. and Davis, Keith, Business and Society: *Corporate Strategy, Public Policy, Ethics*. Seventh Edition. New York: McGraw Hill, 1992.

51. Friedman, M, *Capitalism and Freedom*, Chicago: University of Chicago Press, 1962.

52. Friedman, Milton, The Social Responsibility of Business Is To In-

crease Its Profits, *New York Times Magazine*, No. 33, 1970.

53. Gaddie. R, Mott. J & Satterthwaite. S, "Partisan Dimensions of the Corporate Realignment in Congressional Campaign Finance", *Public Integrity*, 1999, Fall: pp. 321 – 342.

54. Galaskiewicz. Joseph, "The Making of Organizational Reputations", Vancouver and the Academy of Management Meetings, 1995.

55. Gale, J., & Buchholz, R, "The Political Pursuit of Competitive Advantage: What Business Can Gain from Government", in A. Marcus, A. Kaufman, & D. Beam (Eds.), *Business strategy and public policy*, New York: Quorum, 1987, 231 – 252.

56. Garrett. Thomas, *Business Ethics*, Prentice Hall. Inc., N. J: Englewood Cliffs, 1966.

57. Getz, K. A, "Research in Corporate Political Action: Integration and Assessment", *Business and Society*, Vol. 36, No. 1, 1997, pp. 32 – 72.

58. Getz, Kathken A, "Selecting Corporate Political Tactics", in Barry M. Mitnick (ed.), *Corporate Political Agency: The Construction of Competition in Public Affairs*, Newbury Park, CA: Sage, 1993, pp. 242 – 273.

59. Getz, Kathleen A, "Corporate Political Tactics in a Principal-agent Context: an Investigation in Ozone Protection Policy", In J. E. Post (ed.), *Research in Corporate Social Performance and Policy*, Greenwich, CT: JAI, No, 14, 1993, pp. 19 – 55

60. Getz, Kathleen A, "Public Affairs and Political Strategy: Theoretical Foundations", *Journal of Public Affairs*, Vol. 1, No, 4, 2002, pp. 305 – 329.

61. Getz, Kathleen A, "Research in Corporate Political Action: Integration and Assessment", *Business & Society*, Vol. 36, No. 1, 1997, pp. 32 – 72.

62. Greening, D. W and Gray, B, "Testing a Model of Organizational Response to Social and Political Issues", *Academy of Management Journal*, Vol. 37, No. 3, 1994, pp. 467 – 498.

63. Grier, B., Munger, C., & Roberts, C, "The Determinations of In-

dustry Political Activity 1978 – 1986", *The American Political Science Review*, Vol. 88, No. 4, 1994, pp. 911 – 926.

64. Grier, Kevin B, "The Determinants of Industry Political Activity, 1978 – 1986", *American Political Science Review*, Vol. 88, 1994, pp. 911 – 926.

65. Grier, Kevin B., Michael C. Munger, and Brian E. Roberts, "The Industrial Organization of Corporate Political Participation", *Southern Economic Journal*, Vol. 57, 1991, pp. 727 – 738.

66. Hamilton, J. Brooke, III., Hoch, David, "Ethical Standards for Business", Lobbying: Some Practical Suggestions, *Business Ethics Quarterly*, Vol. 7, 1997, pp. 117 – 129.

67. Hansen, W., &Mitchell, N, "Disaggregating and Explaining Corporate Political", Activity: Domestic and Foreign Corporations in national Politics", *American Political Science Review*, No. 94, 2000, pp. 891 – 903.

68. Hansen, Wendy L, "The International Trade Commission and the Politics of Protectionism", *American Political Science Review*, Vol. 84, 1990, pp. 21 – 46.

69. Harris, Phil and Moss, Danny, "Editorial: In Search of Public, Affairs: A Function in Search of an Identity", *Journal of Public Affairs*, Vol. 1, No. 2, 2001, pp. 102 – 111.

70. Hart, D, "Why Do some Firms Give? Why Do some Firms Give a lot?: High-Tech PACs, 1977 – 1996", *Journal of Politics*, No. 63, 2001, pp. 1230 – 1249.

71. Hillman, A, "Determinants of Political Strategies in US multinationals", *Business & Society*, No. 42, 2003, pp. 455 – 484.

72. Hillman, A. J. and Hitt, M. A, "Corporate Political Strategy", Formulation: A Model of Approach, Participation, and Strategy Decisions, *Academy of Management Journal*, No. 24, 1999, pp. 825 – 842.

73. Hillman, A., & Keim, G, "International Variation in the Business-government, Interface: Institutional and Organizational Considerations", *Acade-

my of Management Review, No. 20, 1995, pp. 193 – 214.

74. Hillman, A., Keim, Gerald D. and Schuler, Douglas, "Corporate Political, Activity: A Review and Research Agenda", *Journal of Management*, Vol. 30, No. 6, 2004, pp. 837 – 857.

75. Hillman, A., Zardkoohi, A., & Bierman, L, "Corporate Political Strategies and Firm, Performance: Indications of Firm-specific Benefits from Personal Service in the U.S Government", *Strategic Management Journal*, No. 20, 1999, pp. 67 – 81.

76. Hillman, Amy, and Gerald Keim, "International Variation in the Business-Government Interface: Institutional and Organizational Considerations", *Academy of Management Review*, Vol. 20, 1995, pp. 193 – 214.

77. Hirschman, A. O. *The strategy of economic development*, New Haven, CT: Yale University Press, Vol. 63, 1958.

78. Hofer, C. & Schendel, D. *Strategy Formulation: Analytical Concepts*. St. Paul, MN: West. 1978.

79. Hooghiemstra, Reggy. "Corporate Communication and Impression ManagementNew Perspectives Why Companies Engage in Corporate Social Reporting" *Journal of Business Ethics*, Vol. 27, 2000, pp. 55 – 68.

80. Husted, Bryan W. "A Contingency Theory of Corporate Social Performance", *Business and Society. Chicago*, Vol. 39, No. 1, 2000, pp. 24 – 49.

81. Jackson, D., & Engel, S. "Don't Bite the PAC that Feeds You: Business PAC Punishment over the China Vote", *American Politics Research*, Vol. 31, No. 2, 2003, pp. 138 – 154.

82. Jacobson, C., Lenway, S., & Ring, P. "The political embeddedness of private economic transactions", *Journal of Management Studies*, Vol. 30, 1993, pp. 453 – 478.

83. Jeurissen, R. "Institutional Conditions of Corporate Citizenship", *Journal of Business Ethics*, Vol. 53, 2004, pp. 87 – 96.

84. Johnson, Jackie and Holub, M J. "Questioning Organizational Legiti-

macy: The Case of U. S. Expatriates", Journal of Business Ethics, Vol. 47, No. 3, 2003, pp. 269 –294.

85. Keffer, Jane M and Hill, Ronald Paul. "An Ethical Approach to Lobbying Activities of Businesses in the United States", *Journal of Business Ethics. Dordrecht*, Vol. 16, No1. 2/13, 1997, pp. 1371 –1380.

86. Keim, G. "Foundations of a Political Strategy for Business", *California Management Review*, Vol. 3, 1981, pp. 41 –48.

87. Keim, G., Zeithaml, C. & Baysinger, B. "SMR forum: New Direction for Corporate Political Strategy", *Sloan Management Review*, 1984, pp. 53 –62.

88. Keim, "G. . Foundations of a Political Strategy for Business." *California Management Review*, Vol3, 1981, pp. 41 –48.

89. Keim, GD and Baysinger, B, "The efficacy of business political activity" *Journal of Management*, Vol. 14, 1988.

90. Kogut, B., & Kulatilaka, N. "Operating flexibility, global manufacturing, and the Option Value of a Multinational Network", *Management Science*, Vol. 40, 1994, pp. 123 –139.

91. Lenway, S., & Murtha, T. "The State as Atrategic in International Business Research." *Journal of International Business Studies*, Vol. 25, 1994, pp. 513 –535.

92. Lenway, Stefanie A., and Kathleen Rehbein. "Leaders, Followers, and Free Riders: An Empirical Test of Variation in Corporate Political Involvement", *Academy of Management Journal*, Vol. 34, 1991, pp. 893 –905.

93. Lindblom, *C. E. Politics and Markets*. New York: Basic Books, 1977.

94. Lisowski, "B. Corporate Influence in Government Decision-Making", *Business Quarterly. London*, Vol. 43, No. 3, 1978, pp. 4 –25.

95. Lord, M. D. "Corporate Political Strategy and Legislative Decision Making", *Business and Society*, Vol. 39, 2000, pp. 76 –93.

96. Luger, *Stan. Corporate Power, American Democracy, and the Automo-*

bile Industry, Cambridge University Press, 2000.

97. Lukes, S. *Power: A Radical View*, London: Macmillan, 1974.

98. MacMillan, IC, *Strategy Formulation: Political Concepts*, Minneapolis, Minn: West Publishing, 1978.

99. Magat, W. A. , Krupnik, A. J. , & Harrington, W. *Rules in the making: A statistical analysis of regulatory agency behavior*. Washington DC. : Resources for the Future, 1986.

100. Magee, C. Do Political Action Committees Give Money to Candidates for Electoral or Influence Motives? *Public Choice*, Vol. 112, 2002, pp. 373 – 399.

101. Mahon, J. F. and McGowan, R. A, "Modeling Industry Political Dynamics", *Business & Society*, No. 37, 1998, pp. 390 – 413.

102. Markowitz, Steven. , "Ethical Rules for Corporate PAC-Men", *Business and Society Review*. New York: Summer, 1984, pp. 21 – 25.

103. Martin, C, "Nature or nurture? Sources of firm preference for National Health Reform", *American Political Science Review*, 1995 (89): 898 – 913.

104. Maurer, J. G, *Readings in Organizational Theory: Open System Approaches*, New York: Random House, 1971.

105. McKeown, Timothy J, "The Epidemiology of Corporate PAC Formation, 1975 – 1984", *Journal of Economic Behavior and Organization*, Vol. 24, No. 2, 1994, pp. 153 – 168.

106. Meznar, M. B. and Nigh, D, "Managing Corporate Legitimacy: Public Affairs Activities, Strategies and Effectiveness", Business and Society, Vol. 32, No. 1, 1993, pp. 30 – 43.

107. Meznar, M. , & Nigh, D, "Buffer or Bridge? Environmental and Organizational Determinants of Public Affairs Activities in American Firms", *Academy of Management Journal*, No. 38, 1995, pp. 975 – 996.

108. Meznar, Martin B and Nigh, Douglas, "Managing Corporate Legiti-

macy: Public Affairs Activities, Strategies and Effectiveness", *Business and Society*; *Spring* 1993, 32 (1).

109. Meznar, Martin, "The Theoretical Foundations of Public Affairs and Political Strategy: Where Do We Go from Here?", *Journal of Public Affairs*, London, Vol. 1/2. No. 4/1, 2002, pp. 330 – 337.

110. Miles, R, *H. Managing the Corporate Social Environment*, Englewood Cliffs, NJ: Prentice Hall, 1987.

111. Mitchell, N., Hansen, W., &Jepsen, E, "*The* Determinants of Domestic and Foreign Corporate Political Activity", *Journal of Politics*, No. 59, 1997, pp. 1096 – 1113.

112. Mitnick, B. M, "Systematics and CSR: The Theory and Process of Normative Referencing", *Business and Society*, Vol. 5, No. 34, 1999, pp. 5 – 33.

113. Mizruchi, Mark S, "Money Talks: Corporate PACs and Political influence?"., *Administrative Science Quarterly*, Ithaca, Vol. 39, No. 1, 1994, pp. 176 – 180.

114. Murtha, T., & Lenway, S, "Country capabilities and the strategic state: How national political institutions affect multinational corporations' strategies?", *Strategic Management Journal*, No. 15, 1994, pp. 113 – 129.

115. Nasi, Juha and Nasi, Salme and Phillips, "Nelson and Zyglidopoulos, Stelios", The Evolution of Corporate Social Responsiveness?", *Business and Society*. Chicago, Vol. 36, No. 3, 1997, pp. 296 – 322.

116. Oberman, W. D, "A Framework for the Ethical Analysis of Corporate Political Activity", *Business & Society Review*, Vol. 109, No. 2, 2004, pp. 245 – 263.

117. Oberman, W. D, "Corporate Political Strategy and the Resource-Based View of the Firm: A Consideration of the Dynamics of Political Resource Development?", BC/ the International Association for Business & Society Conference, 2002.

118. Oberman, W. D, "Strategy and Tactic Choice in an Institutional Re-

source Context", In B. M. Mitnick (ed), *Corporate Political Agency: The Construction of Competition in Public Affairs*, Newbury Park, CA: Sage, 1993.

119. Oberman, W. D, "The Conspicuous Corporate: Business, Policy, and Represetive Democracy?", *Business and Society.* Chicago, Vol. 39, No. 2, 2000, pp. 239 – 245.

120. Oberman, W. D, "A Framework for the Ethical Analysis of Corporate Political Activity?", *Business & Society Review*, Vol. 109, No. 2, 2004, pp. 245 – 263.

121. Oliver, C, "Strategic Responses to Institutional Processes", *Academy of Management Review*, No. 16, 1991, pp. 145 – 179, pp. 163 ~ 180.

122. Parsons, T, *Structure and Process in Modern societies*, Glencoe, IL: Free Press, 1960.

123. Paul, K. (ed.), *Business Environment and Business Ethics: The Social, Moral, and Political Dimensions of Management.* Cambridge, MA: Ballinger, 1987.

124. Pava, M. L. & Krausz, J, "Criteria for Evaluating the Legitimacy of Corporate Social Responsibility Projects?", University of Florida/National Conference on Ethical Issues in Finance, January, 1995

125. Perrow, C, *Organizational Analysis: A Sociological View*, Belmont, CA: Wordsworth, 1970.

126. Pfeffer, J and Salancik, J. R, *The External Control of Organizations*, New York: Harper & Row, 1978.

127. Pittman, R. "The Effects of Industry Concentration in three 1972 U. S", Senate Campaigns, *Public Choice*, No. 23, 1976, pp. 71 – 80.

128. Post, "James E. "The State of Corporate Public Affairs in the United States: Results of a National Survey", In James E. Post (ed.), *Research in Corporate Social Performance and Policy*, Vol. 14, Greenwich, CT: JAI, 1993, pp. 79 – 89.

129. Post. J. E. , Murray, E. , Dickie, R. , & Mahon, J. F, "The Pub-

lic Affairs Function in American Corporations: Development and Relations with Corporate Planning", *Long Range Planning*, Vol. 15, No. 2, 1982, pp. 12 – 21.

130. Preston, Lee E, "Business and Public Policy", *Journal of Management*, Bloomington, Vol. 12, No. 2, 1986, pp. 261 – 276.

131. Rao, Spuma and Hamilton, J. Brooke III., "The Effect of Published Reports of Unethical Conduct on Stock Price", *The Journal of Business Ethics*, No. 15, 1996, pp. 1321 – 1330.

132. Rehbein, K, &Schuler, D. A, "The Firm as A Filter: A Conceptual Framework for Corporate Political Strategies", *Academy of Management Journal*, Best papers proceedings, 1995, pp. 406 – 410.

133. Richards, Don C, "Corporate Public Affairs: Necessary Cost or Value-added Asset", *Journal of Public Affairs*. London, Vol. 3, No. 1, 2003, pp. 39 – 52.

134. Rudolph, T, "Corporate and Labor PAC Contributions in House Elections: Measuring the Effects of Majority Party Status", *Journal of Politics*, Vol. 61, 1999, pp. 195 – 206.

135. Ruef, Martin and Scott, W. Richard, "A Multidimensional Model of Organizational Legitimacy: Hospital Survival in Changing Institutional Environments", *Administrative Science Quarterly*, Ithaca, Vol. 43, No. 4, 1998, pp. 877 – 905.

136. Sagoff, Mark, "At the Shrine of Our Lady of Fatima, or Why Political Questions Are Not All Economic", In VanDeVeer, Donald and Pierce, Christine (eds.), *People, Penguins, and Plastic Trees: Issues in Environmental Ethics*, Wadsworth Publishing Company, Belmont, CA, 1986.

137. Salamon, L., & Siegfried, J, "Economic Power and Political influence: The Impact of Industry Structure on Public Policy", *American Political Science Review*, Vol. 71, No. 3, 1977, pp. 1026 – 1043.

138. Schuler, D. A. and Rehbein, K, "The Filtering Role of the Firm in

Corporate Political Involvement", *Business and Society*, No. 36, 1997, pp. 116 -39.

139. Schuler, D, "Corporate Political Action: Rethinking the Economic and Organizational Influences", *Business and Politics*, Vol. 1, No. 1, 1999, pp. 83 -97.

140. Schuler, D, "Corporate Political Strategy and Foreign Competition: The Case of the Steel Industry", *Academy of Management Journal*, No. 39, 1996, pp. 720 -737.

141. Schuler, Douglas A and Rehbein, Kathleen, "The Filtering Role of The Firm in Corporate Political Involvement", *Business and Society*, Vol. 36, 1997, pp. 116 -140.

142. Schuler, Douglas A. and Rehbein, Kathleen and Cramer. Roxy D, "Pursuing Strategic Advantage through Political Means: A Multivariate Approach", *Academy of Management Journal*, Briarcliff Manor, Vol. 45, No. 4, 2002, pp. 659 -672.

143. Schuler, Douglas A, "Corporate Political Strategy and Foreign Competition: The Case of the Steel Industry", *Academy of Management Journal*, Vol. 39, 1996, pp. 720 -737.

144. Scott, W. Richard, *Institutions and Organizations*, Thousand Oaks. CA: Sage, 1995.

145. Sethi, P, "Corporate Political Activism", *California Management Review*, Vol. 24, No. 2, 1982, pp. 32 -42.

146. Sethi, SP, "Corporate political activism", *California Management Review*, Vol. 24, No. 2, 1982, pp. 32 ~42.

147. Shaffer, B. A. and Hillman, A. J, "The Development of Business-Government Strategies by Diversified Firms", *Strategic Management Journal*, No. 21, 2000, pp. 175 -190.

148. Shaffer, B. and Russo, M. V, "Political Strategies and Industry Environments", *Research in Corporate Social Performance and Policy*, No. 15,

1998, pp. 3 – 15.

149. Shaffer B, "Firm-level Responses to Government Regulation: Theoretical and Research Approaches", *Journal of Management*, Vol. 21, 1995, pp. 495 – 514.

150. Shaffer B, "Firm-level Responses to Government Regulation: Theoretical and Research Approaches", *Journal of Management*, Vol. 21, 1995, pp. 495 – 514.

151. Sitkoff. Robert H, "Politics and the Business Corporation", *Regulation*, Vol. 26, No. 4, 2003, pp. 30 – 37.

152. Smith R, "A. Interest Group Influence in the U. S Congress", Legislative *Studies Quarterly*, Vol. 20, No. 1, 1995, pp. 89 – 139.

153. Strange S, *The Retreat of the State: The Diffusion of Power in the World Economy.* New York: Cambridge University Press, 1996.

154. Suchman Mark C, "Managing Legitimacy: Strategic and Institutional Approaches", *The Academy of Management Review.* Briarcliff Manor, Vol. 20, No. 3, 1995, pp. 571 – 611.

155. Thompson, J. D, *Organizations in Action*, New York: McGraw-Hill, 1967.

156. Ullmann, Arieh A, "The Impact of the Regulatory Life Cycle on Corporate Political Strategy", *California Management Review*, Vol. 28, No. 1, 1985, pp. 140 – 154.

157. Vachani S, "Enhancing the Obsolescing Bargain theory: A Longitudinal Study of Foreign Ownership of U. S. and European Multinationals", *Journal of International Business Studies*, Vol. 26, No. 11, 1995, pp. 59 – 180.

158. Velasquez Manuel G, *Business Ethics: Concepts and Cases*, Englewood Cliffs, New Jersey, Third Edition. Prentice Hall, 1992.

159. Verschoor Curtis C, "Corporate Power Must Be Balanced With Good Citizenship", *Strategic Finance*, Vol. 83, No. 3, 2001, pp. 20 – 22.

160. Vining, Aidan R, Shapiro, Daniel M Borge, Bernhards, "Building

the Firm's Political (lobbying) strategy", *Journal of Public Affairs*. London, Vol. 5, No. 2, May, 2005, pp. 150 – 176.

161. Vogel, D. J, "The Study of Business and Politics", *California Management Review*, Vol. 38, No. 3, 1996, pp. 146 – 165.

162. Walsh, James P, "Managerial and Organizational Cognition: Notes From a Trip Down Memory Lane", *Organizational Science*, Vol. 6, 1995, pp. 280 – 321.

163. Warrick, S. L., & Mahon, J. F, "Toward a substantive Definition of the Corporate Issue Construct: A Review and Synthesis of the Literature", *Business & Society*, Vol. 33, 1994, pp. 293 – 311.

164. Wartick, Steven L. and Cochran, Philip L, "The Evolution of the Corporate Social Performance Model. ", *Academy of Management Reviews*, Vol. 10, No. 4, 1985, pp. 758 – 769.

165. Weber Leonard J, "Citizenship and Democracy: the Ethic of Corporate Lobbying", *Business Ethics Quarterly*, Vol. 6, No. 2, 1996, pp. 0253 – 0259.

166. Weber Leonard J, "Ethics and the Political Activity of Business: Reviewing the Agenda", *Business Ethics Quarterly*, Vol. 7, No. 3, 1997, pp. 71 – 79.

167. Weidenbaum M, "Public Policy: no Longer a Spectator Sport for Business", *Journal of Business Strategy*, Vol. 3, 1980, pp. 46 – 53

168. Werhane Patricia, *Adam Smith and His Legacy for Modern Capitalism*, New York, Oxford University Pres, 1991.

169. Wilson, I. "What one Company Is Doing about today's Demands on Business", In G. Steiner (Ed.), Los Angeles/UCLA Conference On Changing Business-Society Relationships, 1975.

170. Wood, Donna J, *Business and Society*, 2nd Edition, New York, Harper Collins, 1994.

171. Wood Donna J, "Social Issues in Management: Theory and Research

in Corporate Social Performance", *Journal of management*, Vol. 17, No. 2, 1991, pp. 383 – 400.

172. Yoffie D, "Corporate Strategies for Political Action: a Rational Model", In A. Marcus, Kaufman A. & Beam D. (Ed.), and Westport, Connecticut: *Quorum Books*, 1987.

173. 陈杰人、部门利益:《中国立法不能承受之重》,载《法人》,2005 年第 3 期。

174. 邓新明、田志龙、陈煜:《事项整合、经营合法性与组织绩效》,载《管理科学》,2008 年 2 月 20 日。

175. 邓新明、田志龙:《企业制度反应策略模式研究:中国经验》,载《经济管理》2009 年第 10 期。

176. 樊刚、王小鲁:《中国市场化指数——各地区市场化相对进程 2004 年度报告》,经济科学出版社 2004 年版。

177. 樊帅、田志龙,《基于事项管理的企业市场与非市场行为研究》,载《经济与管理》,2007 年第 9 期。

178. 高东海:《"官员下海"应有制度规范》,载《南方都市报》,2003 年 3 月 17 日。

179. 高海涛、田志龙:《我国企业非市场行为影响因素的实证研究》,载《中国工业经济》,2007 年第 6 期。

180. 高明华:《权利博弈与政府对企业的行为》,载《天津社会科学》,1998 年第 1 期:第 27—33 页。

181. 高勇强:《企业非市场行为与规范化研究:基于制度理论视角的企业政治贿赂问题研究》,载《中大管理研究》,2007 年第 6 期。

182. 高永强、田志龙:《中国企业影响政策制定的途径分析》,载《管理科学》,2005 年第 8 期。

183. 高勇强、田志龙:《关于企业家参政和人大系统改革的思考》,载《经济前沿》,2004 年第 1 期。

184. 高勇强、田志龙:《企业政治行为的规范性研究》,载《管理评论》,2004 年第 9 期。

185. 高勇强:《企业参政议政策略与商政关系模式研究》,华中科技大学博士论文,2004年。

186. 高昱:《警惕立法设租》,载《商务周刊》,2005年第5期。

187. 郭松民、吴敬琏:《中国改革将陷入权贵资本主义泥坑》,人民网(访问时间:2004年10月28日)。

188. 郭媛丹、张丽锦:《遏制官员"期权腐败"浙江出台红头文件》,载《法制晚报》,2005年7月12日。

189. 何清涟:《现代化的陷阱》,今日中国出版社1998年出版。

190. 贺远琼、田志龙、陈昀:《企业社会绩效与经济绩效的互动关系研究》,载《软科学》,2007年第2期。

191. 贺远琼、田志龙、陈昀:《环境不确定性、企业高层管理者社会资本与企业绩效关系的实证研究》,载《管理学报》,2008年第5期。

192. 贺远琼、田志龙、陈昀:《企业高管社会资本与企业经济绩效关系的实证研究》,载《管理评论》,2007年第3期。

193. 贺远琼、田志龙:《组织因素与环境因素对企业政治战略的影响:一个研究综述》,载《当代经济管理》,2007年第6期。

194. 贺远琼:《企业整合市场环境与非市场环境的行为模式研究》,华中科技大学博士论文2006年。

195. 洪其华、任绍敏:《跨国公司在华新战术:集体游说政府部门》,载《北京青年报》,2005年1月7日。

196. 江山:《公权沦为私利,中国法律的部门利益印记》,载《法人》,2005年第3期。

197. 焦典:《富康与桑塔纳互不让道》,载《中国企业家》,2000年第1期,第9—9页。

198. 瞿长福:《"幸福"的陷阱——幸福集团的兴衰》,载《中国企业家》,1999年第11,第12—23页。

199. 瞿长福:《企业家离政治多远才安全》,载《中国企业家》,2000年第1期,第16—20页。

200. 李新春:《企业家过程与国有企业的准企业家模型》,载《经济研究》，2000年第6期，第51—57页。

201. 刘海藩：《建设企业家队伍》，载《中国企业家》，1999年第11期，第10—11页。

202. 刘继武：《8家钢铁企业上书政府限制马口铁进口》，载《长江日报》，2001年2月13日。

203. 刘武俊：《对立法腐败说"不"》，载《人大研究》，2001年第6期。

204. 刘武俊：《立法腐败需警惕》，载《中国青年报》，2004年1月14日。

205. 卢现祥：《寻租经济学导论》，中国财政经济出版社2000年版。

206. 马庆国：《管理统计》，北京：科学出版社2002年版。

207. 梅桑榆：《"官股"岂止在矿业》，载《南方周末》，2005年11月10日。

208. 彭冰：《95年至今通化195名官员辞职下海否认是红顶商人》，载《中国青年报》，2004年8月17日。

209. 宋君华：《立法能否不再是利益集团寻租的结果》，载《沈阳今报》，2005年3月22日。

210. 宋君华：《立法能否不再是利益集团寻租的结果》，载《沈阳今报》，2005年3月22日。

211. 田志龙、樊帅：《企业市场与非市场行为的竞争互动研究——基于中国房地产行业的案例》．载《管理评论》，2010年第2期。

212. 田志龙、邓新明、Ta eb Hafsi：《企业市场行为、非市场行为与竞争互动——基于中国家电行业的案例研究》，载《管理世界》，2007年第8期。

213. 田志龙、邓新明：《企业政治策略形成影响因素——中国经验》，载《南开管理评论》，2007年第2期。

214. 田志龙、高海涛：《中国企业的游说行为及其伦理规范研究》，载《管理学报》，2006年第9期。

215. 田志龙、高勇强、卫武：《中国企业政治策略与行为研究》，载

《管理世界》，2003年第12期，第23—31页。

216. 田志龙、贺远琼、高海涛：《中国企业非市场策略与行为研究——对海尔、中国宝洁、新希望的案例研究》，载《中国工业经济》，2005年第9期。

217. 田志龙：《经营者监督与激励——公司治理的理论与实践》，北京：中国发展出版社1999年版。

218. 万建华：《利益相关者管理》，深圳：海天出版社1998年版。

219. 汪生科：《浙江规范官员下海潮》，载《21世纪经济报道》，2003年6月9。

220. 王凌云、刘厚军、张龙：《论外部利益相关者对企业战略成功的影响及其启示》，载《软科学》，2003年第6期，第29—32页。

221. 王云帆、席罗曦：《"徐冠巨现象"解读》，载《21世纪经济报道》，2003年1月29日。

222. 卫武：《企业非市场策略体系模型——基于诺基亚公司的案例研究》，载《武汉大学学报（哲学社会科学版）》，2008年第1期。

223. 卫武：《企业非市场与市场资源、策略及其绩效的整合互动》，载《中国工业经济》，2008年第3期。

224. 卫武：《中国环境下企业政治资源、政治策略和政治绩效及其关系研究》，载《管理世界》，2006年第2期。

225. 卫武、田志龙、高海涛：《企业政治绩效评价系统模型研究》，载《外国经济与管理》，2004年第5期。

226. 卫武、李可可：《基于政府角色转换的企业政治资源、策略与绩效之间的相互影响》，载《管理科学学报》，2009年第4期。

227. 卫武、田志龙、刘晶：《企业政治绩效评级系统模型研究》，载《外国经济与管理》，2004年第5期。

228. 卫武、田志龙、刘晶：《我国企业机关内应活动中的政治关联性研究》，载《中国工业经济》，2004年第4期。

229. 卫武、田志龙、刘晶：《我国企业政治经济活动中的政治关联性研究》，载《中国工业经济》，2004年第4期。

230. 卫武：《企业非市场策略的决策过程研究》，载《湖北大学学报（社科版）》，2009年第3期。

231. 卫武：《企业非市场行为与市场行为及其竞争特点对企业绩效的影响研究》，载《南开管理评论》，2009年第4期。

232. 吴宝仁，刘永行：《华西对话》，载《中国企业家》，1999年第8期：第22—23页。

233. 早报网：《人大和政协崛起"新兴阶层"非公有制经济代表显著增》，http://www.zaobao.com/special/npc/pages2/npc030303b.html，（访问时间：2003年3月3日）。

234. 薛惟中：《公务员入股煤矿 官商一体不破官煤腐败难止》，载《经济观察报》，2005年11月7日。

235. 严侃：《调控下的富人生存》，载《新财富》，2005年第5期。

236. 张军：《特权与优惠的经济学分析》，立信会计出版社1995年版。

237. 张维迎：《企业寻求政府支持的收益、成本分析》，载《新西部》，2001年第8期，第55—56页。

238. 中国企业家调查系统：《中国企业经营者队伍制度建设的现状与发展》，载《管理世界》，2000年第4期：第92—102页。

239. 中国企业家杂志社：《企业家离政治多远才安全》，载《中国企业家》，2000年第1期。

240. 中国社科院财经所：《完善市场秩序的政策研究》，载《财贸研究》，2000年第1期，第64—70页。

241. 周祖成：《管理与伦理结合：管理思想的深刻变革》，载《南开学报》，1999年3月。

附录1 企业的非市场行为访谈提纲

研究的目的及主要研究内容:

本研究的目的是了解影响中国企业进行大量的非市场活动的因素以及中国企业在从事非市场行为时应遵循的规范。

研究的内容包括以下几个方面:

(1) 中国企业所面对的非市场环境;

(2) 中国企业采取了哪些措施去应对这些社会政治环境;

(3) 中国企业在处理这些政治社会事务时有没有什么制度规范? 应该受到哪些制度规范? 目前的体制与非体制提供了哪些约束? 哪些弱化后,当事人的行为会产生异化?

调查方法与调查对象:

对中国企业非市场行为的调查内容主要通过了解企业所面临的非市场环境,以及企业高管人员与这些非市场环境打交道的活动。

调查工作包括翻阅企业内部的反映企业主要活动的报纸或报道以及与企业高管人员进行个人访谈。

本访谈提纲是一个综合性调查提纲。有些问题可能与您的工作领域比较接近,希望您对该类问题给予详细的回答,而有些问题与您的工作领域不太相近,也请您就所知的情况给予一个简单和粗略的回答。本调查纯属学术研究,请您放心并尽可能客观地回答。我们承诺,将对您提供的所有信息保密,调查收集的信息绝对不会用于其他任何商业用途。研究结果将以综合的形式进行分析,并提出报告。谢谢您的参与!

一、企业的基本情况

预备性问题

1.1 请简单地介绍您所在企业的基本情况（所在地、性质、成立时间、所属行业、资产规模、员工总数等）。

_____

_____

1.2 首先请您简单介绍一下您自己。您是什么时候进入本企业工作的？以前都从事过什么工作？您在企业担任什么职务？请描述您的岗位、岗位责任及其演变？

_____

_____

1.3 请简单地谈谈贵企业的产品、技术及贵企业在当地社会经济生活中的重要性。请简单介绍贵企业的产品或服务；贵企业是属于技术领先型、资本密集型还是劳动密集型，是否正在发展新技术？贵企业在当地经济社会生活中的重要性（就业机会、税收、从当地企业购买原材料、为当地进行公益投资、为其他企业创造就业机会、出口）。

_____

_____

二、企业所面对的社会、政治环境

2. 企业所面临的环境

2.1 企业所面对的政策和法规的变化情况。贵企业所面对的政策和法规的地区差异情况如何？在近三年，企业所面临的政策和法规的变化情况？

2.2 企业所面临的管制。贵企业面临哪些政府管制机构，比如主管行业准入、安全许可、卫生等的机构等等？政府管制的宽松情况如何？受政府管制范围的大小？

2.3 与政府的关系：

您经常和政府部门打交道吗？请介绍一下您和政府部门打交道的情况。您觉得政府部门及官员的行为规范吗？政府部门的规范与不规范的行为对我们有什么样的影响？

就您所知，您认为本企业需要经常和政府部门沟通吗？本企业在哪些方面需要征求政府部门的意见？本企业在哪些层面上与中央政府、省级政府及市级政府形成一些什么样的关系？

本企业是否有与政府部门打交道的明确的政策与规则？请举例？

这些关系以及本企业的处理原则在企业发展的过程中是否发生了变化？是些什么变化？

2.4 与企业经常打交道的社会团体。

本企业经常与哪些社会团体（如，环保、慈善、教育等）打交道？这些团体的数目在过去的五年内有什么变化？这些社会团体对企业的经营活动有什么样的影响？

2.5 就您所知，在本企业发展过程中，是否发生过由于社会、政治环境方面的因素而产生的危机或困难?(包括您亲身经历的和听说的)请举例介绍。

_____
_____

2.6 总的来讲,上述的这些外部环境给我们企业带来了哪些发展机会或者有哪些不利的方面?各是什么?请举例。

_____
_____

2.7 就您所知,本企业在监控和了解上述外部环境信息方面是如何做的?

企业在日常经营过程及战略决策过程中,是否向哪些组织或机构进行过咨询?

企业是否采取积极的措施去影响外部环境(包括政府政策制定),以使其对本企业有利,请举例。

_____
_____
_____

三、企业是如何参与社会、政治事务的

3. 企业的公共事务活动

3.1 在人大、政协的任职情况。

贵企业是否有人在各级人大或政协任职?企业有人在人大或政协兼职对于企业经营有什么帮助?他们当选是企业努力的结果还是政府委任的?企业有人兼任人大代表或政协委员如何处理"公"和"私"的关系?

_____
_____

3.2 企业高层对待社会政治事务的态度

本企业的高层对待社会政治事务是什么态度？就您所知，请简单介绍本企业在社会、政治活动中开支情况（比如，花费的金钱或占销售额的比重）？企业开展这些社会、政治活动对本企业成功的重要程度如何？企业的高层在社会、政治活动中花费的大致时间比例为多少？

_____
_____

3.3 企业党支部、职代会的活动。

请谈谈贵企业的党支部、工会、职代会，进行政治学习的情况。这些机构经常开展活动吗？企业为什么要设立这些机构，开展这些活动？这些活动对企业的经营管理有什么关系？对企业的经营管理有利吗？

_____
_____

3.3 企业向政府反映自己的利益和要求的途径。

贵企业通过何种途径向政府反映企业的利益和要求？

（1）高层经常拜访政府官员；（2）通过各种关系（朋友、老乡等）向政府官员反映企业的利益和要求；（3）向政府官员呈递专业机构的意见书、研究报告和调查结果？（4）企业有人在政府决策机构举办的座谈会或听证会上表达企业的观点？除此之外，贵企业是否有其他渠道和政府进行沟通？

_____
_____

3.4 就您的感觉而言，您觉得贵企业和政府的沟通渠道通畅吗？您觉得还应该建立一些什么样的渠道？

_____
_____

3.5 就您所知而言,社会对政企关系过程有些什么可以遵循的体制规范和非体制规范?比如,对企业来说,企业不能行贿政府官员。对政府官员来说,不能经商,不能违反规定搞权钱交易等。现实生活中的体制和非体制环境提供了哪些约束?哪些是有效的,哪些在执行的过程中走样了?您觉得企业和政府之间应该遵循一种什么样的规范和原则?

_____
_____
_____

3.6 在政府官员来企业参观访问、出席典礼等场合,对于给政府官员送礼品如何把握?企业高层对于中层、低层的操作是如何授权的?企业内部对于处理类似问题是否有一套成文或不成文的规定,请给予简要的说明或举例。

_____
_____

3.7 在与贵企业利益息息相关的政府政策和法规的制定和实施的过程中,贵企业是通过何种方式影响相关的政府官员的,其他企业是怎么做的?这中间有没有潜在的规则?

_____
_____
_____

附录 2　中国企业非市场行为的影响因素调查问卷

尊敬的先生/女士：

　　为了了解中国企业是如何参与社会和公共事务，履行自身的社会职责，我们拟对企业的高层管理人员进行调查。本研究是华中科技大学田志龙教授主持的自然科学基金项目的子课题，对于提高中国企业的战略管理水平，建立新型的政企关系具有重要的借鉴意义。调查收集到的资料完全用于学术研究，严格保密，敬请您支持中国的科学研究事业，真实、客观地回答问卷中的问题。

　　真诚地感谢您的支持和合作！

一、企业的基本情况

1. 贵企业位于_____省（直辖市）。
2. 贵企业的性质是_____。
　　A. 国有企业及国有控股；　　B. 集体企业及集体控股；
　　C. 私营企业；　　　　　　　D. 三资企业；
　　E. 其他股份制企业；　　　　F. 其他。
3. 贵企业的主营业务所属的行业为_____。
　　A. 农、林、牧、渔业；　　　B. 采掘业；
　　C. 制造业；　　　　　　　　D. 电力、煤气及水的生产和供应业；
　　E. 建筑业；　　　　　　　　F. 交通运输、仓储业；
　　G. 信息技术业；　　　　　　H. 批发和零售贸易；

I. 金融、保险业； J. 房地产业；
K. 社会服务业； L. 传播与文化产业；
M. 其他。

4. 贵企业的经营年限为_____。
   A. 5年以下； B. 5~10年； C. 10~15年；
   D. 15~25年； E. 25年以上。

5. 贵企业的经营活动所进入的行业个数为_____。
   A. 1个； B. 2~5个； C. 5~8个；
   D. 8~11个； E. 11个以上。

6. 贵企业的资产总额约为_____（采掘业、制造业、电煤水供应业和建筑业企业填写）。
   A. 4,000万以下； B. 4,000~10,000万元；
   C. 10,000~20,000万元； D. 20,000~40,000万元；
   E. 40,000万元以上。

7. 贵企业每年的销售额为_____。
   A. 1,000万元以下； B. 1,000~3,000万元；
   C. 3,000~15,000万元； D. 15,000~30,000万元；
   E. 30,000万元以上。

8. 贵企业的员工总数为_____。
   A. 100人以下； B. 100~400人； C. 400~1,000人；
   D. 1,000~2,000人； E. 2,000人以上。

9. 贵企业每年的销售总额中政府采购所占的比例为_____。
   A. 没有； B. 10%以下； C. 10%~20%；
   D. 20%~40%； E. 40%以上。

10. 贵企业的销售额中出口所占的比例约为_____。
    A. 没有； B. 10%以下； C. 10%~20%；
    D. 20%~40%； E. 40%以上。

11. 贵企业是否有人担任各级人大代表_____（全国、省、市、县），担任各级政协委员_____（全国、省、市、县）（如果有多位代

表，请填写最高级别的代表）

  A. 没有；   B. 人大代表；   C. 政协委员。

二、企业所面临的社会、政治环境

  12. 下边的哪种陈述最恰当地描述了贵企业面临环境的动荡性？

	没有变化			一般			变化很大
（1）我们面临的政策和法规在不同地区的差异情况	1	2	3	4	5	6	7
（2）在过去 5 年内，我们面临的政策和法律环境的变化情况	1	2	3	4	5	6	7
（3）在过去 5 年内，社会对我们企业要求的变化情况（环保、工资等）	1	2	3	4	5	6	7
（4）在过去 5 年内，和我们打交道的代表社会利益的组织（如教育、福利、慈善等机构）变化情况	1	2	3	4	5	6	7

  13. 下边的哪种陈述最恰当地描述了贵企业面临环境的复杂性？

（1）我们所涉足行业政府管制的宽松程度	很严 1	2	3	一般 4	5	6	很松 7
（2）我们打交道的政府职能部门（如主管行业准入、安全许可、卫生等）的数目	很少 1	2	3	一般 4	5	6	很多 7
（3）我们的经营领域受政府管制的范围	很小 1	2	3	一般 4	5	6	很大 7
（4）我们的经营活动受政府行政干预的程度	很低 1	2	3	一般 4	5	6	很高 7
（5）社会对我们经营活动的关注程度	很小 1	2	3	一般 4	5	6	很大 7
（6）与我们打交道的倡议性社会团体（如，慈善、教育等）的数目	很少 1	2	3	一般 4	5	6	很多 7

三、企业在社会、经济生活中的地位

  14. 下面的哪种陈述最恰当地描述了贵企业的产品和服务在当今社会的重要程度？

贵企业提供的产品	享受奢侈品			一般物品			生活必需品
和服务属于	1	2	3	4	5	6	7

15. 下面的哪种陈述最恰当地描述了贵企业的技术?

	完全不正确			部分正确			完全正确
(1) 我们企业在技术上很先进	1	2	3	4	5	6	7
(2) 我们企业是高度资本密集型	1	2	3	4	5	6	7
(3) 我们在研发更先进的新技术	1	2	3	4	5	6	7

16. 下面的哪种陈述最恰当地描述了贵企业在当地经济社会生活中的重要性?

	完全不同意			部分同意			完全同意
(1) 我们企业比其他企业创造了更多的工作机会	1	2	3	4	5	6	7
(2) 和其他企业相比,我们向国家上交了大量的税收	1	2	3	4	5	6	7
(3) 我们在当地进行了大量的公益投资(社区服务、捐款等)	1	2	3	4	5	6	7
(4) 我们为当地的其他企业创造了大量的工作机会	1	2	3	4	5	6	7

四、企业对社会、政府事务的态度及活动

17. 下面的哪种陈述最恰当地描述了贵企业处理政府事务的正式化程度?

	不同意			部分同意			完全同意
(1) 我们有正式的政策和规则来处理社会、政府事务活动	1	2	3	4	5	6	7
(2) 我们指派专人负责处理社会政府事务	1	2	3	4	5	6	7
(3) 企业有高层管理机构专门负责处理社会、政府事务	1	2	3	4	5	6	7

(4) 政府事务经常是高层会议的
议题之一　　　　　　　　　　　　1　2　3　4　5　6　7

18. 下面的哪种陈述最恰当地描述了贵企业处理社会、政府事务的资源投入？

	完全不同意			部分同意			完全同意
(1) 我们企业在社会、政府事务上花费了大量的财力	1	2	3	4	5	6	7
(2) 我们企业高层在处理社会、政治事务上花费了大量的时间	1	2	3	4	5	6	7

19. 下面的哪种陈述最恰当地描述了贵企业高层对待社会、政府事务的态度？

	完全不同意			部分同意			完全同意
(1) 我们认为在政府事务活动上支出是划算的	1	2	3	4	5	6	7
(2) 我们认为花费时间制定与政府打交道的战略是值得的	1	2	3	4	5	6	7
(3) 我们认为进行政府事务活动对本企业的成功很关键	1	2	3	4	5	6	7

20. 贵企业在下列方面的积极程度如何？

	很不积极			一般			非常积极
(1) 积极宣传、倡导本企业在经济和社会事务中的基本观点和做法	1	2	3	4	5	6	7
(2) 进行广告宣传，以澄清与本企业有关的社会问题的真相	1	2	3	4	5	6	7
(3) 通过公关活动（如记者招待会等）来宣传本企业处理社会问题的立场	1	2	3	4	5	6	7
(4) 关注各种可能对本企业产生影响的政府政策和立法	1	2	3	4	5	6	7
(5) 采取各种措施影响本企业所涉足行业的政府管制程度	1	2	3	4	5	6	7

(6) 与其他企业或社会团体进行合作，
联合进行公关活动　　　　　　　　1　2　3　4　5　6　7

(7) 通过行业协会等组织对政府政策
和相关法规的制定和实施施加影响　1　2　3　4　5　6　7

21. 下列行为对贵企业生存和发展的影响程度如何？

	很不重要		一般			非常重要

(1) 按照社会要求不断调整本企
业的行为　　　　　　　　　　　　1　2　3　4　5　6　7

(2) 预测政府政策和法规的变
化，以确保本企业能尽快适应新
的政策和法规　　　　　　　　　　1　2　3　4　5　6　7

22. 下面的哪种陈述最恰当地描述了贵企业的活动？

	很不正确		部分正确			完全正确

(1) 我们审视面临的社会环境，以促
使企业顺应社会对我们企业提出的责
任要求　　　　　　　　　　　　　1　2　3　4　5　6　7

(2) 当社会对我们的责任要求发生变
化，我们通常是最早采取行动适应变
化的企业之一　　　　　　　　　　1　2　3　4　5　6　7

(3) 我们跟踪行业内相关政策和法规
的变化，以便在新政策和法规出台时
能够适应　　　　　　　　　　　　1　2　3　4　5　6　7

(4) 我们企业执行的安全、卫生等标
准高出了行业内最低标准　　　　　1　2　3　4　5　6　7

23. 在过去几年贵企业在下列活动中的频繁程度如何？

	从来没有		一般			非常频繁

(1) 企业高层直接向政府官员反映本企
业的利益和要求　　　　　　　　　1　2　3　4　5　6　7

(2) 通过各种关系（朋友、老乡等）向
政府官员反映企业的利益和要求　　1　2　3　4　5　6　7

(3) 向政府官员呈递专业机构的意见书、
研究报告和调查结果　　　　　　　1　2　3　4　5　6　7

(4) 企业有人在政府决策机构举办的座谈会或听证会上表达企业的观点	1	2	3	4	5	6	7
(5) 聘用原政府官员或具有政府背景的人	1	2	3	4	5	6	7
(6) 企业有人在政府决策咨询机构担任顾问或委员等	1	2	3	4	5	6	7
(7) 聘用政府官员的亲戚、子女等	1	2	3	4	5	6	7
(8) 在政府、人大、政协中建立自己的关系	1	2	3	4	5	6	7
(9) 对政府组织的各种活动提供赞助	1	2	3	4	5	6	7
(10) 给政府官员支付差旅费等优惠	1	2	3	4	5	6	7
(11) 做政府鼓励的事情（如向教育、贫困地区捐款捐物），为政府排忧解难	1	2	3	4	5	6	7
(12) 顺应政府的要求，成立党支部、工会、职代会，进行政治学习	1	2	3	4	5	6	7
(13) 进行有利于提高政府官员政绩的投资（如建当地的标志工程）	1	2	3	4	5	6	7
(14) 重要场合请有关官员出席（如产品展示会、挂牌、剪彩、签字仪式等）	1	2	3	4	5	6	7
(15) 面对不利的政策法规，动员员工、供应商、消费者等支持本企业的立场	1	2	3	4	5	6	7

24. 您本人在企业担任的职务是_____。

  A. 总公司正（副）董事长/总裁/总经理；

  B. 总公司正（副）部门经理；

  C. 分公司正（副）总经理；

  D. 分公司/部门经理；

  F. 其他_____（请填写）。

25. 贵企业的名称是_____。

后 记

本书是在我的博士论文基础上进一步修改、拓展而成的，是我长期以来对中国企业非市场战略和行为问题思考的结晶。在华中科技大学管理学院攻读博士期间，我有幸参加了导师主持的国家自然科学基金项目"我国企业政治策略与行为及其对政企关系影响的理论研究"（项目资助号：70172032）及"我国企业市场战略和非市场战略的整合模式研究"（项目资助号：70472058），并选择了"我国企业非市场行为的规范和治理"作为博士论文题目，从此开始了对我国企业非市场行为与战略的探讨。最近几年，为了应对金融危机的挑战，中国政府再次显示出强势政府的姿态，很多领域都出现了"国进民退"的现象，政府对于经济控制力的加强使得中国企业面临的非市场环境变得更加复杂，这是本书选择在这个时间出版的背景之一。本书的部分研究成果曾发表在 Journal of Business Ethics、Frontiers of Business Research in China、《中国工业经济》、《管理学报》、《管理评论》、《外国经济与管理》等学术期刊上，希望本书的出版对企业非市场战略与行为（含企业政治战略与企业政治行为）、企业与政府关系等领域的研究有所贡献，并对中国的企业管理实践提供有益的启示。

攻读博士的三年时间是我人生中最充实的一段光阴。华中科技大学严谨的学术氛围、严格的学术制度、激烈的学术竞争使得这三年的学习始终处于高压和焦虑之中，三点式（实验室——食堂——宿舍）的生活看似平淡实则充满了挑战，正是在这样的环境中使得我懂得了什么是学术。在这里我尤其要感谢带我走上学术之路的恩师——田志龙教授。在华中科技大学的三年时间里，恩师崇高的师德、正直善良的人品、严谨的治学态度、深厚的学术功底深深地影响着我。从恩师那里，我不仅学到严谨的治学态度和治学方法，而且学会了如何做人。师恩浩荡，没齿难忘！

本书的出版主要得益于北京印刷学院院选重点项目、优秀创新团队专项基金（项目号：06030109002）、市场营销学科建设项目等的资助。感谢北京印刷学院副院长王关义教授、经济管理学院执行院长刘益教授、书记李治堂教授、市场营销系学科带头人王海云教授对本书的出版提供了很多便利的条件。中央编译出版社王丽芳编辑在本书出版过程中付出了艰辛劳动，使本书得以顺利出版，在此一并表示诚挚的谢意！

最后，我要感谢我的家人，他们的支持是我事业发展的不竭动力，尤其是我的妻子为我带来了健康可爱的儿子——帅帅，他的出生使我感觉到初为人父的责任和喜悦。

由于本人才疏学浅，本书还存在许多问题和不足，惟有在以后的学习和工作中不断进行完善。

图书在版编目(CIP)数据

中国企业非市场行为研究/高海涛著.
--北京:中央编译出版社,2012.10
ISBN 978－7－5117－1426－8

Ⅰ.①中…
Ⅱ.①高…
Ⅲ.①企业行为－研究－中国
Ⅳ.①F279.2

中国版本图书馆 CIP 数据核字(2012)第 136437 号

中国企业非市场行为研究

出 版 人	刘明清
责任编辑	王丽芳
编辑信箱	shymeme@sohu.com
责任印制	尹 珺
出版发行	中央编译出版社
地　　址	北京西城区车公庄大街乙 5 号鸿儒大厦 B 座(100044)
电　　话	(010)52612345(总编室)　(010)52612349(编辑室)
	(010)66161011(团购部)　(010)52612332(网络销售)
	(010)66130345(发行部)　(010)66509618(读者服务部)
网　　址	www.cctphome.com
经　　销	全国新华书店
印　　刷	北京瑞哲印刷厂
开　　本	787 毫米×1092 毫米　1/16
字　　数	245 千字
印　　张	17
版　　次	2012 年 10 月第 1 版第 1 次印刷
定　　价	58.00 元

本社常年法律顾问:北京市吴栾赵阎律师事务所律师　闫军　梁勤
凡有印装质量问题,本社负责调换,电话:(010)66509618